47	춘원	김창서	…177
48	권주	우무릉	…180
49	춘행즉흥	이화	…183
50	모춘귀고산초당	전기	…186
51	어옹	유종원	…189
52	대주	백거이	…192
53	제치천산수	대숙륜	…195
54	망산	심전기	…198

제5부 나그네의 회포

55	황학루송맹호연지광릉	이백	…202
56	적중작	잠참	…206
57	양주사	왕한	…209
58	기해세	조송	…212
59	망여산폭포	이백	…216
60	강촌	두보	…219
61	황학루	최호	…223
62	망월회원	장구령	…227
63	민농	이신	…231
64	강루서회	조하	…235
65	녹채	왕유	…238

제6부 아미산에 걸린 반달

66	아미산월가	이백	…242
67	추석	두목	…247
68	추야기구원외	위응물	…251
69	추사 1	유우석	…254
70	증은량	대숙륜	…258
71	추일부궐제동관역루	허혼	…261
72	수이목견지	유장경	…264
73	화자강	배적	…267

| 74 | 국화 | 황소 | …271 |
| 75 | 국화 | 원진 | …274 |

제7부 숨어사는 즐거움

76	종남별업	왕유	…278
77	객지	두보	…282
78	숙석읍산중	한굉	…286
79	역수송별	낙빈왕	…289
80	종남망여설	조영	…293
81	한단동지야사가	백거이	…296
82	야상수항성문적	이익	…300
83	자영	여동빈	…303
84	화로전좌	이군옥	…306
85	송우인	이백	…310
86	출새	왕창령	…314
87	심육홍점불우	석교연	…317

제8부 그리움이 사무치는 봄날

88	춘망사	설도	…322
89	춘녀원	설유한	…328
90	궐제	유신허	…332
91	춘사	가지	…336
92	대성	위장	…339
93	송원이사안서	왕유	…342
94	산방춘사	잠참	…346
95	기손산인	저광희	…349
96	우과산촌	왕건	…352
97	강남춘	두목	…355
98	산중문답	이백	…358
99	춘원	유방평	…362
100	곡강 2	두보	…365

당시산책

편저자 김병각(金秉珏)

1956년 경북 김천(조마 삼산 누산) 출생, 호는 관종(寬宗) 또는 일륜(一輪), 북경사회과학원 유학, 공직 30년 근무 후 낙향하여 유불선 및 시서(詩書) 공부를 하면서 파룬궁 수련중.

당시산책

- 초판 인쇄   2015년 6월 15일
- 초판 발행   2015년 6월 20일
- 편저 김병각   • 그림 박영철
- 편집 윤상철 이연실
- 발행인 윤상철   • 발행처 대유학당 since1993
- 출판등록 2002년 4월 17일 제305-2002-000028호
- 주소 서울 동대문구 휘경동 258 서시빌딩 402호
- 전화 (02)2249-5630~1
- 홈페이지 http//www.daevou.net 대유학당

- 여러분이 지불하신 책값은 좋은 책을 만드는데 쓰입니다.
- ISBN 978-89-6369-059-9
- 정가 25,000원
- 이 책의 내용에 대한 재사용은 저작권자와 대유학당의 동의를 받아야만 가능합니다.
- 문의사항(오탈자 포함)은 저자 또는 대유학당의 홈페이지에 남겨 주세요.

이 도서의 국립중앙도서관 출판예정도서목록(CIP)은 서지정보유통지원시스템 홈페이지 (http://seoji.nl.go.kr)와 국가자료공동목록시스템(http://www.nl.go.kr/kolisnet)에서 이용하실 수 있습니다.(CIP제어번호: CIP2015014749)

唐詩散策

추천사

　부천지자 만물지역려(夫天地者 萬物之逆旅)
　광음자 백대지과객(光陰者 百代之過客)
　이부생약몽 위환기하(而浮生若夢 爲歡幾何)
　고인병촉야유 양유이야(古人秉燭夜遊 良有以也) …
　　- 이백의 〈춘야연도리원서春夜宴桃李園序〉 첫 단락에서

　몇 해 전 봄날 밤, 관종선생과 나는 봄꽃들이 서로 피어나려고 가지 위에서 아우성치던 봄날 처음 만나서는, 마치 백년지기(百年知己)인 것처럼 당시(唐詩)를 매개로 시간가는 줄 모르고 즐거운 시간을 보냈다. 그 후로도 전화를 주고받거나 두 사람이 만날 때면, 늘 당시(唐詩)가 함께했던 참으로 귀한 만남, 귀한 시간들이었다.
　아무리 훌륭한 화가라도 흰 눈을 그릴 수 있으나 그 맑음을 그릴 수 없고, 둥근 달을 그릴 수 있으나 그 밝음을 그릴 수 없으며, 아름다운 꽃을 그릴 수 있으나 그 향기를 그릴 수 없고, 옹달샘을 그릴 수 있으나 졸졸졸 흐르는 물소리를 그릴 수 없으며, 사람을 그릴 수 있으나 그 사람의 마음을 그려낼 수는 없다.
　그러나 시는 하얀 눈의 맑음도, 둥근달의 밝음도, 꽃의 향기도, 옹달샘의 흐르는 물소리도, 인간의 정(情)도 그려낼 수 있는 문자 예술이다. 특히 한시(漢詩)에는 사상과 철학과 역사뿐 만아니라, 영웅들의 기개와 애국지사들의 비분강개와 노파의 탄식과 여인의 흐느낌, 연인들의 사랑까지 모든 것이 담겨져 있다. 그중에서도 당시(唐詩)는 많은 시들 가운데 그 맛과 멋이 으뜸이다.

더욱이 요즈음 중국이 경제대국으로 성장하고 있는 시기에 많은 사람들이 중국 알기에 분주하다. 중국의 지도자들뿐만아니라, 기업인·학생에 이르기까지 중국을 깊이 알기 위해서는 당시(唐詩)를 이해하는 것이 필수다.

그런데 관종선생이 자신의 노력과 중국에서의 경험을 바탕으로, 당시 가운데 뛰어난 작품 100편을 골라 해설을 곁들여 세상에 내놓는다니 참으로 반가운 일이 아닐 수 없다.

특히 시 이해를 돕기 위해 편저자는 작가가 시를 쓸 그 당시의 시대상·시의 배경·작가가 처한 위치 등을 기술하였고, 일부 감상을 덧붙여 놓았으며, 간단한 어구 해설을 하여 사전 없이도 읽을 수 있도록 하였다.

아무쪼록 이 『당시산책(唐詩散策)』을 손에 든 독자 분들께서, 이 책을 통하여 중국인들의 언어와 사유 방식을 이해할 뿐만 아니라, 자신의 삶에 있어서도 정신적 여유와 풍요를 꽃피우는 삶이 되시기를 기대하며 추천사를 대신한다.

을미년 당시가 막 피어나는 신하(新夏)에
낭산문화(浪山文化) 연구소장 朴 泳

책을 내면서

편저자가 唐詩를 접한 지는 어언 40여 년 전이다. 10대 후반 우연히 이백과 가도 등 대가들의 唐詩를 접하고 20자 혹은 28자라는 간단함 속에 들어있는 무한한 여운이 나를 끌어당기기 시작하여 틈틈이 唐詩를 노트하면서 읽고 공부한 적이 있었다.

그때는 시 한편을 음미하면, 마치 잘 구성된 소설 한 권을 읽는 것과 같이 상상의 나래를 펴게 하거나, 내가 시속으로 들어가 아련히 들려오는 唐詩의 가락에 무한한 여운이 나를 감싸고도는 듯한 감을 느꼈다.

봄꽃이 필 때나 가을 단풍이 들고, 달이 밝은 날 밤이면, 풍광이 좋은 곳을 만나면, 객지살이에 지쳐 쓸쓸한 고독이 엄습해 올 때면, 나도 모르게 唐詩 한가락을 읊조리던 기억이 떠오른다.

그러나 70년대 唐詩를 공부하려고 소형 문고판 책을 보면 대부분 원문을 싣고 간단히 번역만 해놓아서 시를 깊이 이해하는데 어려움이 많았다.

시의 이해를 도울 수 있는, 시와 시인과 관련된 유관정보가 거의 없었다. 특히 작가가 시를 쓸 그 당시의 시대상·시의 배경·작가의 처한 위치 등을 알 수가 없었으므로, 이러한 점을 보충한다면 참 좋겠다는 생각이 줄곧 뇌리에서 떠나지 않았다.

  그래서 이제 나이 50이 넘어 좋아했던 唐詩 중에서 100편을 가려 뽑았다. 이 詩들에 대해 시대상·시의 배경·작가의 처한 위치 등을 약술하고, 간단한 어구 해설과 감상을 덧붙여 놓았다. 그랬더니 훨씬 이해하기 쉬워져서 내 마음이 안정되며 뿌듯하였다. 이 점에 대해서는 편저자의 지식이 일천하여 혹 잘못된 점이 있다면 대방각가(大方覺家)의 질정(叱正)을 기다리겠다.

  이 唐詩는 지대물박(地大物博)한 중원과 당나라(618~907년, 약 289년간)를 무대로 하여 펼쳐지는 거대한 한편의 파노라마이다. 한마디로 그 시대를 살던 수많은 인간들의 군상이 자신의 삶에 대해 느끼며 고뇌하였던 것을 씨줄과 날줄로 엮어낸 진솔한 마음의 기록이다.

  이러한 唐詩를 지금 읽어도 여전히 그때처럼 그 생명력이 조금도 감소되지 않는다. 때로는 내가 말하려고 하였으나 미처 생각이 미치지 못하여 토해내지 못한 그 사연을, 시인이 우리를 대신하여 짧은 시로 나타낸 것을 발견할 때의 그 기쁨이란!

  어떠한 詩일지라도 우리에게 미치는 공감이 없겠는가마는 특히 唐詩에는 인생의 한가(閑暇)와 은일(隱逸), 환희(歡喜)와 파란(波瀾), 울분(鬱憤)과 침통(沈痛), 기정(奇情)·유유자적(悠悠自適) 등이 모두 들어있으니 항상 옆에 놓고 보아도 좋을 듯싶다.

　이 '唐詩散策'(100편) 편저는 술이부작(述而不作)임을 미리 밝혀 둔다. 여러 대가의 이론과 주장을 참고하고 취사선택하여 편저한 것이다. 아무쪼록 독자들이 唐詩를 이해하고, 더 넓고 깊은 唐詩공부를 위한 입문(入門)의 길라잡이 역할을 하는데 조금이라도 도움이 되었으면 할 뿐이다.

　이『당시산책』은 2005년 6월부터 약 2년에 걸쳐 주 1회 대기원시보에 연재했던 것이다. 7년이상 원고를 잊고 있다가 최근 체제와 순서를 바꾸고, 삽화를 그려넣어 새로 생명을 불어넣었다. 이 책이 나오기까지 기꺼이 추천사를 써주신 박영 선생, 삽화를 그리신 박영철 화백, 열성을 다하여 출판과 편집을 맡아주신 대유학당 윤상철 사장 및 이연실 실장께 거듭 감사 드린다.

2015년 5월
신록이 무르익는 초하의 계절 김천 삼산 루산정에서

관종 김병각

목차

추천사 ·· 5
책을 내면서 ·· 7

제1부 장강만리

01 조발백제성(早發白帝城) ································ 이백(李白) ···16
02 여야서회(旅夜書懷) ······································ 두보(杜甫) ···20
03 죽리관(竹里館) ·· 왕유(王維) ···23
04 등관작루(登鸛雀樓) ···································· 왕지환(王之渙) ···27
05 등유주대가(登幽州臺歌) ·························· 진자앙(陳子昂) ···30
06 산정하일(山亭夏日) ·· 고변(高騈) ···33
07 증별(贈別) ·· 두목(杜牧) ···36
08 강촌즉사(江村卽事) ·································· 사공서(司空曙) ···39
09 등악양루(登岳陽樓) ······································ 두보(杜甫) ···42
10 심은자불우(尋隱者不遇) ······························ 가도(賈島) ···46
11 산중여유인대작(山中與幽人對酌) ·············· 이백(李白) ···50

제2부 고향생각

12 정야사(靜夜思) ·· 이백(李白) ···54
13 회향우서(回鄕偶書) ···································· 하지장(賀知章) ···58
14 구월구일억산동형제(九月九日憶山東兄弟) ···· 왕유(王維) ···61

15 추풍인(秋風引) ················· 유우석(劉禹錫) ···64
16 야우기북(夜雨寄北) ············· 이상은(李商隱) ···67
17 제파산사후선원(題破山寺后禪院) ········ 상건(常建) ···71
18 추사(秋思) ····················· 장적(張籍) ···75
19 풍교야박(楓橋夜泊) ·············· 장계(張繼) ···78
20 산행(山行) ····················· 두목(杜牧) ···82
21 등왕각시(滕王閣詩) ··············· 왕발(王勃) ···85
22 부용루신점(芙蓉樓送辛漸) ········ 왕창령(王昌齡) ···89
23 박진회(泊秦淮) ·················· 두목(杜牧) ···92

제3부 눈 속에 묻힌 세상

24 강설(江雪) ··················· 유종원(柳宗元) ···96
25 숙건덕강(宿建德江) ············· 맹호연(孟浩然) ···100
26 유자음(遊子吟) ·················· 맹교(孟郊) ···103
27 조경견백발(照鏡見白髮) ·········· 장구령(張九齡) ···107
28 묘묘한산도(杳杳寒山道) ············ 한산(寒山) ···110
29 제야작(除夜作) ·················· 고적(高適) ···114
30 답인(答人) ················· 태상은자(太上隱者) ···117
31 자견(自遣) ····················· 나은(羅隱) ···120
32 봉설숙부용산주인(逢雪宿芙蓉山主人) ···· 유장경(劉長卿) ···124
33 모강음(暮江吟) ················ 백거이(白居易) ···128
34 양주사(凉州詞) ················· 왕지환(王之渙) ···131
35 우인회숙(友人會宿) ················ 이백(李白) ···135
36 등낙유원(登樂遊原) ············· 이상은(李商隱) ···138
37 춘설(春雪) ····················· 한유(韓愈) ···141
38 조매(早梅) ····················· 장위(張謂) ···144

11

제4부 춘야희우

39 춘야희우(春夜喜雨) ·················· 두보(杜甫) ···148
40 영류(咏柳) ························· 하지장(賀知章) ···152
41 춘효(春曉) ························· 맹호연(孟浩然) ···156
42 산중유객(山中留客) ·················· 장욱(張旭) ···159
43 청명(淸明) ························· 두목(杜牧) ···162
44 저주서간(滁州西澗) ·················· 위응물(韋應物) ···165
45 제도성남장(題都城南莊) ·············· 최호(崔護) ···169
46 청평조사(淸平調詞) 1 ················ 이백(李白) ···173
47 춘원(春怨) ························· 김창서(金昌緖) ···177
48 권주(勸酒) ························· 우무릉(于武陵) ···180
49 춘행즉흥(春行卽興) ·················· 이화(李華) ···183
50 모춘귀고산초당(暮春歸故山草堂) ······· 전기(錢起) ···186
51 어옹(漁翁) ························· 유종원(柳宗元) ···189
52 대주(對酒) ························· 백거이(白居易) ···192
53 제치천산수(題稚川山水) ·············· 대숙륜(戴叔倫) ···195
54 망산(邙山) ························· 심전기(沈佺期) ···198

제5부 나그네의 회포

55 황학루송맹호연지광릉(黃鶴樓送孟浩然之廣陵)이백(李白) ···202
56 적중작(磧中作) ····················· 잠참(岑參) ···206
57 양주사(涼州詞) ····················· 왕한(王翰) ···209
58 기해세(己亥歲) ····················· 조송(曹松) ···212
59 망여산폭포(望廬山瀑布) ·············· 이백(李白) ···216
60 강촌(江村) ························· 두보(杜甫) ···219

61 황학루(黃鶴樓) ················· 최호(崔顥) ···223
62 망월회원(望月懷遠) ············ 장구령(張九齡) ···227
63 민농(憫農) ····················· 이신(李紳) ···231
64 강루서회(江樓書懷) ············ 조하(趙嘏) ···235
65 녹채(鹿柴) ····················· 왕유(王維) ···238

제6부 아미산에 걸린 반달

66 아미산월가(峨眉山月歌) ········ 이백(李白) ···242
67 추석(秋夕) ····················· 두목(杜牧) ···247
68 추야기구원외(秋夜寄邱員外) ······ 위응물(韋應物) ···251
69 추사(秋詞) 1 ··················· 유우석(劉禹錫) ···254
70 증은량(贈殷亮) ·················· 대숙륜(戴叔倫) ···258
71 추일부궐제동관역루(秋日赴闕題潼關驛樓) ···· 허혼(許渾) ···261
72 수이목견기(酬李穆見寄) ········ 유장경(劉長卿) ···264
73 화자강(華子崗) ·················· 배적(裵迪) ···267
74 국화(菊花) ····················· 황소(黃巢) ···271
75 국화(菊花) ····················· 원진(元稹) ···274

제7부 숨어사는 즐거움

76 종남별업(終南別業) ············ 왕유(王維) ···278
77 객지(客至) ····················· 두보(杜甫) ···282
78 숙석읍산중(宿石邑山中) ········ 한굉(韓翃) ···286
79 역수송별(易水送別) ············ 낙빈왕(駱賓王) ···289
80 종남망여설(終南望餘雪) ········ 조영(祖詠) ···293

13

81 한단동지야사가(邯鄲冬至夜思家) ············ 백거이(白居易) ···296
82 야상수항성문적(夜上受降城聞笛) ············ 이익(李益) ···300
83 자영(自詠) ···································· 여동빈(呂洞賓) ···303
84 화로전좌(火爐前坐) ························· 이군옥(李群玉) ···306
85 송우인(送友人) ······························ 이백(李白) ···310
86 출새(出塞) ··································· 왕창령(王昌齡) ···314
87 심육홍점불우(尋陸鴻漸不遇) ············· 석교연(釋皎然) ···317

제8부 그리움이 사무치는 봄날

88 춘망사(春望詞) ······························ 설도(薛濤) ···322
89 춘녀원(春女怨) ······························ 설유한(薛維翰) ···328
90 궐제(闕題) ··································· 유신허(劉慎虛) ···332
91 춘사(春思) ··································· 가지(賈至) ···336
92 대성(臺城) ··································· 위장(韋莊) ···339
93 송원이사안서(送元二使安西) ············· 왕유(王維) ···342
94 산방춘사(山房春事) ························ 잠참(岑參) ···346
95 기손산인(寄孫山人) ························ 저광희(儲光羲) ···349
96 우과산촌(雨過山村) ························ 왕건(王建) ···352
97 강남춘(江南春) ······························ 두목(杜牧) ···355
98 산중문답(山中問答) ························ 이백(李白) ···358
99 춘원(春怨) ··································· 유방평(劉方平) ···362
100 곡강(曲江) 2 ································ 두보(杜甫) ···365

제1부
장강만리

당시산책(1)

조발백제성(早發白帝城)

이백(李白)

아침에 백제성을 떠나며

朝辭白帝彩雲間
조 사 백 제 채 운 간

이른 아침 붉게 물든 구름사이로 백제성을 떠나

千里江陵一日還
천 리 강 릉 일 일 환

천리 먼 길 강릉을 하루 만에 돌아온다.

兩岸猿聲啼不住
양 안 원 성 제 부 주

양쪽 강 언덕의 원숭이 울음 그치지 않는데

輕舟已過萬重山
경 주 이 과 만 중 산

가벼운 배는 이미 만 겹 산을 지났다.

글자풀이

白帝는 白帝城이며 사천성 봉절현(奉節縣)의 백제산 위에 있는 산성으로 삼국시대 유비가 223년 이곳에서 병사했다,

辭 사(말씀/이별하다), 彩 채(채색), 彩雲 채운(노을 진 아름다운 구름), 江陵 강릉(호북성 강릉으로 백제성에서 1,200리길), 啼 제(울다), 啼不住 제부주(끊임없이 울어대다), 萬重山 만중산(몇 겹이고 겹쳐진 만 겹 산)

작자소개

이백(李白 : 701~762)은 자는 태백(太白), 호는 청련거사(青蓮居士), 태어난 곳은 분명치 않으며 어릴 때에는 사천성에서 살았다. 소년시절부터 검술을 좋아했고 협객 속에 끼어 방랑생활을 하기도 했다. 자유분방한 기풍을 갖춘 천재형 시인이다. 흔히 두보와 더불어 쌍벽을 이루어 '이·두(李·杜)'라 하여 중국을 대표하는 시인이다.

장강만리, 가벼운 배에 몸을 싣고

장강(양자강)은 중국대륙 중앙부를 가로 지르는 일만 이천리의 긴 강이다. 이 장강을 끼고 역사의 주 무대가 되기도 했으며, 지금도 곳곳에 무수한 명승고적이 남아있다. 이백이 장강을 따라 가벼운 배에 몸을 싣고 하루 사이에 만난 여정을 눈에 잡힐 듯 생생하게 그렸다.

이백이 詩를 쓸 무렵에는 안록산의 반란(755~763)이 일어나 세상이 한창 어지러울 때였다. 당 숙종 건원 2년(759) 봄, 영왕(永王) 이린(李璘)의 역모사건에 연루되어 야랑(夜郎)으로 유배가고 있었다.

사천을 경유하여 가는 도중 백제성에서 사면을 받았다. 놀랍고도 기쁨이 교차하는 해방감 속에서 발길을 돌려 배를 타고 장강을 따라 강릉으로 가게 된다. 그 당시의 희열과 통쾌함을 거침없이 나타냈다.

아침에 붉게 구름 낀 백제성을 떠나 장강 삼협 빠른 물살에 미끄러지듯 배는 하루 만에 천리 먼 길 강릉에 닿았다. 강기슭에는 원숭이 울음소리 그치지 않는데 어느덧 가벼운 배는 장강 삼협 (구당협·무협·서릉협)의 첩첩 산 사이를 스쳐 지나간다.

시구가 경쾌하여 읽는 사람이 마치 작자와 더불어 한 배에 앉아서 함께 삼협을 지나가면서, 강기슭의 원숭이 울음을 들으면서 첩첩 산중의 경치를 감상하는 것 같다. 천백년이래 줄곧 진품(珍品)으로 평가받는 천고의 절창으로 아무리 읽어도 싫증나지 않는다고 할까?

당시산책(2)

여야서회(旅夜書懷)

두보(杜甫)

나그네 밤의 회포를 쓰다

細草微風岸 세 초 미 풍 안	어린 풀이 실바람에 하느작거리는 강기슭
危檣獨夜舟 위 장 독 야 주	높이 돛을 단 배에 외로운 밤이 깃든다.
星垂平野闊 성 수 평 야 활	드넓은 평야에 별빛이 총총히 내리고
月湧大江流 월 용 대 강 류	달빛 쏟아지는데 장강은 유유히 흘러간다.
名豈文章著 명 기 문 장 저	이름을 어찌 문장으로 떨치랴?
官因老病休 관 인 노 병 휴	관직조차 늙고 병들어 그만 두었다

| 飄飄何所似 | 바람 따라 유랑하는 떠돌이 신세 무 |
| 표 표 하 소 사 | 엇과 같으랴? |

| 天地一沙鷗 | 하늘과 땅 사이에 떠도는 한 마리 갈 |
| 천 지 일 사 구 | 매기이어라 |

글자풀이

書懷 서회(회포나 생각을 적다), 懷 회(품다/생각), 細 세(가늘다), 檣 장(돛대), 危檣 위장(높다란 돛대), 垂 수(드리우다), 闊 활(넓다/트이다), 湧 용(샘솟다/나타나다), 著 저(드러나다/저명하다), 休 휴(쉬다/그만두다), 飄飄 표표(바람에 나부끼는 모양), 何所 하소(어디/무엇), 似 사(같다), 沙鷗 사구(모래위에 노니는 갈매기), 沙 사(모래), 鷗 구(갈매기)

작자소개

두보(杜甫 : 712~770)는 자는 자미(子美), 호는 소릉(小陵), 과거에 낙방한 뒤 30대 중반까지 방랑생활을 보내며 이백이나 고적 등과 교제, 44세 때 안록산의 난을 겪으면서 숙종 때 좌습유(左拾遺)에 임명되었으나 벼슬살이가 순탄치 않아 좌천되는 등 고난에 찬 일생을 보냈다. 떠돌이 생활을 하다가 59세에 상강(湘江)의 배안에서 병사했다. 이태백과 쌍벽을 이루어 시성(詩聖)이라 일컬어진다.

인생은 한 마리 갈매기 신세인가?

　두보는 그의 일생중 비교적 평온했던 성도(成都)생활도 5년여 만에 끝났다. 후원자였던 절도사 엄무(嚴武)가 죽자 더 이상 의지할 데가 없어 가족을 배에 싣고 성도를 떠났다.
　망막한 인생살이 오라는 사람도 없고 갈 곳 조차 없는 신세, 무작정 방랑길에 오른 두보가 장강을 따라 동으로 흘러가는 물줄기에 모든 것을 맡겨버렸다.

　어느 날 밤 강가에 정박한 배안에서 자신의 처량한 신세를 탄식하면서 붓을 들었다. 이때가 나이 54세였다. 도도히 흐르는 장강과 강연안의 장대하고도 아름다운 경치를 접하게 되자 자신의 오랜 떠돌이 생활이 떠오르면서 자신의 처지가 더욱 서글퍼졌다.
　강가에 정박해 놓은 배안에서 좀처럼 잠은 오지 않고 혼자 밤을 지세우고 있는데, 넓은 벌판 까마득한 지평선까지 온통 뒤덮은 별이 총총한 밤하늘! 그리고 유유히 흐르는 장강물결 위에 넘실대는 달빛!
　이 가슴 벅차오르는 경치를 바라보며 과거를 회상하고, 지금의 처지에 생각이 미치자, 한 마리 갈매기 같다는 탄식이 나올 수밖에 없는 신세이던가!

당시산책(3)

죽리관(竹里館)

왕유(王維)

대나무 숲속 정자에서

| 獨坐幽篁裏 | 홀로 그윽한 대나무 숲속에 앉아 |
| 독 좌 유 황 리 | |

| 彈琴復長嘯 | 거문고 타다가 또 길게 휘파람 분다. |
| 탄 금 부 장 소 | |

| 深林人不知 | 깊은 대나무 숲 아는 사람 없는데 |
| 심 림 인 부 지 | |

| 明月來相照 | 밝은 달이 찾아와 비추어 준다. |
| 명 월 래 상 조 | |

글자풀이

竹里館 죽리관(작자의 별장이 있는 망천 輞川의 명승 20경 가운데 하나로 죽림 속에 이 건물이 있음), 幽篁 유황(그윽하고 고요한 대나무 숲). 幽 유(그윽하다), 篁 황(대숲), 彈琴 탄금(거문고를 타다), 彈 탄(악기를 연주하다), 琴 금(거문고), 長嘯 장소(길게 소리 내어 읊조리다/휘파람 불다),

23

嘯 소(휘파람), 照 조(비추다)

작자소개

왕유(王維 : 701~761)는 태원 사람이며 자는 마힐(摩詰), 721년 진사에 합격, 안록산의 난 때 부역으로 인해 문책을 받았으나 그 후 관직이 상서 우승(尙書右丞)에 올랐다. 그림에 뛰어나 남화의 시조가 되었고, 서예·음악에도 뛰어났다. 열렬한 불교 신자가 되었고, 은퇴하여 망천(輞川)에 별장을 짓고 유유자적한 생활을 보냈다.

숲속에 홀로 앉아서

　우리 주변에서 흔히 접할 수 있는 평범한 말들을 모아 한 편의 시를 완성했다. 그러나 넉 줄 20자의 시가 되었을 때 깊은 뜻이 이루어지고 새로운 경계가 나타나고 있다.
　아무도 찾아오는 사람 없고, 사방을 둘러보아도 눈에 뜨이는 것은 그윽한 대나무 숲(幽篁, 深林), 밝은 달(明月) 뿐이다. 이곳에서 내가 하는 일은 홀로 우두커니 앉아 있다가(獨坐), 밀쳐놓은 거문고를 다시 잡아당겨 한번 타보다가(彈琴), 그것도 싫증나면 길게 휘파람(長嘯) 부는 일이다. 이때 정적(靜寂)을 깨듯이 밝은 달이 슬그머니 찾아와 나를 비추어 준다.
　맑고 깨끗한 경치 속에서 한없이 편안하고 한가로운 유유자적(悠悠自適)의 모습이 마치 한 폭의 그림과 같다. 사람으로 하여금 저절로 끌어들이는 선적(禪的) 매력이 있는데 한마디로 '청유절속(淸幽絶俗 : 맑고 그윽하여 속세를 벗어났

다)'의 맛이 있지 않은가?

　왕유는 한적한 자연을 즐겨 노래했는데 이러한 자연시는 진나라 도연명에서 비롯하여 왕유에 이르러 완성되었다고 한다. 왕유는 만년에 남전의 망천(輞川)별장에 은거하면서 시를 짓고 그림을 그렸다.

별장 주변에는 '맹성요(孟城坳), 녹채(鹿柴), 죽리관(竹里館)' 등등 20개의 명승이 있는데 이곳을 거닐면서 시를 지었다. 그의 망천집(輞川集)에는 이때 지은 5언 절구 20수가 전해지는데 그중 하나이다.

당시산책(4)

등관작루(登鸛雀樓)

왕지환(王之渙)

관작루에 올라

| 白日依山盡 | 해는 서산에 기대어 지려하고 |
| 백 일 의 산 진 | |

| 黃河入海流 | 황하는 바다를 향해 흘러간다. |
| 황 하 입 해 류 | |

| 欲窮千里目 | 천리 저 멀리까지 바라볼 수 있을까 해서 |
| 욕 궁 천 리 목 | |

| 更上一層樓 | 다시 한 층을 더 올라 간다. |
| 갱 상 일 층 루 | |

글자풀이

註 : 鸛 관(황새), 雀 작(참새), 白日 백일(빛나는 태양), 依 의(의지하다), 欲 욕(하고자하다), 窮 궁(다하다/궁구하다/끝나다), 目 목(눈/보다), 更 갱(다시)

작자소개

왕지환(王之渙 : 688~742)은 성당(盛唐)의 시인으로 자는 계릉(季凌), 산서 태원 사람이다. 한때 벼슬아치 노릇을 했던 적도 있으나 생애의 대부분을 전원에서 보냈다. 잠참·왕창령 등과 더불어 변새(邊塞)시인으로 알려져 있다.

해질 무렵 관작루에 오르다

관작루(鸛雀樓)는 중국 산서성 영제현에 있는 3층 누각으로 황새(鸛)와 참새(雀)가 날아와 깃들어 살고 있어 붙여진 이름이다. 앞으로는 중조산(中條山)이 보이고, 눈 아래로는 황하를 굽어보는 명승지이다.

이곳에서 멀지않은 곳에 화산(華山)과 동관(潼關)이 있다. 무수한 시인들이 이곳에 와서 시를 지었으나 왕지환의 이 시가 나오자 모두 빛을 잃었다. 너무나 유명하여 노소를 불문하고 사람마다 외우고 아는 작품이 되었다.

해질 무렵 왕지환도 관작루에 올랐다. 붉은 태양이 중소산 높은 산봉우리에 걸려 뉘엿뉘엿 넘어가려고 하는데, 눈 아래 황하는 넘실넘실 도도하게 동쪽바다를 향해 흘러간다. 눈앞에는 만 리 산하의 장엄함이 펼쳐져있다. 더구나 때가 황혼이어서 적막감마저 감돈다.

이곳 2층에서는 더 이상 먼 곳을 볼 수 없어 한층 더 위로 올라간다. 그래서 "천리 저 멀리까지 바라볼 수 있을까 해서

(欲窮千里目), 다시 한 층을 더 올라 간다(更上一層樓)."라고 했다.

우리에게 더 높이 올라가야 더 멀리 볼 수 있다는 이치를 문득 일깨어 준다. 이 시가 능히 지금까지 전송되어 끊이지 않는 것은 이 마지막 두 구절 때문이다. 놀랍게도 우리의 눈을 퍼뜩 열어주는 혜어(慧語)라 하겠다.

이 詩는 전반부(기·승)와 후반부(전·결)가 모두 댓 구로 되어있는 '전대격'(全對格)의 시이며, 불과 20자 속에 광대한 대자연의 풍경과 인생의 철리 등이 모두 들어있어 천고의 절창이라 아니할 수 없다.

참고로 중국 고대 사대명루(四大名樓)는 산서의 관작루(鸛雀樓), 강서의 등왕각(藤王閣), 호북의 황학루(黃鶴樓), 호남의 악양루(岳陽樓)이다. 이 사대누각은 왕지환의 '등관작루(登鸛雀樓)', 왕발의 '등왕각서(藤王閣書)', 최호의 '황학루(黃鶴樓)', 범중엄의 '악양루기(岳陽樓記)'와 두보의 '등악양루(登岳陽樓)'라는 시와 문장이 나오자 이로 인하여 그들의 성가가 더욱 높아졌다고 한다.

당시산책(5)

등유주대가(登幽州臺歌)

진자앙(陳子昻)

유주대에 올라 노래 부르다

前不見古人   앞에는 이전 옛 사람을 볼 수 없고
전 불 견 고 인

後不見來者   뒤로도 오는 사람 만날 수 없다
후 불 견 래 자

念天地之悠悠 천지의 유유함을 생각하노니
염 천 지 지 유 유

獨愴然而涕下 내 홀로 슬피져 눈물 흘리노라
독 창 연 이 체 하

글자풀이

幽州 유주 (현재 북경일대), 幽州臺 유주대(북경 인근에 있는 높은 대로 일명 황금대 黃金臺라고 함), 悠悠 유유(길게 이어지는 모양/무궁무진한 모양), 悠 유(멀다/아득하다), 愴然 창연(슬퍼하고 괴로워 함), 愴 창(슬퍼

하다), 涕 체(눈물), 涕下 체하(눈물이 흐르다)

작자소개

진자앙(陳子昻 : 661~702)은 자는 백옥(伯玉), 재주 사홍(射洪 : 지금의 사천성에 있음)사람이다. 나랏일에 대한 상소문을 올려 측천무후의 칭찬을 받고 관직을 받았다. 나중에 우습유(右拾遺)가 되었고, 과감히 간언을 했으며, 관직을 그만두고 고향에 돌아갔다가 모함을 받아 옥에서 죽었다. '진백옥집'(陳伯玉集)이 전한다.

내 홀로 슬퍼져 눈물 흘리노라

고달픈 인생살이에서 뜻대로 되는 것이 드물다. 하물며 짧은 인생살이에서 득의(得意)한 시절이 얼마나 될까? 나의 의지와는 상관없이 세상은 그저 무심한 듯 흘러간다. 실의 속에서 마음 둘 데 없었던 초당(初唐)의 시인 진자앙(陳子昻)이 어느 날 북경 근처의 높은 누대에 올라 비분강개한 심정을 거침없이 토로했다.

이때 진자앙(661~702)은 측천무후 때 거란의 이진충이 영주를 함락(696년)하자 토벌대장 무유의(武攸宜)를 따라 참모로 출정했다. 진자앙은 경솔하고 지략조차 부족한 무유의에게 거란을 함락시킬 여러 방책을 건의하였으나 채택되기는커녕 오히려 군조(軍曹)로 강등되었다.

이로 인해 깊은 좌절을 맛본 진자앙은 이곳 유주대에 올라 이 詩를 지었다. 이 詩는 악부시(樂府詩)체로 '앞에는 이전 옛 사람을 볼 수 없고, 뒤로도 오는 사람 만날 수 없다'에서 옛 날과 지금을 굽어보면서 시간의 유장함을 나타냈고, '천지의 유유함을 생각하노니'에서 유주대에 올라 사방을 둘러보면서 공간의 무한함을 그렸다.

　이러한 배경 하에 마지막의 '내 홀로 슬퍼져 눈물 흘리노라'에서는 나를 알아주는 사람 없는 현실의 외로움과 적막함 그리고 비애에 찬 고뇌의 심정을 나타냈다.

　비록 짧은 네 구절이지만 천고에 전송되는 절창(絶唱)이다. 조용히 읽고 있노라면 가슴을 치는 진한 감동이 전해져 온다.

당시산책(6)

산정하일(山亭夏日)

고변(高騈)

산중 정자에서의 여름 날

綠樹陰濃夏日長	초록색 나무의 짙은 그늘, 여름해는 길기도 한데
녹 수 음 농 하 일 장	
樓臺倒影入池塘	누각의 거꾸로 된 그림자가 연못 속에 잠겼다.
누 대 도 영 입 지 당	
水精簾動微風起	수정 구슬발이 흔들리며 미풍이 불어오는데
수 정 렴 동 미 풍 기	
滿架薔薇一院香	시렁에 만개한 장미, 뜰 안 가득 향기 뿌리네.
만 가 장 미 일 원 향	

글자풀이

濃 농(짙다), 倒影 도영 (거꾸로 된 그림자), 池塘 지당(연못), 池 지(못), 塘 당(못), 簾 렴(발), 水精 수정(水晶 수정과 동일), 微 미(작다), 架 가(시렁)

> **작자소개**
>
> 고변(高騈 : 821~887) 은 자가 천리(千里)이고, 유주(幽州)사람이며, 당나라 의종 때 형남절도사 등을 역임하였다. 황소의 반란을 진압하였는데, 이때 신라인 최치원 선생이 종사관으로 참전하여 '토황소격문(討黃巢檄文)'을 지어 천하에 문명을 날렸다.

장미 향기는 정원에 가득한데

6월의 꽃이라면 장미가 으뜸이다. 거리마다 담장마다 화원마다 붉은 장미로 덮여 있다. 당시(당시) 중에서 장미를 노래한 아름다운 시가 있어 소개한다. 만당(晩唐)의 시인 고변(高騈)이 여름날 정자 위에 앉아 한가로움을 즐기다가 무성하게 핀 장미와 유유한 연못 경치에 매료되어 붓을 들었다.

이 詩는 일곱 자 넉 줄로 구성된 7언 절구(絶句)로서 장미가 가득한 초여름 풍경을 그림을 그리듯이 묘사한 아름다운 시이다. 푸른 나무(綠樹), 짙은 그늘(陰濃), 누대와 거꾸로 된 그림자(倒影), 연못(池塘)과 뜰에 가득 핀 장미, 수정발 등은 한 폭의 선명하고 평화로운 그림을 떠올리게 한다.

시인이 정자(山亭)위에 서서 이 시를 묘사해 가는데 시속에는 정작 정자와 시인이 등장하지 않으나 이 시를 감상하고 있노라면 그 정자와 유유자적(悠悠自適)한 시인이 그 속에 들어 있는 듯하다.

화려하게 만개한 장미꽃과 여름날의 한가한 경치를 그림

처럼 아름답게 그려냈다.

  고변이 살고 있던 그 당시 당나라 말기 혼란기여서 천하가 어지러워지자 고변도 자신을 망각한 채 천하대권이라는 욕심에 눈이 멀어 양주에서 병사를 일으켜 할거하였으나 그의 부장에게 피살되어 비참한 최후를 맞았다.

당시산책(7)

증별(贈別)

두목(杜牧)

이별에 붙여

多情卻似總無情 다 정 각 사 총 무 정	다정도 지나치면 오히려 무정이라 했든가
唯覺樽前笑不成 유 각 준 전 소 불 성	이별주를 앞에 놓고 웃을 수도 없었다.
蠟燭有心還惜別 납 촉 유 심 환 석 별	촛불도 마음이 있는 양 이별을 슬퍼하는데
替人垂淚到天明 체 인 수 루 도 천 명	날 위해 눈물 흘리다가 어느덧 날이 밝아온다.

글자풀이

卻 각(도리어/물리치다), 卻似 각사(도리어 이와 같다), 總 총(합치다/결국/아무래도), 樽 준(술통/술 단지), 蠟燭 납촉(촛불), 蠟 납(밀랍), 還 환(돌아오다/도리어), 替 체(바꾸다/대신하다), 垂 수(드리우다), 淚 루(눈물)

> **작자소개**
>
> 두목(杜牧 : 803~852)은 만당(晩唐 : 836~906) 제일의 시인이다. 자는 목지(牧之), 섬서성 서안사람이다. 재상 두우의 손자로 경서는 물론 사서·병서를 두루 공부했다. 성품이 고상하고 강직했으며 벼슬은 중서사인(中書舍人)에 이르렀다. 두보를 '대두(大杜)', 두목을 '소두(小杜)'로 비교한다. 한편 가기(歌妓)들과의 애정시를 많이 남겨 당나라 제일의 풍류재자(風流才子)로 알려져 있다.

촛불도 이별을 서러워하다

젊은 시절 자신의 의도와는 다르게 전개되는 세상살이에서 누구나 방황이 없지 않다. 재기발랄했던 두목이 30대 한창 나이에 회남절도사 우승유(牛僧孺)의 막료로 있으면서 실의에 빠져 밤마다 양주(揚州)의 홍등가를 배회했다. 약 8년간(832~839)을 술과 여자에 빠져 풍류와 방탕에 젖었다. 어느 날 갑자기 장안으로 떠나면서 사랑에 빠졌던 기녀(妓女)에게 처연하리만큼 아름다운 이별시를 남겼다.

양주를 떠나는 마지막 날 밤, 두목은 이별을 앞두고 20세도 채 되지 않은 미모의 기녀에게 贈別(증별)이라는 제목으로 두 편의 시를 남긴다. 위의 詩는 그 두 번째 詩인데 그 첫 번째 시에서 "…봄바람은 십리 양주 홍등가에 부는데, 주렴 올리고 기녀들 다 보아도 그대만 못하구나!(春風十里揚州路, 卷上珠簾總不如)"라며 사랑하던 기녀의 미모를 찬미하였다. 그리고 나서 위 두 번째 시를 지어 이별을 애석해 하면서 석별의 정을 펼쳤는데 그 착상이 참으로 기발하다.

촛불을 빌어 교묘하게 이별의 정을 노래하고 있다. 그대를 향한 나의 사랑이 깊고도 다정한데 이별을 앞두고 처연히 마주하고 있으니 도리어 무정한 듯하다. 이별주를 앞에 놓고도 이별의 정이 너무 커서 웃음을 짓지도 못하겠다.

방안을 밝혀주는 활활 타오르는 촛불도 사람의 마음을 알고 있는 것처럼 이별의 슬픔을 아쉬워하는 듯하다. 그때 촛불에서 떨어지는 촛물도 나의 눈물인양 밤새도록 나를 위해 눈물을 흘리다가 어느덧 날이 밝아온다. 잘 있어라·행복해라·훗날을 기약하자·날 두고 가지마라 등등 서로에게 한마디 말도 하지 못한 채 그냥 날이 밝았다.

특히 마지막 구절인 '다정각사총무정(多情却似總無情)'은 명구로 인구에 회자되고 있다.

당시산책(8)

강촌즉사(江村卽事)

사공서(司空曙)

강마을에서의 즉흥시

罷釣歸來不繫船 파 조 귀 래 불 계 선	낚시질 마치고 돌아오면서 배도 매지 않았는데
江村月落正堪眠 강 촌 월 락 정 감 면	강마을에 달은 지고 바로 잠이 들었다
縱然一夜風吹去 종 연 일 야 풍 취 거	설사 하룻밤 바람 불어 배가 떠내려간다 해도
唯在蘆花淺水邊 유 재 노 화 천 수 변	갈대꽃 핀 얕은 물가 어딘가에 그대로 있겠지

글자풀이

卽 즉(곧/즉시), 卽事 즉사(사물을 대하고서 바로 짓는 즉흥시), 罷 파(그만두다), 釣 조(낚시), 繫 계(매다/동여매다), 堪 감(견디다/할 수 있다/할 만하다), 堪眠 감면(잠자기에 좋다), 縱然 종연(설사…하더라도), 蘆 노(갈대), 蘆花 노화(갈대꽃), 淺 천(얕다)

작자소개

사공서(司空曙 : 740~790)는 중당(中唐 : 762~826)의 시인이고, 자는 문명(文明) 또는 문초(文初)이며, 광평(현재 하북성) 사람이다. 일찍이 진사에 급제하였고 결벽한 성품으로 권세가에게 아첨하지 않았다. 대력연간(766~779)에 詩로써 당대 명성을 얻은 10명에 속해 '대력십재자'(大曆十才子)에 속한다.

강 마을에 달은 지고

연일 무더위가 기승을 부리는 염천(炎天)이 다가오면 이때를 틈타 한적한 강마을 어딘가를 찾아 물놀이도 하고, 고기도 잡으면서 느긋한 여유를 즐겨보고 싶다. 중당(中唐)의 시인 사공서가 이러한 강마을에 머물면서 하룻밤 사이에 일어난 일을 한 폭의 그림처럼 시로 남겼다.

이 詩는 시골마을이나 강(江)의 정경에 대해서는 일체 언급이 없다. 다만 강위에서 낚시하던 낚시꾼이 낚시를 마치고, 배를 매지 않은 채 귀가한 일과 그로인해 일어나는 심리현상을 반영하여 강마을의 한 단면을 그렸는데 참으로 사실적이고 평온한 느낌을 준다.

문제의 발단은 이렇다. 밤낚시를 마친 어옹(漁翁)이 배를 강안에 정박 하였으나 밤은 이미 깊을 대로 깊었고, 달 또한 서산으로 넘어갔다. 몸은 이미 피곤하고 잠도 몰려온다. 그날따라 귀찮고 게으른 마음이 일어나 배를 매지 않고 집으로 돌아왔다.
 그러나 잠자리에서 잠을 청하였으나 태평하게 잠이 들 수가 없었다. 배를 매지 않았던 그 일을 떠올리고는 "설사 하룻밤사이에 바람이 분다고 해도 매어놓지 않은 그 배가 떠내려 간들 어디까지 갈 것인가? 아마 갈대 꽃 가득 피어있는 얕은 물가 어디쯤 있을 것이다" 하고 자문자답하면서 자위 속에서 잠을 청하고 있다.
 속세의 번거로움을 피하여 한가롭고 조용한 강마을에 살고 있는 평화스런 모습과 강마을 밤의 정취를 생생하고 멋들어지게 그렸다.

당시산책(9)

등악양루(登岳陽樓)

두보(杜甫)

악양루에 올라서

昔聞洞庭水
석 문 동 정 수
예로부터 동정호의 장대함을 들었는데

今上岳陽樓
금 상 악 양 루
오늘에야 악양루에 올랐다

吳楚東南坼
오 초 동 남 탁
오나라와 초나라는 호수의 동남으로 나뉘었고

乾坤日夜浮
건 곤 일 야 부
하늘과 땅은 밤낮으로 호수에 떠 있는 것 같다

親朋無一字
친 붕 무 일 자
친한 벗에게는 소식 한 자 없고

老病有孤舟
노 병 유 고 주
늙고 병든 몸에는 오직 한 척의 배가 있을 뿐이다

| 戎馬關山北 | 아직도 관산 북쪽에는 전쟁이 끝나 |
| 융 마 관 산 북 | 지 않았는데 |

| 憑軒涕泗流 | 누각 난간에 기대니 눈물 콧물이 줄 |
| 빙 헌 체 사 류 | 줄 흐른다. |

글자풀이

吳楚 오초(동정호 남쪽에 초나라가 있고, 동쪽에 오나라가 있었음), 坼탁(터지다), 乾坤 건곤(천지 또는 삼라만상), 浮 부(뜨다), 戎馬 융마 (병거〈兵車〉를 끄는 병마로 전쟁을 의미), 關山 관산(경계를 이루는 산/변방의 국경), 憑 빙(기대다), 軒 헌(처마/난간), 涕 체(눈물/울다), 泗 사(콧물)

친한 벗에게는 소식 한 자 없고

중국 호남성에 있는 동정호(洞庭湖)는 상강(湘江)과 원강 등 4개 하천의 물이 모여드는 중국 제 2의 호수이다. 둘레는 약 800여리로 호수위의 연파는 아득하여 말 그대로 일망무제(一望無際)와 같은데 수많은 방문객들이 배를 뛰어놓고 유람을 즐긴다. 동정호를 언급하면 역시 악양루(岳陽樓)를 빼놓을 수 없다. 예로부터 지금까지 동정호를 감상하기 위해 악양루에 오르는 사람들이 끊이지 않는다.

이 詩를 지을 즈음 두보는 배 한 척에 가족을 싣고 766년

사천성을 떠나 떠돌이 생활 2년 만에 악주성에 도착했다. 당(唐) 대종 대력(大曆) 3년(768년) 12월이었다. 배를 정박하고 꼭 한번 올라보고 싶었던 그 유명한 동정호의 악양루에 올랐다.

이때 세상은 안록산의 난(755~763)이 겨우 진정 되는가 했는데 변방에서 다시 토번(吐蕃)이 침입해와 나라는 온통 전란의 소용돌이에 휩싸였다. 두보가 누각에 올라 동정호의 장대한 풍경을 보고 있노라니 자신의 불행한 처지와 나라의 혼란이 불현듯 떠올라 붓을 휘둘러 5언 율시의 명편인 '등악양루(登岳陽樓)'를 남겼다.

상반부(1~4구)는 동정호의 모습을 그렸는데, 그 기세가 커서 사람을 압박한다. 특히 '오초동남탁, 건곤일야부(吳楚東南坼, 乾坤日夜浮)' 단 10자에서 동정호의 호한(浩瀚) 무변한 형상을 마음껏 다 그려냈다. 이 詩를 읽는 사람을 압도하는데 천고의 절창으로 회자된다.

하반부(5~8구)는 자신의 처지를 서술하였는데, 친척이나 벗과도 소식이 다 끊어졌고, 늙고 병든 몸으로 배 한척에 의지한 노경(老境)이 더욱 애절하다. 결국 누각 난간에 기대어 눈물을 줄줄 흘릴 수밖에 없었다.

당시산책(10)

심은자불우(尋隱者不遇)

가도(賈島)

은자를 찾아가 만나지 못하고

松下問童子   소나무 아래에서 동자에게 물었더니
송 하 문 동 자

言師採藥去   스승은 약초 캐러갔다고 한다.
언 사 채 약 거

只在此山中   다만 이 산중에 있으련만
지 재 차 산 중

雲深不知處   구름이 깊어 계신 곳을 모르겠다고
운 심 부 지 처   한다.

글자풀이

尋 심(찾다), 隱 은(숨다), 隱者 은자(학식이 높으면서 벼슬을 하지 않고 숨어사는 사람), 遇 우(만나다), 賈 가(값), 採 채(캐다), 深 심(깊다)

작자소개

가도(賈島 : 779~843)는 중당(中唐)의 시인이고 자는 낭선(浪仙), 일찍이

46

출가하여 승려가 되었으나 환속하였고, 과거에 실패하고 평생 빈한한 삶을 보냈다. 가도는 고심하여 심혈을 기울려 詩를 쓰는 고음(苦吟)시인이라 불리며 한유와의 사이에 얽힌 '퇴고(推敲 : 문장을 고치는 것)의 고사를 남겼다.

깊은 산 구름 속 어딘가에 있겠지

중당(中唐)의 시인 가도(賈島)도 어느 날 문득 산속 은자(隱者)가 그리워 찾아갔다가 만나지 못하고 돌아오면서 5언 절구 한 수를 남겼다.

간략한 필치와 쉬운 글자 단 스무 자로 한 폭의 그림처럼 정연하게 표현했는데, 전체 화폭에 흐르는 서정(抒情)은 깊고도 간절하다. 적어도 여섯 구절은 되어야 표현할 수 있는 것을 가도는 대답하는 구절(答句)로 묻는 구절(問句)를 포괄하는 방법을 사용하였다.

세 번 문답을 통해 점차 깊이 들어가는데 감정의 기복(起伏)이 잘 나타나 있다. '소나무 아래에서 물었다(松下問童子)'에서 친구를 만난다는 기대에 마음이 가벼웠으나, '스승은 약을 캐러갔다(言師採藥去)'는 예기치 않은 말에 다소 실망에 빠진다. '다만 이 산중에 계신다(只在此山中)'라는 답변에서 실망 중에 한 가닥 희망이 싹 텄으나 마지막의 '구름이 깊어 계신 곳을 모르겠다(雲深不知處)'에서 망연한 가운데 어찌할 방법이 없어 발길을 돌릴 수밖에 없었다.

　이 시에 등장하는 소나무(松)에서 울창한 푸른 소나무(郁郁靑松), 구름(雲)에서 유유히 흐르는 흰 구름(悠悠白雲)이 연상되며, 또 푸른색(靑)과 흰색(白)을 나타내는 소나무(松)와 구름(雲)이 색감의 조화를 이루어 구름 깊은 산속에 사는 은자

의 분위기와 잘 어울린다.

아마 이 은자는 약초를 캐서 세상 사람을 구제하는(濟世活人) 진정한 숨어사는 높은 선비(高士)일 것이다. 흰 구름(白雲)에서 그 고결함이 나타나고, 푸른 소나무(蒼松)에서 그 풍골(風骨)이 드러나고 있다. 높이 흠모하는 은자를 만나지 못하고, 그냥 돌아서는 가도의 마음은 아마 몹시 허탈하였을 것이다.

지금 이 순간에도 인적이 닿지 않는 심산유곡에서 '청정무위, 소요자재(淸靜無爲, 逍遙自在)'를 이상으로 하여 세상을 벗어나 도를 닦으며 숨어사는 사람들이 많이 있다. 복잡한 세상살이가 때로는 편히 숨쉬기조차 어렵게 하는데, 이 힘겨운 현실을 잠시 벗어나 이들 도인을 찾아가 산중 한담이라도 나누고 싶지 않은가?

당시산책(11)

산중여유인대작(山中與幽人對酌)

이백(李白)

산속에서 벗과 대작하다

兩人對酌山花開
양 인 대 작 산 화 개

너와 나 술잔을 마주하니 산에는 꽃이 피고

一杯一杯復一杯
일 배 일 배 부 일 배

너 한 잔 나 한 잔 또 한 잔 끝이 없다

我醉欲眠卿且去
아 취 욕 면 경 차 거

나는 취해 자려하니 그대는 일단 돌아가게

明朝有意抱琴來
명 조 유 의 포 금 래

내일 아침 생각나거든 거문고 안고 오게나.

글자풀이

幽 유(그윽하다), 幽人 유인(인가를 떠나 한적한 곳에 조용히 살고 있는 사람 : 隱者), 酌 작(술을 따르다), 杯 배(잔), 復 부(다시), 醉 취(취하다), 眠 면(잠자다), 卿 경(벼슬) : 여기서는 '君'의 의미로 2인칭 대명사임, 且 차(또/우선/일단), 抱 포(안다), 琴 금(거문고)

너 한잔 나 한잔 산의 꽃은 절로 피고

술은 나를 알아주는 사람을 만나면 천 잔도 부족하다(酒逢知己千杯少)면서 마시고, 또 망우물(忘憂物)이라 하여 시름과 괴로움을 떨쳐버리기 위해 술을 찾기도 한다. 이처럼 술(酒)은 일상생활 속에서 기뻐도 한잔, 슬퍼도 한잔 이런저런 구실을 만들어 수많은 사람들이 이 순간에도 마시고 있다. 이태백도 어느 날 모처럼 지기(知己)를 만나 마음에 아무 걸리는 것 없이 술잔을 주고받았다.

이백의 음주시(飮酒詩)치고 통쾌하지 않은 것이 없듯이 이 시도 통쾌무비하다. 흔히 이백은 '벗할 사람 없어 홀로 술을 마시는(獨酌無相親)' 때가 종종 있는데, 이날은 의기가 투합하는 벗을 만나 대작하고 있다. 그 벗은 아마 산속에 은거하고 있는 높은 선비인데, 둘이 만난 그곳에는 마침 산꽃(山花)이 만발하여 환경조차 그윽하고 아름답다.

이런 유미(幽美)한 환경 속에서 뜻이 맞는 친구와 마주하였으니 가슴은 이미 열렸고 너 한잔 나 한잔 또 한잔 연거푸 세 번을 반복하면서 거침없이 술잔을 주고받고 있다. 이백은 장진주(將進酒)에서 '술을 한번 마시면 삼백 잔이라(會須一飮三百杯)' 이날도 미친 듯이 술을 탐하다가 그만 몸을 가눌 수 없을 정도로 크게 취했다.

이백은 '나는 취해 자려고 하니 그대는 돌아가라'고 솔직하게 이야기하는데, 이것은 형식에 구애되지 않는 교제(忘形交)

가 아니면 불가능하다. 마지막으로 아직 여흥이 미진한 듯 '내일 아침 생각나거든 거문고 안고 오라'고 당부하는 말도 잊지 않았다. 한마디로 평범을 벗어난 초범탈속(超凡脫俗)의 모습들이다.

 제3·4구는 송서 은일전(宋書 隱逸傳) 도연명(陶淵明)의 이야기를 전고(典故)로 하는데, "도연명이 먼저 취하면, 손님에게 '내가 취해 자려하니(我醉欲眠), 그대는 가게(卿可去) 하였다."고 한다.

 마음에 걸리는 것이 하나도 없고, 뜻이 맞는 벗과 마음껏 술을 즐기고 있는 한가로운 정경이 유감없이 나타나 있다. 또 솔직하고 간명한 표현 속에 유유자적(悠悠自適)한 심경이 무르녹아 있어 이 시를 읽는 독자로 하여금 자기도 모르게 그 분위기속으로 빨려들어 가게 한다.

제2부
고향생각

당시산책(12)

정야사(靜夜思)

이백(李白)

고요한 밤의 상념

牀前明月光 침상 앞에 비쳐드는 달빛이 밝기도
상 전 명 월 광 하여

疑是地上霜 땅위에 서리가 내렸나 의심하였네.
의 시 지 상 상

擧頭望明月 머리 들어 밝은 달을 바라보고
거 두 망 명 월

低頭思故鄕 머리 숙여 문득 고향을 생각하네.
저 두 사 고 향

글자풀이

牀 상(평상/침상), 疑是 의시(…이 아닌가 하고 의심하다), 霜 상(서리), 擧 거(들다), 低 저(낮다/숙이다)

달빛 속에 어리는 고향

성당(盛唐 : 713~761) 시대는 당시(唐詩)의 전성기였는데, 하지장·이백·두보·왕창령 등 무수한 시인들의 주옥같은 시 구절들이 천 백년이 지난 지금에도 찬란하게 빛을 발한다.

이 성당시절 절구(絶句, 4행시)의 최고봉은 이백과 왕창령이라 하는데, 이백의 시가 더욱 자연스러워 왕창령보다 한수 위라고 한다. 특히 이태백의 절구는 흔히 '입에서 나오는 대로 말하여 이루어진 것이다' 하여 소위 완전무결하다는 의미로 천의무봉(天衣無縫)이라 평한다. 위의 정야사(靜夜思)가 바로 이러한 대표적 본보기라고 한다.

인생·문학·술 등에서 걸릴 것 없이 표일(飄逸)한 삶을 살았던 이백도 문득 사무친 망향(望鄕)의 정 앞에서는 어쩔 수 없었던 것 같다. 자리에 누워 우연히 눈에 띈 달빛을 소재로 하여 고향이 그리워 지은 시이다. 이 짧은 시는 침신한 상상력의 흔적도, 그렇다고 정교하고 화려한 표현도 없이 다만 평범하게 서술하는 형식으로 나그네의 고향생각을 담담히 그렸다. 그러나 도리어 그 의미가 심장하여 읽을수록 독자의 마음을 사로잡는다.

기구(起句) '침상 앞에 비쳐드는 달빛이 밝기도 하여(牀前明月光)'에서 나그네가 깊은 밤에 잠깐 잠이 들었다가 깨었는지 잠 못 들어 하는 때에 정원은 적막한데 창문을 통해 달빛이 침상에 비쳐든다.

승구(承句) '땅위에 서리가 내렸나 의심하였네(疑是地上霜)'에서 몽롱한 가운데 밖을 내다보니 땅위에는 온통 새하얀 서리가 깔려 있는 것 같았다. 다시 마음을 안정시키고 보니 그것은 서리가 내린 것이 아니라 밝은 달빛이었다. 가을 달은 밝아 서리와 같다(月白霜淸)는 표현은 고전시가에서 많이 볼 수 있는데, 청추야경(淸秋夜景)이라 하겠다.
　전구(轉句) '머리 들어 밝은 달을 바라보고(擧頭望明月)'에서 달빛에 이끌려 나그네가 머리를 들어 올려다보니, 아름답고 환한 둥근달이 창 앞에 걸려있다.
　결구(結句) '머리 숙여 문득 고향을 생각하네(低頭思故鄕)'에서 밝은 달을 응시하고 있자니 나그네의 여수(旅愁)가 일어나고, 고향에 미치게 되자 사념에 잠기다가 머리가 점점 숙여지면서 고향생각이 간절하다.
　달빛이 서리인가 의심이 간다(疑)에서 머리를 들었고(擧頭), 머리를 들고(擧頭)에서 고개를 숙인다(低頭)까지 나그네의 마음속의 움직임을 잘 나타냈고, 나아가 한 폭의 생동감 있는 '월야사향도(月夜思鄕圖)'를 그려냈다 하겠다.

당시산책(13)

회향우서(回鄕偶書) 1

하지장(賀知章)

고향에 돌아와서

少小離家老大回
소 소 이 가 노 대 회

어려서 떠난 고향, 늙어서 돌아 왔다

鄕音無改鬢毛衰
향 음 무 개 빈 모 쇠

고향사투리는 변하지 않았는데, 귀밑머리 다 쉬었다

兒童相見不相識
아 동 상 견 불 상 식

동네아이 멀뚱히 나를 보고, 알아보지 못한 채

笑問客從何處來
소 문 객 종 하 처 래

웃으면서 "나그네여 어디서 왔습니까?" 묻는다.

글자풀이

偶 우(짝/뜻하지 않게 만남을 나타냄), 偶書 우서(문득 생각이 나서 지은 글), 少小 소소(나이가 어리다), 老大 노대(노인), 鄕音 향음(고향사투리), 鬢 빈(살쩍/귀밑털), 鬢毛 빈모(귀밑에 난 구렛나루), 衰 쇠(쇠하다/여기서는 머리가 세었다는 뜻), 笑 소(웃다)

> **작자소개**
>
> ※ 하지장(賀知章 : 659~744)은 자는 계진(季眞), 절강성 사람이며 측천무후 때 진사에 급제(695년)하고 벼슬을 시작하여 박사가 되었고, 집현전 학사, 비서감, 태자빈객(太子賓客) 등의 벼슬을 지냈다. 성격이 호방하고 술을 즐겨하여 두보의 음중팔선가(飮中八仙歌)에서 첫 번째에 올라있다. 이 시에서 "하지장이 취해 말을 탄 모습은 흔들거려 마치 배를 탄 듯하다(知章騎馬似乘船)"고 하였다.

돌아온 고향, 낯설기만 한데

여우가 죽을 때 머리를 자기가 살던 굴로 향한다는 것을 수구초심(首丘初心)이라 하는데, 고향을 그리워하는 마음을 뜻한다. 무릇 고향을 떠난 자 어릴 때 뛰놀던 옛 고향이 그립지 않으랴! 그러나 세월이 한참 흘러 고향을 다시 찾았을 때 산천은 옛날 그대로 인 것 같은데 왠지 낯설기조차 하다. 그럼에도 혹자는 여생을 보내기위해 낙향하기도 하고, 또는 타향도 정들면 고향이라고 다시는 고향을 찾지 않는 사람들도 있다.

하지장은 당 현종 천보 3년(744) 벼슬을 사퇴하고 86세 때 고향인 절강성 영흥(永興)으로 돌아왔다. 이때가 고향을 떠난지 50여 년만이다. 이미 몸도 늙을 대로 늙었고, 고향도 많이 변했으므로 마음속에서 무한한 감개(感慨)가 일어났다. 그때 '회향우서(回鄕偶書)' 두 수를 지었는데, 그중 첫 번째이다. 그리고 이 시를 지은 그해에 세상을 떠났다.

　오랜만에 고향을 찾은 사람은 누구나 이 詩에 나타난 상황을 만날 수 있을 것이다. 무정한 세월 속에 산천은 옛날 그대로라고 하나 그때 내가 알던 사람 중 일부는 죽어 이 세상 사람이 아니고, 일부는 늙어서 그 모습을 겨우 알아 볼 수 있을 뿐이다.

　게다가 고향을 떠난 이후 태어난 젊은이들은 알 길이 없어 "그대는 누구 집 자손인가?" 라고 묻기도 한다. 이러면 벌써 고향이 낯설어지고, 특히 부모형제가 없는 고향은 나와는 한참 멀어진 느낌일 것이다. 더구나 동네 아이들조차 누구인지 몰라보고 "나그네여! 어디서 왔습니까?(客從何處來)"라 물으니, 웃어야 할지 슬퍼해야 할지 그저 착잡해질 뿐이다.

　시인은 '오랜만에 돌아온 고향'이라는 지극히 평범한 소재를 가지고 누구나 느끼고 있을 법하나 말로 나타내지 못한 것을 우리를 대신해서 진솔하게 표현하고 있는데 읽을수록 의미심장하다.

당시산책(14)

구월구일 억산동형제
(九月九日 憶山東兄弟)

왕유(王維)

고향의 형제를 그리며

獨在異鄕爲異客 독 재 이 향 위 이 객	홀로 타향에 외로운 나그네 되어
每逢佳節倍思親 매 봉 가 절 배 사 친	매번 명절이 돌아오니 부모님 생각 더욱 간절하다
遙知兄弟登高處 요 지 형 제 등 고 처	멀리 고향의 형제들 지금쯤 높은 곳에 올라
遍揷茱萸少一人 편 삽 수 유 소 일 인	모두 수유를 꽂고서야 한사람 적어진 것을 알 것이다

글자풀이

九月九日 중양절 (重陽節), 憶 억(생각하다), 異 이(다르다), 異客 이객 (타향살이 하는 사람), 逢 봉(만나다), 佳節 가절(좋은 명절), 倍 배(갑절/

61

곱), 遙 요(멀다/아득하다), 遍 편(두루), 揷 삽(꽂다), 茱萸 수유, 少 소(젊다/모자라다)

명절이 돌아오면 고향이 더욱 그리운데

시인 왕유도 외로운 타향살이 가운데 명절을 맞게 되자 고향과 동기(同氣)가 더욱 그리워 그 간절한 심정을 노래하면서 향수(鄕愁)를 달랬다. 이 詩는 왕유가 과거를 준비하기 위해 홀로 장안에 와있을 때 지은 것으로 이때 그의 나이 17세였다.

명절(중양절)을 맞아 고향의 부모형제를 그리면서 지은 詩이다. 왕유의 고향은 포주(지금의 산서성 영제永濟)인데 화산(華山)의 동쪽에 위치하여 산동(山東)이고, '억산동형제(憶山東兄弟)'라고 제목하였다.

시 첫머리에 '홀로 독(獨)'으로 시작하고, 타향이 낯설고 물 섥다는 의미로 '다를 이(異)'를 두 번이나 반복한 것(異鄕, 異客)은 부모형제를 떠나 타향에 있다는 것을 강조했다.

가절(佳節)은 명절을 말하는데 주로 '설·추석·원소절(보름)·중양절·단오' 등을 가리키며 전 가족이 한자리에 모여 앉는(團聚) 날이다. 객지에서 홀로 명절을 맞으니 어린 시절 가족들과 함께한 고향에서의 아름다운 기억이 주마등처럼 스쳐 가는데 어찌 고향과 동기(同氣) 생각이 더욱 간절하지 않겠는가? 하여 '명절이 돌아오니 부모님 생각이 더욱 간절하다(每逢佳節倍思親)'라고 하였다.

세 번째 행(轉句)에서 내 몸이 객지에 있으니 고향에서 명절날 일어나는 일들을 상상할 수밖에 없어 '멀리서…알겠다(遙知)'라면서 계속 전개한다. 9월 9일은 중양절(重陽節)인데 九는 양수(陽數)의 최대수로 달과 날짜가 이중으로 되었으므로 중양절이라 부른다. 이날 높은 곳에 올라 수유가지를 머리에 꽂고 국화주를 마시는 풍속이 있는데, 이 수유나무의 붉은 열매는 요귀를 쫓는다고 한다.

마지막으로 명절에 높은 곳에 오른 형제들이 수유가지를 머리에 다 꽂고 나니 수유 가지가 하나 남았다. 형제 숫자대로 수유가지를 만들었는데 가지가 하나 남았으니 그때서야 형제 중 내가 빠져 있다는 것을 알지 않겠는가? 하면서 형제들에 대한 간절한 그리움과 우애 등을 잘 나타냈다.

우리민족의 최대 명절은 중추가절이다. 추석을 가족과 함께 고향에서 보내기위해 해마다 귀성(歸省)전쟁이 되풀이 된다. 귀향길이 하도 힘들어 이제 그만 가겠다고 하면서도, 명절이 돌아오면 어김없이 힘든 귀향대열에 다시 서게 된다. 아마 어쩔 수 없는 귀소(歸巢)본능인가 한다.

당시산책(15)

추풍인(秋風引)

유우석(劉禹錫)

가을바람의 노래

| 何處秋風至
하 처 추 풍 지 | 어느 곳에서 가을바람이 불어오는가? |

| 蕭蕭送雁群
소 소 송 안 군 | 쓸쓸한 바람소리 속에 기러기 떼 보낸다. |

| 朝來入庭樹
조 래 입 정 수 | 아침 무렵 뜰에 있는 나무에 불어오니 |

| 孤客最先聞
고 객 최 선 문 | 외로운 길손이 그 소리를 가장 먼저 듣누나. |

글자풀이

引 인(끌다/악부시체의 일종), '引'은 '歌/行/曲'이나 마찬가지로 노래라는 뜻, 至 지(이르다), 蕭 소(쑥/쓸쓸하다), 蕭蕭 소소(쓸쓸한 소리나 모양을 형용), 送 송(보내다), 雁 안(기러기), 群 군(무리), 庭 정(뜰), 樹 수(나무/심다), 孤 고(외롭다), 最 최(가장), 聞 문(듣다)

> **작자소개**
>
> 유우석(劉禹錫 : 772~842)은 중당(中唐 : 766~835)의 시인으로 자가 몽득(夢得), 하남성 낙양사람이다. 유종원과 함께 진사에 급제하여 장래가 촉망되었으나 좌천된 적도 있었고, 태자빈객, 검교예부상서 등에 올랐다.

쓸쓸한 가을바람 어디서 불어올까?

이 詩는 유우석이 벼슬살이 중 장기간 좌천(805~815)되어 남방으로 멀리 귀양 간적이 있었다. 이때 그곳에 마침 가을바람이 불어오고 문득 기러기가 남쪽으로 날아가는 것을 보면서 울적한 나그네의 심정을 토로했다.

이때 당(唐) 왕조는 전성기를 지나 차츰 내부적 모순이 격화되면서 사회는 혼란 속으로 빠져 들어가고 있었다. 805년 순종 때 왕숙문(王叔文)과 젊은 관료들인 팔사마(八司馬 : 백낙천·유우석·유종원 등 8명)가 결합하여 정치개혁을 추진하였다. 그러나 정치개혁에 실패하고 모두 지방으로 좌천되었다. 그 당시 34세의 유우석은 인생의 시련기를 맞이하였고, 이후 약 10년간 객지를 전전하였다.

시 제목이 '가을바람(秋風)'인데 첫 구절(起句)에서 '어느 곳에서 가을바람 불어오는가?(何處秋風至)' 하고 묻고 있다. 가을바람이 어느 날 부지불식(不知不識)간에 홀연히 자취도 없이 도처에서 불어온다는 사실을 물음을 통해 나타냈다.

승구(承句)에서 '바람이 불어오는 쓸쓸한 소리(蕭蕭聲)'와 눈에 보이는 '가을바람을 따라 보내는 기러기 떼(送雁群)'의 모습을 그렸다. 이것은 무형의 가을바람을 가히 듣고 볼 수 있도록 하여 마침내 이를 소재로 눈앞에서 생생하게 전개되는 한편의 화폭(畫幅)으로 만들었다.

3·4구(轉結句)에서 앞의 '기러기 떼'로부터 '뜰의 나무(庭樹)'로 옮겨왔다. '아침에 뜰에 서니(朝來)' 바람이 정원의 나무를 흔드는데 나뭇잎이 쓸쓸히 울리고, 그것도 귓가에 까지 들려온다.

홀로 타향에 있는 '외로운 나그네(孤客)'에게 당연히 '가장 먼저 들릴 수밖에(最先聞)' 없다. 한마디로 객지생활의 외로움과 고향에 돌아가고 싶은 귀사(歸思)의 심정이 잘 나타나고 있다.

그 뜨겁던 여름 태양도 입추(立秋), 처서 등 계절의 변화에 따라 세력을 잃는다. 아마 어김없는 자연의 순리일 것이다. 이제 조락(凋落)의 계절 가을이다. 만물은 저마다 다가오는 겨울을 준비하기 위해 마지막 가을 햇빛을 갈무리하기에 여념이 없다.

이때 어디선가 문득 소슬한 가을바람 소리가 들려온다. 귓가에 맴도는 이 쓸쓸한 바람소리는 우리를 한번쯤 애수(哀愁)에 잠기게 하고, 나아가 자신을 깊이 성찰(省察)하도록 한다. 고향을 떠난 자 고향이 더욱 그립고, 가슴에 번민이 깊은 자 불면의 밤도 더욱 깊어질 것이다.

야우기북(夜雨寄北)

이상은(李商隱)

밤비에 아내에게 부치다

君問歸期未有期 군 문 귀 기 미 유 기	그대 '언제 돌아오나요?' 물었으나 나는 아직 기약 없고
巴山夜雨漲秋池 파 산 야 우 창 추 지	파산의 밤비는 가을 연못을 넘치게 한다.
何當共剪西窓燭 하 당 공 전 서 창 촉	어느 때 그대와 함께 서창가에서 촛불의 심지를 자르며
却話巴山夜雨時 각 화 파 산 야 우 시	오늘밤 이 파산의 밤비 내리는 정경을 함께 얘기할는지?

글자풀이

寄 기(부치다), 北 북(북쪽인 장안에 있는 작자의 아내를 가르킴), 君 군(그대/아내), 歸期 귀기(돌아올 기일), 巴山 파산(파촉 지방 일대의 산), 漲 창(물이 붇다/성하다), 池 지(연못), 何當 하당(어느 때=何時), 剪 전(가위/자르다), 剪燭 전촉(불이 쇠약한 촛불의 심지를 잘라 불빛을 밝게 하다), 窓 창(창/창문), 却 각(돌이켜/오히려)

작자소개

이상은(李商隱 : 813~858)은 만당(晩唐)의 시인으로 자는 의산(義山), 호는 옥계생(玉鷄生)이며, 하남성 사람이다. 과거에 급제하였으나 당쟁의 소용돌이에 빠져들어 관직의 길이 순탄치 않았다. 그의 시풍은 화려하였고 두목과 함께 만당의 대표적인 시인으로 꼽힌다.

가을 밤 비에 임에게 부치는 노래

　만당(晩唐)의 저명한 시인 이상은은 객지에서 가을 밤비가 내리는 어느 날 사랑하는 아내가 몹시 그리워 애정시 한편을 지어 아내에게 보냈다.
　물론 이 詩를 두고 이상은이 친구에게 보냈다 또는 아내에게 보냈다 등 설이 분분하다. 그러나 시의 내용으로 보건대 아내에게 보낸 것이 더 적절하다고 생각된다. 작자 이상은이 벼슬을 얻기 위해 파촉 지방을 돌아다닐 때 멀리 장안에 홀로 있는 아내에게 보낸 詩이다.

　제 1구(起句)에서 일문일답을 사용하여 무한한 변화를 주었다. 아내가 남편의 돌아올 날짜를 물었는데(君問歸期), 남편은 돌아갈 기약이 없다(未有期)고 한다. 아내의 간절한 기다림이 묻어있고, 집 떠난 남자의 여수(旅愁)와 지금 돌아갈 수 없는 아쉬움이 엿보인다.
　제 2구(承句) 가을 밤 눈앞에서 전개되는 "파산의 밤비로 가을 연못 물이 불었다(巴山夜雨漲秋池)"에서는 집으로 돌아가고픈 나그네의 애수에 잠긴 마음과 가을비가 교차하면서 더욱 사람을 쓸쓸하게 한다.
　쓸쓸한 가을비에 상상의 날개를 문득 새롭게 펼친다. 그래서 "(앞으로)어느 때 서쪽창가에서 촛불의 심지를 자르며, 오늘 밤 이 파산의 밤비 내리는 정경을 함께 얘기할는지?(何當共剪西窓燭, 却話巴山夜雨時)" 하면서 작가의 장래 희망을 읊조렸다.

그 구상의 절묘함이 단연 돋보인다. 이때 이상은은 파산의 밤비 소리를 홀로 들으며 같이 얘기 나눌 사람조차 없었다. 쇠잔한 촛불의 심지를 자르고 있는데 밤은 이미 깊었다.

이런 가운데 아내가 보낸 편지를 읽고 있는 그 심정은 어떠할까? 오늘 밤 이 서글픔에도 불구하고, 그대와 가까운 미래에 만나 촛불의 심지를 자르고 오늘밤 파산의 밤비 얘기를 하겠다는 즐거움을 상상하면서 끝을 맺었다. 그 서정(抒情)이 완곡하고, 의미가 심장하여 여운이 오래도록 감돈다.

서창전촉(西窓剪燭) 혹은 전촉서창은 성어가 되었는데, '멀리 있는 아내 또는 친구와 다시 만나 밤새도록 이야기 나누기를 고대하다'라는 의미로 쓰인다.

가을 밤비 소리에 문득 잠을 깬 젊은 여인이 행여 임의 발자국 소리인가 하여 문 쪽으로 눈길이 자꾸 간다는 애절한 사연을 어디선가 읽은 적이 있다. 사랑을 해본 사람은 누구나 한번쯤 이런 경험이 있을 법하다. 비록 남녀의 사랑이 아름답고 로맨틱하다 해도 그 속에는 끝없는 그리움과 기다림의 연속이 아닐까?

당시산책(17)

제파산사후선원(題破山寺后禪院)

상건(常建)

파산사 뒤 선원에서 짓다

清晨入古寺 청 신 입 고 사	맑은 새벽 옛 절로 들어가는데
初日照高林 초 일 조 고 림	갓 떠오른 햇살이 높은 숲을 비춘다.
竹徑通幽處 죽 경 통 유 처	대나무 오솔길은 그윽한 곳으로 통하고
禪房花木深 선 방 화 목 심	선방은 꽃과 나무들 속에 깊이 묻혔다.
山光悅鳥性 산 광 열 조 성	산 빛은 새의 마음을 기쁘게 하여 울게 하고
潭影空人心 담 영 공 인 심	연못 그림자는 사람의 마음을 비워 준다

萬籟此俱寂 만뢰차구적	온갖 소리가 다 이렇게 고요한데
惟餘鐘磬音 유여종경음	오직 종소리, 경쇠소리만 은은히 들려온다.

글자풀이

淸晨청신(신선하고 맑은 이른 새벽), 晨 신(새벽), 古寺 고사(파산사), 初日 초일(아침 해), 徑 경(길/지름길), 幽處 유처(깊고 그윽한 곳), 悅 열(기쁘다), 潭 담(못), 籟 뢰(소리/통소), 萬籟 만뢰(온갖 소리), 俱 구(함께/모두), 餘 여(남다), 磬 경(경쇠/옥이나 돌로 만든 악기)

작자소개

상건(常建 : 708 ?~765)은 성당(盛唐, 713~765)의 시인으로 장안(長安) 사람이다. 현종 때(727) 약관의 나이로 진사에 합격하였으나 벼슬길이 순탄하지 못했다. 산수 간에 노닐면서 산수전원을 소재로 하여 많은 시를 지었고, 시풍은 왕유·맹호연과 유사하다.

헛헛한 날은 山寺를 찾아가자

　성당(盛唐)의 시인 상건도 잠시 우울한 속세를 멀리하고 이른 아침 산사를 찾아 나섰다. 이 시는 이른 새벽 사찰 선방(禪房)의 그윽하고 조용한 분위기를 읊었는데 선미(禪味)가 있고, 산수에 의탁하여 은일(隱逸)한 심정을 나타냈다. 파산(破山)은 지금의 강소성 상숙(常熟)이고, 여기의 사찰은 남제(南濟)때 지은 흥복사(興福寺)로 당나라 때는 이미 고찰이 되었다.

　맑고 깨끗한 새벽에 파산사를 찾았는데, 아침 해가 막 떠올라 산위의 나무숲을 비춘다. 대나무 우거진 길을 따라 그윽하고 깊숙한 후원으로 들어가니, 문득 선방(禪房)이 꽃나무와 수림 속에 묻혀있다.
　미묘(美妙)한 산의 빛깔과 풍광(風光)은 새들을 기쁘게 노래하게 하고 또 맑은 못가에 서니 몸과 마음을 찌들게 한 홍진(紅塵)세상의 잡념이 순식간에 씻어지는 듯하다. 선방이 위치한 경치와 이때 느낀 심정은 아마 불교 공문(空門)에서 말하는 선열(禪悅)의 오묘함을 맛보았을 법하다.
　세속의 일체 번뇌를 벗어 던지는 순간 대자연과 인간세상의 모든 소리가 다 사라지는 것 같았는데, 어디선가 종소리와 경쇠(磬)소리가 들려온다. 이 은은하고 낭랑하게 메아리쳐 들려오는 불음(佛音)이 사람들로 하여금 순정(純淨)한 기쁨의 경계로 들어가게 하고, 그곳에 대한 동경(憧憬)마저 불러일으킨다.

"竹徑通幽處 禪房花木深"은 절창으로 회자되고 있으며, 또 "山光悅鳥性 潭影空人心"은 깨달음을 나타내는 기발한 문구라 하겠다.

요즈음 빠르게 변화하는 사회 조류는 평범한 사람들의 정신을 어지럽게 하고, 또 출세지향의 과도한 실리추구는 지나친 경쟁을 불러와 우리의 삶을 힘들게 한다.

이러한 때 짧은 시간이라도 현실을 잠시 떠나 자신을 한번쯤 되돌아보고, 마음을 비워 보고 싶어 산사체험(템플스테이)을 하는 사람들이 점차 증가하고 있다. 우리도 마음이 헛헛한 때는 조용한 산사를 한번 찾아가 보자.

당시산책(18)

추사(秋思)

장적(張籍)

가을생각

洛陽城裏見秋風 낙 양 성 리 견 추 풍	낙양성 안에 가을바람 불어 오는데
欲作家書意萬重 욕 작 가 서 의 만 중	집에 편지를 쓰려하니 만 가지 생각 일어난다.
復恐忽忽說不盡 부 공 총 총 설 부 진	바삐 쓰다 보니 할 말이 빠지지 않았나 여겨져
行人臨發又開封 행 인 임 발 우 개 봉	나그네 출발하려 하는데 다시 한 번 편지를 열어본다.

글자풀이

裏 리(속/안), 萬重 만중(몇 겹이나 겹치다), 復 복(회복하다)/부(다시), 恐 공(두렵다/신경이 쓰인다), 忽 총(바쁘다), 說 설(말하다), 行人 행인(나그네/여기서는 편지를 전하는 사람), 臨 임(임하다), 封 봉(봉하다)

> 작자소개

장적(張籍 : 766?~830)은 자는 문창(文昌), 안휘성 사람이다. 799년 진사과에 급제하였으며, 한유의 추천으로 국자박자(國子博士)가 되었다. 벼슬이 국자사업(國子司業)에 이르렀다. 그래서 세간에서는 장사업(張司業)이라 부른다. 그 당시의 한유, 맹교, 왕건 등 명사들과 교분이 두터웠다.

못다한 말이 없는지 편지를 다시 열어 본다

일찍이 진대(晋代) 장한(張翰)이라는 사람은 '가을바람이 부는 것을 보고, 자기 고향 오군(吳郡)의 순챗국(蒓羹)과 농어회(鱸魚膾)가 생각나 벼슬을 버리고 고향으로 돌아갔다'고 한다. 이 오군 출신의 장적이 어느 해 낙양에 머물면서 가을바람이 불기 시작하자 고향생각이 간절하였으나 장한처럼 벼슬을 그만두고 고향에 돌아갈 입장이 아니었다. 그래서 귀향 대신 집으로 보내는 편지를 쓰는데, 그 당시의 심정을 손에 잡힐 듯 생생하게 그렸다.

성당(盛唐 : 713~765)의 웅혼하고 낭만이 풍부한 시풍은 中唐(766~835)이 되면 다소 사실적으로 바뀐다. 중당의 시인 장적이 쓴 이 '秋思'(추사)도 사실에 뜻(情)을 부친 것이다. 일상생활의 한 단편인 집에 보내는 편지를 소재로 하여 편지를 쓸 때의 심경과 행위를 빌려서 나그네의 향수(鄕愁)와 가족에 대한 간절한 생각을 표현했다.

가을바람이 무한한 향수를 불러일으키는데, 이런저런 이유로 말미암아 고향으로 돌아갈 수 없는 신세이다. 오직 한통의 편지를 써서 회향(懷鄕)의 정을 기탁할 수밖에 없다. 마음속에 천만가지 생각이 일어나는데 막상 붓을 드니 무슨 말을 해야 할지 모르겠다.

  편지를 겨우 다 쓰고 뚜껑을 봉할 즈음에는 할 말을 다 한 것 같았다. 그러나 막상 편지 배달부가 출발하려할 때 무슨 중요한 내용이 빠지지는 않았는지 갑자기 의심되어 총망하게 편지뚜껑을 다시 열어본다.
  이 詩는 생활 속에서 흔히 볼 수 있는 일과 상정(常情)을 소재로 썼는데, 사람마다 말하고 싶었으나 분명하게 말 하지 못한 마음속의 이야기를 우리대신 잘 나타냈다.
  송(宋)나라의 유명한 정치가요 문인인 왕안석(王安石)은 장적의 시를 평가하여 "보기에는 평범한 것 같으나 기발하게 특출하고(看似尋常最奇崛), 쉽게 이루어진 것 같으나 도리어 간난신고를 거친 것이다.(成如容易却艱辛)"하였다.

당시산책(19)

풍교야박(楓橋夜泊)

장계(張繼)

풍교에서 밤을 보내다

月落烏啼霜滿天
월 락 오 제 상 만 천

달은 지고 까마귀 울고, 찬 서리 하늘에 가득한데

江楓漁火對愁眠
강 풍 어 화 대 수 면

강가의 단풍과 어선의 불빛, 객수에 잠 못 들어 한다.

姑蘇城外寒山寺
고 소 성 외 한 산 사

고소성 밖 한산사에서

夜半鐘聲到客船
야 반 종 성 도 객 선

한 밤을 알리는 종소리가 나그네의 배에 들려온다.

글자풀이

楓橋 풍교(소주 서쪽 풍교진에 있는 다리), 泊 박(배를 대다/머무르다), 啼 제(울다), 霜 상(서리), 楓 풍(단풍나무), 漁火 어화(고기잡이배의 등불), 寒山寺 한산사(소주교외에 있는 사찰), 夜半 야반(한 밤중)

작자소개

장계(張繼 : 생몰연대 미상)는 中唐(766~835)의 시인이고, 자는 의손(懿孫)이며, 지금의 호북성 양양(襄陽)사람이다. 당 현종 753년에 진사에 급제하여 검교사부원외랑(檢校祠部員外郞)을 지냈다.

한 밤의 종소리에 잠 못 들어 하다

　한산사(寒山寺)가 있는 소주(蘇州)는 옛 이름이 고소성(姑蘇城)으로 과거 오(吳)나라의 도읍이었고, 운하의 도시이다. 오랜 역사와 유서를 간직한 고도(古都)로서 "하늘에는 천당이 있고, 땅에는 소주와 항주가 있다(上有天堂, 下有蘇杭)"고 하여 지상낙원이라고 한다. 소주에는 호구(虎丘 : 오왕 합려의 무덤), 북사탑, 태호 등 명승지가 많아 수많은 관광객들이 이곳을 찾는다. 중당(中唐)의 시인 장계도 여행도중 소주교외 풍교에 배를 대고, 잠 못 이뤄 뒤척이는데 어디선가 한밤의 종소리가 들려온다.
　이 시는 천고(千古)에 회자(膾炙)되는 절창(絶唱)으로 중국 한시 사상 가장 많이 애송되는 작품 중의 하나라고 한다. 여행하는 나그네가 쓸쓸한 가을밤을 맞아 잠 못 들어 하는 나그네의 수심(愁心)을 그 내용으로 한다.

　먼저 서리가 하늘에 가득한데 달마저 이미 졌다. 높은 나뭇가지위에서 울고 있는 까마귀, 붉게 물든 단풍잎, 고기잡이배에서 흘러나오는 불빛 등 풍교 주변 야경을 그렸다. 풍교에 배를 대고 배안에서 자려고 하였으나 고적(孤寂)하여 잠이 쉽사리 들지 않는다.
　이때 고요한 밤의 정적을 깨면서 한산사의 종소리가 들려온다. 종소리는 멀리서 은은히 울리는데 나그네가 머물고 있는 객선(客船)에 까지 뚜렷이 들린다. 이 한밤의 종소리가 밤

대유학당 온라인 영상 강의

2020년 4월 이후 대유학당 강의를 모두 영상으로 보실 수 있습니다. 수업 참석이 어려운 분들께 추천합니다. 시간과 장소에 구애 받지 않고 어디서나 반복해서 들을 수 있으므로 효과적으로 공부할 수 있습니다.

대유학당 온라인 강의

Q 어떻게 신청하나요?

A **대유학당 홈페이지(www.daeyou.or.kr)에서 신청하시거나, 02-2249-5630으로 전화 주세요.** 결제 후 수업 영상 링크를 보내드립니다.

Q 어떻게 받을 수 있나요?

A 현장강의 촬영 영상을 유튜브 대유학당tv에 업로드 후, 해당 '링크'를 보내드립니다. 편의에 따라 문자메시지, 카카오톡, 이메일로 받으실 수 있습니다. **링크를 누르면 별도의 로그인 없이 시청이 가능합니다.** 복잡한 절차 없이 간편하게 수강할 수 있어요! (※ 영상 링크가 있어야만 시청이 가능하며, 소실 시 접속이 불가합니다.)

Q 수강료는 어떻게 결제하나요?

A 한 달 단위로 구매 가능 합니다. 4주(회 당 2시간) = 총 8시간

　수강료는 오프라인 수업과 동일합니다. 수강료는 대유학당 홈페이지, 혹은 블로그 (blog.naver.com/daeyoudang)를 참고해주세요,

　국민은행 805901-04-370471 (주식회사 대유학당)로 계좌이체,

　혹은 홈페이지나 전화로 카드 결제 가능합니다.

Q 수업은 언제까지 볼 수 있나요?

A 수강 신청 기간만큼 시청 가능합니다. (예: 1개월 수강 / 1개월 동안 시청 가능) 정해진 기간 동안은 무제한으로 열람이 가능하나, 이후에는 불가합니다.

- **주역**(윤상철 선생님) – 원전강의(15개월), 스토리 주역(10개월), 동양천문(3개월), 주역점법(3개월)
- **사주명리**(박창원 선생님) – 1년과정(사주 구성원리, 신살, 육친, 격과 용신), 구성입문(3개월), 구성명리(3개월), 구성취기(3개월)
- **자연명리**(윤상흠 선생님) – 재관보는 법(20주)
- **타로**(노선희 선생님) – 주역타로(20주), 동양타로, 룬스톤, 오쇼젠
- **육임**(이수동 선생님) – 입문(2개월), 중급(2개월), 실전(6개월).
- **홍국기문**(정혜승 선생님) – 기초(진가원칙, 팔문팔괘 구성팔장, 일주론, 중궁론 / 실전반(10주특강, 대운과 소운, 직업 찾기)
- **자미두수**(이연실 선생님) – 입문(5개월), 중급(5개월), 대운(9개월)
- **자미두수**(백옥숙 선생님) – 실전자미두수 해설(15개월). 직업별 수업
- **자미두수**(윤은현 선생님) – 북파자미

자세한 내용은 대유학당 블로그를 참조하세요.
유튜브 대유학당 TV(www.youtube.com/@daeyoudang)에서 샘플 강의를 들으실 수 있습니다.
강의와 교재는 대유학당 쇼핑몰(www.daeyou.or.kr)에서 구매하세요.

대유학당 도서목록 **주역** ▌주역입문, 대산주역강의, 주역전의대전역해, 주역인해 **주역활용** ▌황극경세, 하락리수, 매화역수, 대산주역점해, 주역점 비결, 육효증산복역, 대산석과, 우리의 미래, 후천을 연 대한민국, 시의적절 주역이야기, 초씨역림, 팔자의 시크릿 **자미두수** ▌별자리로 운명 읽기 1~5, 자미두수입문, 자미두수전서, 중급자미두수1,2 실전자미두수, 자미심전1,2 **육임** ▌육임입문123, 육임실전, 육임필법부, 대육임직지 **음양오행** ▌어디 역학공부 좀 해 볼까?, 운명 사실은 나도 그게 궁금했어, 오행대의, 연해자평, 박창원의 구성학 강의, 기문둔갑신수결 **전문가용 프로그램** ▌하락리수, 자미두수, 육임   **대유학당 02-2249-5630**

잠 못 이루는 나그네의 시름을 더욱 깊게 만들고 있다. 이 시를 신운(神韻)이 감돌게 만든 것이 바로 '한산사의 한밤 종소리'라고 하는데, 풍교의 단순한 가을밤 경치에 머물게 하지 않고, 정경(情景)이 서로 어우러진 높은 예술 경지로 승화되게 만들었다고 하겠다.

이 詩가 발표되고 난 후 '소주·한산사·풍교·야반종성'을 상상하면서 무수한 시인들과 여행객들이 이곳을 방문하여 장계의 '풍교야박'을 흉내 내어 詩를 지었으나 장계의 이 詩를 능가하는 것이 지금까지 없었다고 한다.

한산사(寒山寺)는 남북조 시대에 건립되었고, 원래 이름이 '묘리보명탑원(妙利普明塔院)'이었다. 당나라 태종 때 시승(詩僧)이었으며 문수보살의 현신이라고 알려진 한산자(寒山子)가 이곳에 머물렀는데, 이로 인해 '한산사'로 이름이 바뀌었다고 한다.

당시산책(20)

산행(山行)

두목(杜牧)

산 행

遠上寒山石徑斜 원 상 한 산 석 경 사	멀리 차가운 산의 비탈진 돌길을 오르는데
白雲生處有人家 백 운 생 처 유 인 가	흰 구름 일어나는 곳에 인가가 있더라.
停車坐愛楓林晚 정 거 좌 애 풍 림 만	수레 멈추고 앉아 해질 무렵의 단풍 숲을 즐기는데
霜葉紅於二月花 상 엽 홍 어 이 월 화	서리 맞은 나뭇잎(단풍)이 봄꽃보다 붉다.

글자풀이

寒山 한산(조용하고 쓸쓸한 산/가을 산), 石徑 석경(돌길), 斜 사(기울다/비스듬하다), 停 정(멈추다/정지하다), 楓林 풍림(단풍나무숲), 晚 만(저물다/늦다), 霜 상(서리), 霜葉 상엽(서리 맞은 나뭇잎 즉 단풍), 於 어(어조사/…보다도 더욱 …하다), 二月花 이월화(음력 2월의 꽃 즉 봄꽃)

붉게 물든 가을 산을 거닐다

   가을 풍경이 마치 아름답게 채색된 그림처럼 선명하게 묘사되어 있는데, 시를 조용히 읽고 있노라면 나도 모르게 한 폭의 '만추단풍유람도(晚秋丹楓遊覽圖)' 속에 들어가 있는 것 같은 착각을 불러일으킨다.
   이 시 속에는 돌길(石徑), 인가(人家), 흰 구름(白雲), 서리 맞은 나뭇잎(霜葉) 등이 순서에 따라 전개되고 있는데, 한 폭의 조화롭고 통일된 화면을 구성하고 있다.
   이러한 경물(景物)들이 유기적으로 연결되어 있는데, 주와 종을 이루어 정연하게 배치되어있다. 돌길, 인가, 흰 구름 등은 나그네로서 전체 화면을 이루는데 일조를 하는 배경이 되고 있는데 비해 '서리 맞은 붉은 단풍잎'이야말로 주인공이라 하겠다.

   전체 화면의 색조는 '흰 구름(白雲)'과 '서리 맞은 붉은 나뭇잎(霜葉)'이 선명하게 대응되어 홍백(紅白)이 중심을 이루고 있다.
   기구의 늦가을을 암시하는 '차가운 산(寒山)'을 통해서 전구의 '늦다'는 만(晚)과 연계되는데, 해질 무렵의 을씨년스러움이 느껴지는가 하면 단풍이 저녁 해를 받아 더욱 빨갛게 비치는 모습을 연상케 한다. 그리고 마지막 구절의 '서리 맞은 나뭇잎(霜葉)'에서 가을도 이제 얼마 남지 않아 은연중에 곧 겨울이 다가온다는 것을 암시하고 있다.

가던 길을 멈추고 수레를 세워 이 아름다운 정경을 뚫어지게 바라보고 있는 작자 두목은 그림 속으로 빨려 들어가 자연과 합일이 된 것 같이 느껴진다.

그래서 가는 가을을 애상(哀傷)하고 탄식하기보다 한걸음 더 나아가 대자연의 가을 경치를 찬송할 수밖에 없어 '서리 맞은 단풍잎이 봄꽃(二月花) 보다 붉다(霜葉紅於二月花)'라고 찬미하고 있다.

어느덧 가을도 저물어 가는 만추(晩秋)이다. 산마다 단풍이 불붙듯 타오르고 있다. 말 그대로 천자만홍(千紫萬紅)이다. 가을 산 단풍을 즐기기 위해 단풍놀이 행렬이 이름난 산의 등산로를 가득 메우고 있다. 한껏 아름다움을 뽐내는 저 단풍잎도 가을바람 앞에서는 곧 스러져갈 운명이다.

그러나 귀근(歸根)이라 하여 떨어진 단풍잎이 뿌리로 가서 다시 새 생명으로 태어나는 순환의 연속이 계속된다. 이 가을에는 단풍이 진다고 아쉬워하지 말고, 눈앞에서 진개되는 자연의 향연을 마음껏 즐겨보지 않겠는가?

당시산책(21)

등왕각시(滕王閣詩)

왕발(王勃)

등왕각에 붙이다

滕王高閣臨江渚
등 왕 고 각 임 강 저

등왕의 높은 누각, 강가에 우뚝 서 있는데

佩玉鳴鸞罷歌舞
패 옥 명 란 파 가 무

패옥의 방울소리, 가무도 그쳤다.

畵棟朝飛南浦雲
화 동 조 비 남 포 운

아침이면 단청 기둥에 남포의 구름이 날아들고

珠簾暮捲西山雨
주 렴 모 권 서 산 우

저녁이면 주렴을 걷고 서산의 비를 바라본다.

閑雲潭影日悠悠
한 운 담 영 일 유 유

물에 비친 한가로운 흰 구름은 언제나 유유한데

物換星移幾度秋
물 환 성 이 기 도 추

사물이 바뀌고 별이 옮아가 가을은 몇 번이 지났던가?

閣中帝子今何在	누각에서 놀던 왕자는 지금 어디에 있는가?
각 중 제 자 금 하 재	
檻外長江空自流	난간 밖에 장강만이 하염없이 흘러가누나.
함 외 장 강 공 자 류	

글자풀이

滕 등(나라이름), 江渚 강저(강가/강기슭), 佩玉 패옥(허리띠에 차는 노리개), 鸞 난(봉황새의 일종/천자의 수레에 다는 방울), 罷 파(그만두다/그치다), 畵棟 화동(색칠한 기둥), 捲 권(말다), 物換星移 물환성이(만물이 바뀌고 별이 이동함/세상의 변천), 帝子 제자(황제의 아들/등왕 이원영을 말함), 檻外 함외(누각 난간 밖)

작자소개

왕발(王勃 : 649~676)은 자가 자안(子安), 강주 용문(龍門 : 지금의 산서성 하진) 사람이다. 일찍이 과거에 급제하였으며, 괵주참군(虢州參軍)을 지냈다. 29세때 교지령(交趾令)으로 있던 아버지를 방문하던 중 바다를 건너다 익사했다. 왕자안집(王子安集)이 전해진다.

강물은 예나 지금이나 하염없이 흘러간다

 이 詩는 왕발이 당 고종(高宗) 상원(上元) 3년(676) 교지(交趾 : 베트남) 북부지사로 좌천되어가 계신 아버지를 찾아 가는 길에 홍주(지금의 강서 남창(南昌))를 지나다가 '등왕각' 중수 연회에 참석하였다.
 왕발이 즉석에서 '등왕각서(滕王閣序)'를 지은 뒤에 문장 끝에 이 시를 붙였는데, 그 내용이 간결하고 함축적이어서 '등왕각서'의 내용을 개괄하고 있다. 등왕각에 올라 회고에 잠겨, 구름과 비·해·강물 등 자연은 예나 다름없는데, 세상 부귀영화의 덧없음을 탄식하고 있다.
 이 '등왕각'은 당 고조(高祖) 이연의 아들 이원영(李元嬰)이 홍주자사(洪州刺史)로 있을 때 지은 누각으로, 그때 이원영이 등왕(滕王)으로 봉작(封爵)되었으므로 '등왕각'으로 불리어지게 되었다. 나중에 홍주도독 염백서(閻伯嶼)가 부임했을 때에는 등왕각이 건립된 지 50여년이 되어 황폐하였으므로, 때마침 보수를 하고 9월 9일 빈객을 모아 연회를 베풀었다.
 도독 염백서는 그의 사위 오자장에게 미리 '등왕각'에 대한 글을 짓게 해놓고 당일 연회에서 사위자랑을 하려고 하였다. 마침내 연회당일 손님들이 모였으므로 종이와 붓을 내어 좌중의 손님들에게 글을 지어라고 청하니 아무도 짓는 자가 없었다.
 염백서의 계획대로 되어 가는데, 마침 이 자리에 참석한 가장 연소한 왕발(29세)에게 기회가 왔다. 왕발은 조금도 주

저하는 기색이 없이 붓을 들었다. 이때 왕발이 지은 '등왕각서'와 마지막에 붙인 이 시가 너무나 빼어나 그 자리에 있는 모든 사람들이 얼빠진 표정이 되었다고 한다.

중국문학의 흐름에 대해 한문(漢文), 당시(唐詩), 송사(宋詞), 원곡(元曲), 명청소설(明淸小說)이라는 말이 있는데, 이는 매 조대(朝代)마다 가장 성행했던 문학 장르를 결부시킨 말이다.

중국역사의 황금기인 당나라 때(618~907)를 대표하는 문학이 바로 당시이다. 이 당시의 발전을 흔히 초당(初唐 : 618~712), 성당(盛唐 : 713~765), 중당(中唐 : 766~835), 만당(晩唐 : 836~906) 등 4기로 나눈다. 초당기는 당시의 준비기로서 절구(絶句)와 율시(律詩)의 기반을 닦은 시기다. 위 등왕각시를 지은 왕발·양형·노조린·낙빈왕(이상 4명 : 초당사걸〈初唐四傑〉), 유희이·왕한 등으로 대표된다.

당시산책(22)

부용루신점(芙蓉樓送辛漸)

왕창령(王昌齡)

부용루에서 친구 신점을 보내며

寒雨連江夜入吳
한 우 연 강 야 입 오

찬비 내리는 강을 따라 밤에 오나라 땅에 들어왔다.

平明送客楚山孤
평 명 송 객 초 산 고

새벽에 그대를 보내니 초산마저 외롭구나.

洛陽親友如相問
낙 양 친 우 여 상 문

낙양의 벗들이 만일 내 소식을 묻거든

一片氷心在玉壺
일 편 빙 심 재 옥 호

한조각 얼음 같은 마음이 옥 항아리안에 있다고 전하게

글자풀이

芙蓉 부용(연꽃), 芙蓉樓 부용루(지금의 강소성 진강시에 있음), 辛漸 신점(작자의 친구로 상세미상), 寒雨 한우(차가운 비/늦가을의 비), 連 연(잇다), 平明 평명(아침 해가 뜨는 시각/새벽녘), 如 여(만약), 氷心 빙심(얼음처럼 맑은 마음), 玉壺 옥호(옥으로 만든 항아리/호로병)

작자소개

왕창령(王昌齡 : 694?~756)의 자는 소백(少伯), 경조 만년(萬年 : 지금의 서안)사람으로 727년에 진사에 급제하였다. 그 후 안록산의 난 때 자사 여구효(閭丘曉)에게 피살되었다. 변경지방의 풍경과 장수의 심정을 읊은 변새시(邊塞詩)시가 유명하며 특히 칠언절구(七言絶句)에 뛰어나 신품(神品)이라 추앙받았다.

벗이여! 내 마음은 얼음처럼 맑다네

이 시는 벼슬에서 좌천된 왕창령이 자신을 찾아온 벗 신점과 밤을 지새우며 서로의 심사를 토로하다가 새벽녘에 벗을 보내며 마음속에서 일어나는 정회(情懷)를 읊은 것이다.

제목중의 부용루는 원래 이름이 서북루(西北樓)이고, 윤주(지금 강소성 진강) 서북에 있다. 이곳에 오르면 장강을 굽어볼 수 있고, 멀리 장강 북쪽을 바라볼 수 있다. 작자 왕창령은 당 현종 개원 27년(739) 46세 때 벼슬에서 좌천되었다.

당시 강녕(江寧 : 지금 남경) 현승(縣丞 : 부지사)으로 있을 때 친구인 신점이 찾아왔다. 왕창령은 친구와 같이 시간을 보내다가 송별하기위해 강녕에서부터 윤주까지 따라와 배웅했다. 이른 새벽 이곳 부용루에서 이별하면서 그 송별의 정경을 그렸다.

전반 1·2구는 송별의 정경인데 '차가운 비(寒雨)'가 분위기를 더욱 쓸쓸하게 하는데, 암담한 송별분위기를 나타낸다.

어슴푸레한 여명의 송별이라 '강변주변 산들만 우뚝(楚山孤)'하여 고독한 작자의 외로운 모습을 연상시킨다.

후반 3·4구는 작자가 하는 부탁의 말이다. 좌천된 자신에 대해 낙양의 친구들이 묻거든, '옥 항아리 안에 들어있는 한 조각 얼음 같은 마음(一片氷心在玉壺)'을 전하라면서 자신의 결백을 주장하고 있다. 은연중에 인격의 고상함을 나타냈는데 이 끝맺음이 명구를 이루었다.

옥항아리(玉壺)와 관련하여 당나라 현종 때 재상 요숭(姚崇)이 '빙호계(氷壺誡)'를 지었는데, 그 내용 중 "…빙호(氷壺)라는 것은 청결(淸潔)의 극치이다. 군자가 이를 대하여 맑음을 잃어서는 안 된다…"라고 하였다. 이글이 한번 나오자 당대의 왕유·최호·이백 등이 분분히 이를 소재로 시를 짓고, 빙호로서 경계를 삼았다고 한다.

벗은 설움에 반갑고, 님은 사랑해서 좋다고 한다. 그러나 벗은 사랑하는 사람 못지않게 일생의 동반자이고, 나를 가장 잘 알아주는 자로 흔히 지기(知己)라고 한다. 젊어서는 서로 배움을 비겨 발전의 거울로 삼고, 나이가 들어서는 마음을 터놓고 진솔한 대화를 나눌 수 있어야 한다. 그래서 고인들은 그 벗을 보면 그 사람을 알 수 있다고 하지 않았는가?

당시산책(23)

박진회(泊秦淮)

두목(杜牧)

진회에서 밤을 보내며

煙籠寒水月籠沙 연 롱 한 수 월 롱 사	물안개 차가운 물에 드리우고, 달빛은 모래를 덮는데
夜泊秦淮近酒家 야 박 진 회 근 주 가	이 밤 진회강가 술집 가까이에 배를 대었다.
商女不知亡國恨 상 녀 부 지 망 국 한	술집의 아가씨들 나라 잃은 설움을 알지 못하고
隔江猶唱後庭花 격 강 유 창 후 정 화	강 건너에서 오히려 망국의 노래 '후정화'를 부르고 있다.

글자풀이

秦淮 진회(秦淮河진회하로 진나라 때 만들어진 운하이며 남경을 통해 장강으로 들어감), 籠 롱(덮어씌우다/자욱하다), 泊 박(배를 대다/머무르다), 商女 상녀(노래하여 생업을 하는 歌女가녀), 隔 격(막히다/사이에 두다), 猶 유(오히려), 後庭花 후정화(가곡 이름으로 망국의 음악을 대표함)

망국의 음악, 나라는 기울고

고인은 "…음악이 요염함으로써 험하면 곧 백성들은 빗나가고 오만하여 비루하며 천하게 된다. 고로 예(禮)와 악(樂)이 무너져 사악한 음악이 일어나는 것은 나라가 위태롭게 되는 근본이다."라고 하였다.

당조(唐朝)도 전성기를 지나 종말이 다가오자 사회 지도층들은 향락에 빠져 들었고 사회기강도 무너져 갔다. 어느 날 밤 두목은 망국의 퇴폐적 노래 소리를 들으며 가슴속에서 일어나는 울분을 문자로 달랠 수밖에 없었다.

두목이 배를 타고 강남 일대를 여행하던 중 날이 저물어 밤을 보내기 위해 진회하 강가에 배를 정박시켰다. 그때 그곳에서 보고 들은 것과 당시 시대상에 대한 마음속의 감회를 詩로써 나타냈다. 진회하가 통과하는 건강(建康 : 일명 강녕 《江寧》, 현 남경)은 남조 육조(六朝)의 도읍이었고, 강 양안에는 술집이 즐비하여 당시 권문세족, 고급관료들이 향락을 즐기던 유흥가였다.

시의 첫머리에서 물안개가 차가운 강물 위를 나직이 내리 덮고 있는 밤에 달빛조차 하얗게 모래사장을 비추고 있다. 한 폭의 아담한 강가 야경으로 독자를 이끄는데, 감미로운 애수마저 불러일으킨다.

이어서 마침 나그네가 밤을 보내기 위해 진회하 강가에 배를 대고 보니, 언덕위에는 번화한 술집들이 숲을 이루고 있다.

　상녀(商女)는 다른 사람을 위해 노래를 불러서 살아가는 가녀(歌女)이다. 그런데 이들은 망국의 한을 아는지 모르는지 강 건너에서 후정화(後庭花 : 망국의 음악을 대표)를 부르고 있었다.

　사실 가녀가 망국의 퇴폐적인 음악을 의식하고 부르지는 않았을 것이다. 진정 망국의 한을 모르는 사람은 그곳에서 주색에 빠져 향락을 추구하는 귀족과 고급관료들이 아닐까?

　은연중에 설마 그들이 남조 진나라 멸망의 교훈을 잊고 있는 것은 아닌지 하면서 작자의 남모르는 우국지심을 나타냈는데, 천고의 절창(絶唱)이 되었다. 이때 당조(唐朝)는 점차 쇠퇴 일로에 있었고, 고관 귀족들은 주색가무에 빠져 들고 있었으니, 깨어있는 지식인 두목으로서는 어찌 상심치 않으랴! 852년 두목이 50세의 나이로 죽고 난 후 약 50년이 지나 당나라는 멸망하였다.

　후정화(後庭化)는 '옥수후성화(玉樹後庭花)'라는 가곡의 약칭이다. 남조의 마지막 나라인 진(陳 : 557~589)나라 후주 진숙보(陳叔寶 : 제위 582~589)가 지었다. 그 내용이 황음(荒淫)하고 향락적인데, 후주는 밤낮 이런 가곡을 연주하며 주색에 빠져 지내다가 마침내 수나라에게 멸망되었다. 후에 이 '후정화'로써 망국음악(亡國音樂)을 대표하게 되었다.

제3부
눈 속에 묻힌 세상

당시산책(24)

강설(江雪)

유종원(柳宗元)

강에 눈 내리다

千山鳥飛絶 천 산 조 비 절	산이란 온갖 산에는 새조차 날지 않고
萬徑人蹤滅 만 경 인 종 멸	길이란 온갖 길에는 사람의 자취 또한 끊어졌다
孤舟簑笠翁 고 주 사 립 옹	외로운 배안에 도롱이 입고 삿갓 쓴 늙은이가
獨釣寒江雪 독 조 한 강 설	눈 내리는 차가운 강에서 홀로 낚시하고 있다.

글자풀이

絶 절(끊어지다), 徑 경(지름길/길), 蹤 종(자취), 人蹤 인종(사람의 자취), 簑 사(도롱이), 笠 립(삿갓), 翁 옹(늙은이), 釣 조(낚시/낚시질 하다)

작자소개

유종원(柳宗元 : 773~819)은 중당의 시인이며 문장가로 당송팔대가중의 한사람이다. 자는 자후(子厚)이고 산서성 하동사람이다. 793년에 진사과에 합격, 정치혁신 활동을 하다가 실패하여 영주사마, 유주자사 등으로 장기간 좌천되었다. 한유와 고문의 부흥을 주도하였고, 시풍은 도연명을 본받아 자연시에 뛰어났다.

눈 속에 홀로 낚시 드리우다

중당의 시인 작자 유종원은 정치개혁에 참여하였다가 실패하고 806년 영주사마(永州司馬)로 좌천되었다. 이때 흰 눈이 내려쌓이는 어느 날 차가운 강가에서 불우한 현실을 곱씹으면서 고적하게 홀로 낚시하고 있는 자신의 모습을 읊은 詩인데, 그의 대표작중 하나이다.

또 한번은 산수 간에 은거하여 살고 있는 어옹(漁翁 : 당시 산책 51회)을 빌려서 자신의 청아하고 높은 기개를 나타냈는데, 자신이 박해받아 좌천되었다는 울적한 비분(悲憤)의 심정을 표현했다.

강설(江雪)은 시 전편이 20자에 불과한 간단하면서도 평이한 언어로 눈 내리는 차가운 강에서 낚시하는 한 폭의 그림 즉 '한강설조도(寒江雪釣圖)'를 그려냈다. 온갖 산(千山) 모든 길(萬徑)에 사람도 새도 자취가 끊어진 속에서 천지간에 오직 고독한 고기 잡는 늙은이(漁翁)만이 눈 속에서 낚시 드리우고 있다.

제1·2구절에서 나는 새도 멀리 날아갔고, 길 가던 행인도 끊어졌다는 사실에서 황량하면서 적막한 경계 속에 놓여있는 자신을 강조했다. 제3·4구절에서 차가운 강에서 홀로 낚시 하는 노인을 묘사했다.

하늘 가득 큰 눈이 내려 생명체조차 거의 보이지 않는데, 외로운 배위에 어옹 한사람이 도롱이 입고 삿갓 쓴 채로 홀로 강위에서 낚시하고 있다.

이 고기 잡는 늙은이의 모습이 바로 시인 자신이며, 비록 현실 정치개혁에 실패하여 고독한 지경에 처해 있지만 견인불굴의 늠연(凜然)한 기상과 청고(淸高)한 정신면모를 유감없이 나타내고 있다.

유종원 등이 좌천된 것은 805년 발생한 '이왕팔사마(二王八司馬)'사건 때문이다. 당시 한림학사 왕숙문(王叔文)·왕비 및 유종원·유우석 등 신진학자들이 연합하여 폐정 혁신 및 탐관오리 배척을 내걸고, 백성들의 세금을 감면하기 위해 정치개혁을 시도하였으나 806년 환관들이 정변을 일으켜 실패하였다.

이것을 역사에서는 영정혁신(永貞革新)이라 한다. 이때 왕숙문, 유종원 등 여덟 명의 학자가 지방의 사마벼슬로 좌천되었는데 이들을 팔사마(八司馬)라고 한다.

이 글을 쓸 때가 입동 무렵이다. 일 년은 360일, 15일마다 기후가 변하는데 이를 24절기라고 한다. 입동(立冬)다음이 소설(小雪)이다. 11월 22일이 소설인데 입춘(立春)부터 시작하여 24절기 중 20번째에 해당한다.

이 무렵이면 얼음이 얼기 시작하고 첫 눈이 내리는 등 겨울의 징후가 보인다. 소설 절기에 맞추어 눈이라도 내렸으면 하는 바람이다.

당시산책(25)

숙건덕강(宿建德江)

맹호연(孟浩然)

건덕강에서 밤을 보내다

移舟泊烟渚
이 주 박 연 저

배를 옮겨 안개 낀 강기슭에 머물게 하는데

日暮客愁新
일 모 객 수 신

날은 저물고 나그네의 근심은 새롭다.

野曠天低樹
야 광 천 저 수

들은 넓게 펼쳐지고 하늘은 낮게 나무에 드리워 있는데

江淸月近人
강 청 월 근 인

강은 맑아, 달은 사람 가까이에 다가와 있다.

글자풀이

宿 숙(자다), 移 이(옮기다), 泊 박(배를 대다/머무르다), 渚 저(물가/삼각주), 烟渚 연저(안개가 짙게 낀 기슭), 暮 모(저물다), 客愁 객수(나그네의 근심), 曠 광(밝다/들판/넓다), 低 저(낮다/숙이다)

> **작자소개**
>
> 작자 : 맹호연(孟浩然 : 669~740)은 성당의 시인으로 이름은 호(浩), 자는 호연(浩然)이다. 일찍이 녹문산(鹿門山)에 은거하다가 40세에 장안에 와 과거에 응시하였으나 낙방했다. 장구령이 형주장사(荊州長史)로 있을 때 그 막부에서 잠시 일한 것이 벼슬살이의 전부이다. 왕유와 더불어 성당시기 산수 전원시파의 대표적 시인으로 '왕맹(王孟)'이라고 한다.

해지자 나그네의 시름은 깊어지고

성당(盛唐 : 713~765)의 시인 맹호연이 절강성을 여행하다가 날이 저물어 건덕강가에 배를 대고 밤을 보내게 되었다. 이날 맹호연이 홀로 여행하면서 절강성 전당강(錢塘江)을 지나는데 날이 저물자 건덕 부근에 배를 정박시켰다. 이때 나그네 길의 근심이 새로이 엄습해와 이 詩를 지었다.

안개 낀 강기슭에 배를 옮겨 밤을 보내는데(移舟泊烟渚) 해질 무렵 어둠이 내리는 들판이 끝없이 펼쳐져 눈 가는대로 바라보는데, 저 멀리 하늘은 나무보다 오히려 낮게 깔려있는 것 같다(野曠天低樹). 강물은 맑아 오직 명월을 친구로 삼을 뿐이다(江淸月近人). 이때 달이 슬그머니 사람에게 접근하니 고적(孤寂)한 나머지 나그네의 시름이 일어날 수밖에 없었다.

흔히 말은 다 했으나 그 뜻은 다하지 못했다고 한다. 작자는 이 무렵 나이 40세에 과거에 응시했으나 실패하고 울적한 마음으로 남쪽 오월(吳越)지방을 찾았다. 몸은 혈혈단신(孑孑

101

單身)인데 사방 너른 들판, 유유히 흐르는 강물, 밝은 달과 외로운 배 등과 접하게 되자 갑자기 나그네의 시름, 고향생각, 벼슬길의 실의, 불우한 인생살이 등 천만가지 정회가 용솟음쳐 올라왔다.

  작자는 이때의 심경을 '낙양에서 월 지방으로 가다(自洛之越)'라는 시속에서 잘 나타냈다. "마음이 다급했던 지난 30년, 문무(文武 : 벼슬)에 아무것도 이룬 것이 없었다. 오월지방의 산과 물을 찾는데, 이제 풍진속의 낙양이 싫더라(皇皇三十載, 書劍兩無成, 山水尋吳越 風塵厭洛京)."
  중국에는 '남선북마(南船北馬 : 남쪽은 배, 북쪽은 말)'라는 말이 있다. 즉 장강 이남은 물의 고장이므로 과거부터 배(船)가 주요 운송수단이고, 북쪽은 평원지대여서 말(馬)을 주로 이용하였다. 남쪽지방을 여행할 때는 주로 배로 이동하다가 밤이 되면 강가에 배를 대고 배안에서 자게 된다. 그래서 당시를 읽다보면 어느 강가에 배를 대고 밤을 보낸다(夜泊)는 시가 많이 있다.

당시산책(26)

유자음(遊子吟)

맹교(孟郊)

떠돌이 아들의 노래

慈母手中線　인자하신 어머님 손에 있던 실
자 모 수 중 선

遊子身上衣　떠도는 이 자식의 옷이 되었네.
유 자 신 상 의

臨行密密縫　길 떠남에 한 올 한 올 촘촘히 기우시면서
임 행 밀 밀 봉

意恐遲遲歸　마음으로는 돌아옴이 늦어질까 걱정하셨다.
의 공 지 지 귀

誰言寸草心　누가 말할 수 있나? 이 조그만 풀 같은 효심으로
수 언 촌 초 심

報得三春暉　봄볕 같은 어머님 은혜를 다 갚을 수 있다고
보 득 삼 춘 휘

> **글자풀이**
> 遊子 유자(나그네/떠돌이), 郊 교(성 밖), 慈 자(자애롭다), 線 선(실), 密 밀(빽빽하다), 縫 봉(바느질하다/꿰매다), 恐 공(두렵다), 遲 지(늦다), 歸 귀(돌아가다), 報 보(갚다), 三春 삼춘(孟春맹춘 : 이른 봄, 仲春중춘 : 한 봄, 季春계춘 : 늦봄을 말함), 暉 휘(빛/광휘)

> **작자소개**
> 맹교(孟郊 : 751~814)는 중당의 시인으로 자는 동야(東野)이며 절강성 호주(湖州)사람이다. 가정은 빈곤했으나 사람됨이 곧고 발랐다. 어릴 때 아버지를 잃고 어머니와 서로 굳게 의지하며 살았다. 나이 42세에 장안에 와 과거에 응시하였으나 실패하고 나이 46세에 진사시험에 합격했다.

가없는 어머님 은혜

中唐의 시인 맹교가 어머님의 가없는 사랑 앞에서 눈물을 흘리면서 악부체(樂府體)로 천고의 명편인 '떠돌이 아들의 노래(遊子吟)'를 남겼다. 이 詩는 어머니의 자식 사랑에 대한 송가(頌歌)이다.

맹교의 나이 50세에 처음 벼슬에 나아가 율양현위(溧陽縣尉)가 되었고 이때 그곳에서 어머니를 맞이하여 이 시를 시었다. 어머니가 떠돌이 아들의 옷을 바느질하는 생활 속의 평범한 소재를 가지고 어머니 사랑의 위대함을 유감없이 드러냈다.

자애로운 어머니 손에 있던 실(線)이 떠돌이 아들의 옷(身

上衣)이 되었다. 그런데 다음 구절인 "臨行密密縫, 意恐遲遲歸"에서 어머니는 아들 옷에 바람 한 점 들어 올새라 촘촘히 바느질하는데, 차마 사랑하는 자식을 떠나보낼 수 없었다. 그러나 떠날 수밖에 없는 현실이기에 빨리 돌아오기를 바라면서도 혹여 돌아옴이 늦을까 두려워하는 복잡한 심정을 잘 나타냈다.

마지막으로 한 뼘의 풀 같은 마음(寸草心)은 떠돌이 아들의 한 조각 효심이고, 봄볕(三春暉)은 어머니의 사심 없는 크나큰 사랑인데, 어찌 한 그루 작은 풀과 같은 마음으로 봄날 태양 볕과 같은 어머님의 사랑을 다 갚을 수 있을까?

맹교는 몸소의 체험과 감수를 통해 인류가 공유하고 있는 어머니와 자식 간의 끊을래야 끊을 수없는 깊고도 간절한 정을 그렸는데, 천년 이래 강렬한 공명을 불러 일으켰고 지금도 여전히 읽혀지고 있다. 일찍이 많은 사람들이 이 시를 읽을 때마다 눈물을 흘렸다고 한다.

한편, 그는 과거 합격의 기쁨 속에서 '등과후(登科後 : 과거에 합격한 후)'라는 시를 남겼다. 그 가운데 "…春風得意馬蹄疾, 一日看盡長安花(…봄바람에 뜻을 얻었으니 말을 세차게 몰아, 오늘 하루 장안의 꽃을 다 구경하겠다)"라는 명구 절을 남겼다.

"동지섣달 긴 긴 밤이 짧기만 한 것은 근심으로 지새우는 어머님 마음…"으로 이어지는 노래가 있다. 엄동설한 찬바람 부는 겨울밤이면 고향 떠난 자식들은 어머니 품이 더욱 그립고, 어머니들은 집 떠난 자식 걱정에 이마의 잔주름이 깊어지고 잠을 설친다. 그러나 천하의 자식 된 자 중에서 그 누가 어머님의 깊고 넓으신 사랑을 다 헤아릴 수 있을까?

당시산책(27)

조경견백발(照鏡見白髮)

장구령(張九齡)

거울에 비친 백발을 보며

宿昔靑雲志 숙석청운지	옛날 젊어서 청운의 뜻을 품고 있었지만
蹉跎白髮年 차타백발년	우물쭈물하는 사이에 어느덧 백발이 되었구나.
誰知明鏡裏 수지명경리	누가 알았겠는가? 거울 속에서
形影自相憐 형영자상련	나와 내 그림자가 서로 불쌍히 여기게 되리라고.

글자풀이

照 조(비추다), 鏡 경(거울), 昔 석(옛날/오래됨), 宿昔 숙석(옛날), 靑雲志 청운지(공명·출세를 하겠다는 뜻), 蹉 차(넘어지다/때를 놓치다), 跎 타(헛디디다), 蹉跎 차타(미끄러져 넘어짐/시기를 놓침), 明鏡 명경(깨끗한 거울), 形影 형영(거울 앞에 앉아있는 본인의 육체와 거울에 비치는 영상), 憐 련(불쌍히 여기다)

> 작자소개

장구령(張九齡 : 678~740)은 初唐(618~712)의 시인이며 정치가이다. 자는 자수(子壽)이며 광동성 사람이다. 702년에 진사에 급제하고 좌습유·집현원학사 등을 거쳐 그 지위가 재상에 이르렀는데 당 현종 밑에서 명재상이란 평이 자자했으나 736년에이임보 일파에게 밀려나 형주장사로 좌천되기도 했다. 그의 시는 고상하고 청담한 풍격이 있어 당시의 격조를 높이는데 일조를 한 것으로 평가받고 있다.

청운의 뜻은 간곳없고 백발만 가득한데

이 시는 당 현종 밑에서 재상까지 올랐던 작자 장구령이 이임보(李林甫) 일파에게 벼슬에서 밀려나 하야한 뒤에 거울에 비친 자신의 백발을 바라보며 쓴 것이다.

장구령이 벼슬하던 시기는 713~736년으로 당 현종의 재위(713~756) 초반이며, 이때 당 왕조는 정치가 안정되고 국운이 융성한 시기였다. 현종을 도와 현명한 재상으로 개원(開元 : 713~741, 29년간)의 치세를 여는데 일조를 하였다. 그러나 736년 정치투쟁에서 밀려나 재상직을 사임하고 물러나 시를 읊고 쓰면서 지난 일을 회고하다가 740년 세상을 끝마치었다.

기승(起承)구는 댓구를 이루고 있는데 젊음과 늙음을 청운(靑雲)과 백발(白髮)로 대비시켜 대응시키고 있다. 청춘에서 늙음까지 기나긴 세월과 60여년이란 인생살이에서 겪은 가지가지의 감회가 다 들어 있다 하겠다.

   전결(轉結)구에서는 긴 시간의 경과와 인생의 감회를 명경 속으로 축소시켰다. 거울 앞에 앉아있는 늙은이, 고독한 늙은 날들이 눈에 선연하다.

   정적(政敵)인 이임보(?~752)는 황실의 종친이며 당 현종 때 재상으로 있었다. 황제의 신임을 배경으로 전권을 휘두르며 조정의 기강을 문란케 하였다. 일찍이 아첨을 일삼고 유능한 관리들을 배척하여 구밀복검(口蜜腹劍 : 입에는 꿀이 있고, 뱃속에는 칼이 있다)이라는 말을 낳았으며 당나라를 쇠퇴의 길로 이끈 간신(奸臣)으로 평가되고 있다.

   짧지 않은 우리 인생살이에서 많은 사람들이 명예와 이익을 오직 삶의 모든 것인 양하여 추구하고 있다. 명예와 이익의 부침(浮沈)에 따라 일희일비(一喜一悲)하면서 살아간다. 그러나 명(名)과 리(利)가 마음먹은 대로 쉽게 얻고, 버릴 수 있는 것이라면 좋겠으나 말처럼 쉽지 않다. 늙어서야 名利에 집착함이 부질없는 것임을 알았으나 이미 몸과 마음은 상할 대로 상했다. 인생살이에서 우리는 무엇을 얻기 위해 그렇게 바빠하였을까?

당시산책(28)

묘묘한산도(杳杳寒山道)

한산(寒山)

한산의 길은 멀고도 아득한데

杳杳寒山道 묘 묘 한 산 도	한산의 길은 멀고도 아득한데
落落冷澗濱 락 락 냉 간 빈	차가운 산골 물은 콸콸 흘러간다.
啾啾常有鳥 추 추 상 유 조	새우는 소리 늘 들리는데
寂寂更無人 적 적 갱 무 인	사방은 고요하여 인적은 없다.
淅淅風吹面 석 석 풍 취 면	차가운 바람이 간간히 얼굴에 불어 오는데
紛紛雪積身 분 분 설 적 신	분분히 날리는 눈이 몸을 덮는다.

朝朝不見日
조 조 불 견 일

아침마다 해가 뜨나 해는 보이지 않고

歲歲不知春
세 세 부 지 춘

해가 바뀌어도 봄이 왔다가 갔는지도 모르겠다.

> **글자풀이**

杳 묘(어둡다/멀다), 杳杳 묘묘(멀어서 아득하다), 落落 락락(대범하고 솔직하다/맑고 투명한 모습), 冷 냉(차갑다), 澗 간(산골 물/산골짜기), 濱 빈(물가), 啾 추(뭇소리), 啾啾 추추(새우는 소리), 淅 석(쌀을 일다/바람소리), 淅淅 석석(바람소리), 紛 분(어지럽다), 積 적(쌓다)

> **작자소개**

한산(寒山 : 생몰년 미상)은 이름난 시승(詩僧)으로 당 태종 때 사람 정도로 알려져 있다. 일찍이 전국 각지를 유람하고 천태산 한암에 기거하였다고 한다. 동시대의 승려인 습득(拾得), 풍간(豊干)과 함께 삼은(三隱) 또는 삼성(三聖)이라 불리운다. 후인이 편집한 '한산자시집' 1권이 전한다.

겨울 산속, 도인의 삶

이 詩를 지은 한산(寒山)은 당나라 태종 때의 시승(詩僧)이다. 오랜 시간 천태산(天台山) 한암(寒巖)에 머물렀다. 이때 시를 지어 돌이나 나무 등에 새겨 놓았는데 600여수가 되었으나 일부는 실전되고 현재 300여수가 남아 있다고 한다.

이 시는 한암 좌우 높은 산 깊은 골짜기의 경치를 쓰고, 마지막에 자신의 심정을 나타냈는데 시 전체에 차가운 느낌이 스며있다.

1·2구에서 한암의 산수를 그렸는데 시작부터 깊은 삼림속의 경계로 독자를 끌고 들어가 차갑고 아득한 느낌을 준다. 3·4구에서 산중이 깊어 새소리만 들리고 인적은 끊어졌다.

5·6구에서 산중의 기후를 나타냈는데 바람과 눈에서 매서운 추위와 험준한 환경을 묘사했다. 마지막 7·8구에서 산림이 울창하여 햇빛조차도 보기 쉽지 않아 마음은 심연과 같고, 세월은 흘러가는데 사계절의 변화도 잊은 채 속세를 떠난 담담한 심정을 표현했다.

이 詩의 특색은 중첩된 글자를 8차례나 사용한 점이다. 그러나 어지럽지 않고 오히려 변화가 풍부하며 읽을수록 리듬감이 있다. 묘묘(杳杳)에서 '멀고도 아득함'을, 락락(落落)에서 '넓은 공간감'을, 추추(啾啾)에서 '소리가 있음'을, 적적(寂寂)에서 '소리가 없는 조용함'을, 석석(淅淅)에서 '바람의 움직임'을, 분분(紛紛)에서 '눈이 흩날리는 것'을, 조조(朝朝)·세세(歲歲)에서 시간의 장단을 나타냈다.

글자를 중첩하여 조화와 운율미를 가했고, 형식의 통일을 통해 제각기 분산되었던 산수풍설경정(山水風雪境情)을 전체적으로 이어지게 하여 변화를 풍부하게 하였다.

수많은 사람이 도문에 들어가나 진도(眞道)를 이루기는 참으로 어렵다고 한다. 그래서 고인들은 "사람 몸 받기도 어렵고, 도 밝히기는 더욱 어렵다(人身難得道難明)."라고 하였다.

진정한 스승의 가르침을 찾아 천지를 집삼아 떠도는 사람도 있고, 운 좋게 진도를 얻어 지금 이 순간에도 세속에서 혹은 깊은 산골짜기에서 우주와 내가 일체를 이루기 위해(宇我一體) 용맹 정진하는 사람들도 있다. 오도(悟道)를 향해 세월도 추위도 잊고 정진하는 한산(寒山)의 모습이 여기에 들어 있다하겠다.

당시산책(29)

제야작(除夜作)

고적(高適)

제야작

旅館寒燈獨不眠
여 관 한 등 독 불 면

여관의 차가운 등불 밑에서 홀로 잠 못 이루는데

客心何事轉凄然
객 심 하 사 전 처 연

나그네의 마음은 웬일인지 더욱 처연하다

故鄕今夜思千里
고 향 금 야 사 천 리

고향에서는 오늘밤 천리 밖 나를 생각하겠지

霜鬢明朝又一年
상 빈 명 조 우 일 년

하얗게 센 귀밑머리, 내일 아침이면 또 한해가 가는구나.

글자풀이

除夜 제야(=除夕 섣달 그믐날 밤), 適 적(가다), 眠 면(자다), 客心 객심(나그네의 여정), 轉 전(구르다/더욱 더), 凄 처(쓸쓸하다), 凄然 처연(쓸쓸함), 鬢 빈(살쩍/귀밑 털), 霜鬢 상빈(하얗게 센 귀밑 털/白鬢백빈)

> **작자소개**
>
> 고적(高適 : 702~765)은 盛唐의 시인으로 자는 달부(達夫)이다. 호탕한 성격으로 어려서는 무절제한 방탕생활을 하였으나 과거에 급제한 뒤에는 관리생활이 순조로워 승승장구하였다. 만년에 발해후(渤海侯)에 봉해졌으며 50세가 되어서야 시를 배웠으나 일류시인의 명성을 얻었다.

또 한해가 덧없이 가는데

'제야(除夜)'라 하면 흔히 한해의 마지막 날로서 사람들에게 전통 명절에 대한 즐거운 상상력과 가족·친지들이 함께 모여서 밤을 보냈던 추억 등을 불러 일으켜야 하는데 이 시는 즐겁기보다 오히려 쓸쓸한 제야의 정경이다.

오십이 넘어 백발이 성성한 작자 고적이 나그네가 되어 타향에서 제야를 맞았다. 현실이 여의치 않아 귀향하지 못하고 객지 여관에서 홀로 제야를 보내면서 몸소 느낀 감회를 적은 것이다.

제1구(起句)에서 집을 떠나 멀리 타향의 여관에 머물고 있는데, 차가운 등불 밑에서 홀로 잠 못 이루고 있다고 하면서 자신이 처한 분위기를 그렸다. 섣달 그믐날 밤에는 집집마다 등불을 밝히고 가족들이 한자리에 모여 앉는데, 자신은 집 떠나 있는 나그네임을 강조했다.

제2구(承句)에서 자신이 새삼 나그네라는 생각이 떠오르자 더욱 처연한 자신의 신세가 한스럽다. 여관 풍경의 을씨년스러움에다 나그네의 쓸쓸하고 적막함이 물씬 배어 있다.

제3구(轉句)에서 고향의 친척들은 오늘 밤 한자리에 모여 앉아 단란한 시간을 보내면서 천리밖에 떨어져 있는 나를 생각하고 있으리라고 상상하고 있다.

제4구(結句)에서는 귀밑머리는 새하얗게 자꾸 세어 가는데 내일 아침이면 객지에서 또 새로운 한해를 맞는다고 하는 나그네의 감회가 가슴에 와 닿는다.

덧없이 흘러가는 세월 속에 이룬 것 없는 인생살이, 나그네 길에 처해 있는 백발의 몸, 고향에 돌아갈 수없는 민망한 사연을 가진 한 늙은이의 향수가 간절하다.

차가움(寒), 홀로(獨), 나그네(客), 쓸쓸함(凄), 서리(霜) 등 단어를 사용하여 분위기를 더욱 무겁게 하고, 고적(孤寂)함을 느끼게 한다.

어느덧 한해가 저무는 세모(歲暮)다. 목하 경제가 어렵고, 세상살이가 고달프다고 하나 한해를 보내는 아쉬움에 나도 모르게 망년회(忘年會) 모임으로 발걸음을 돌린다.

이무튼 한해의 마지막 날인 섣달 그믐날 밤을 제야(除夜) 또는 제석(除夕)이라고 한다. 이날이 오면 고향 떠난 사람들은 모두 귀향하여 전 가족이 한자리에 모여앉아 밤을 보낸다. 아침이 될 때까지 잠을 자지 않는데(達旦不眠) 이를 수세(守歲)라고 한다.

또 한해가 속절없이 흘러갔다. 이제 모두 금년 한해를 겸허히 반성해보고, 새해에는 더욱 분발하여 후회 없는 한해가 되기를 기원해 본다.

당시산책(30)

답인(答人)

태상은자(太上隱者)

사람들의 물음에 대답하다

偶來松樹下   우연히 소나무 아래로 와서
우 래 송 수 하

高枕石頭眠   돌을 베개 삼아 높이 누워 잠들었다.
고 침 석 두 면

山中無曆日   산중에 달력이 없으니
산 중 무 력 일

寒盡不知年   추위가 다했건만 어느 해인지 모른
한 진 부 지 년   다네.

글자풀이

偶 우(짝/우연히), 枕 침(베개/잠자다/베다), 眠 면(자다), 曆 력(책력/역법), 曆日 역일(책력), 寒 한(차다/춥다), 盡 진(다하다)

작자소개

태상은자(太上隱者 : 생몰년 미상)는 당나라 말기쯤 사람으로 알려져 있고 이름·나이 등 알려진 것이 없다. 종남산에 은거하여 살았다고 하며 도가(道家)계통의 은자(隱者)라고 추측된다.

산중에 달력이 없으니…

이 詩는 깊은 산에서 청산을 벗 삼아 바람처럼 구름처럼 세상을 멀리 하면서 살아가는 선인(仙人)의 모습이라 하겠다. 세월이 얼마나 흘렀는지, 추위와 더위도 다 잊고, 성냄도 탐욕도 버린 채로 대자연과 합일을 이룬 수행자의 삶이라고나 할까?

당나라 때에는 도교가 유행하였는데 작자인 태상은자는 아마 도교에 귀의한 도사였을 것으로 추측된다. 고금시화(古今詩話)에 의하면 태상은자의 내력과 사람됨에 대해 알려져 있지 않다. 일찍이 사람들이 그를 만났을 때 이름을 물었으나 대답하지 않고, 이 시를 지어 보여주었다고 한다. 그래서 제목이 '답인'(答人 : 속인의 물음에 답하다 : 答俗人之問)이라고 한다.

제1·2구에서 '우연히 왔다(偶來)'에서 그 행적이 구애됨이 없는 표일한 자유로움을 느끼게 하며, '높이 베고'(高枕)에서 세상의 물욕을 잊고 근심 걱정 없는 모습이 떠오른다. '소나무(松樹)'와 '바위(石頭)'에서 주위 경관이 고요하고 은일, 질박하여 깊은 산속의 정취를 더하고 있다.

제3·4구에는 한걸음 더 나아가 산중에 달력이 없고, 추위가 다하여 해가 바뀌었지만 어느 해인지 모른다고 하였다. 산중에 달력이 없다는 것은 곧 자연의 변화를 보고 세월의 흐름을 안다는 의미이다.

그래서 당인(唐人)의 시중에 "산승은 갑자를 헤아릴 줄 몰라도, 낙엽 한 잎이 지니 천하에 가을이 왔음을 안다(山僧不解數甲子, 一葉落知天下秋)"고 했던 그 마음과 같다고 할까?

'추위가 다했다(寒盡)'는 말에서 계절이 변하고 한 해가 갔으나 나와는 무관하다는 시공을 초월한 대자유인의 모습이 들어있다.

태상은자는 공간적으로 홀로 왔다가 홀로 가는 소요자재인(逍遙自在人)이요, 시간상으로 구애됨이 없는 자유인이라 하겠다. 여기에서 우리는 태상은자의 참 모습을 볼 수 있으며, 이 사람을 현실로 불러내어 서로 마주 앉아 밤새껏 대화라도 한번 나누어 보고 싶다.

당나라도 흥성한 시기를 지나 말기가 다가오자 지배계층의 사치와 향락, 도덕적 타락 등이 가속화되었다. 이에 식자층들은 현실에 대한 불만 등으로 현실 도피처로 염담무위(恬淡無爲)의 아득한 태고시대를 동경하게 되었다. 따라서 모순에 찬 현실을 떠나 당시에 유행하던 도교 수행자들처럼 소요자재(逍遙自在)한 삶을 원하기도 하였다. 이러한 탈속(脫俗)에 대한 희망은 아마 수행자인 태상은자가 살았던 그때나 우리가 살고 있는 이 복잡다기한 현대사회에서도 마찬가지일 것이다.

당시산책(31)

자견(自遣)

나은(羅隱)

시름을 풀다

得卽高歌失卽休 득 즉 고 가 실 즉 휴	뜻을 얻으면 높이 노래하고, 잃으면 그만두지
多愁多恨亦悠悠 다 수 다 한 역 유 유	근심 많고 한이 많아도 또한 유유자적 하노라
今朝有酒今朝醉 금 조 유 주 금 조 취	오늘 아침에 술이 있거든 오늘 아침에 취하고
明日愁來明日愁 명 일 수 래 명 일 수	내일의 근심일랑 내일 가서 걱정하자

글자풀이

遣 견(보내다/시름을 풀다), 自遣 자견(자신의 시름 또는 기분을 풀다), 得 득(얻다/만족하다/뜻한 바를 이루다=得意), 失 실(잃다/失意하다/뜻한 바를 이루지 못하다), 休 휴(쉬다/그만두다), 愁 수(시름/걱정), 悠悠 유유(여유가 있고 태연하다), 醉 취(술에 취하다)

작자소개

나은(羅隱 : 833~909)은 만당(晚唐 : 836~906)의 시인으로 자는 소간(昭諫)이고 절강성 출신이다. 원래 이름이 '횡(橫)'이었는데 과거에 열 번 떨어지고 나서 '은(隱)'으로 바꾸었다고 한다. 진해절도사 전류(錢鏐)의 막부에서 전당령(錢塘令)을 거쳐 절도판관(節度判官)을 지냈다. 그의 시는 자못 현실을 풍자하여 일부 작품들이 민간에 유전되었다. '나소간집(羅昭諫集)' 8권이 전해진다.

내일 걱정은 내일하자

작자 나은(羅隱)이 벼슬에 뜻을 두어 과거시험을 열 번 보았으나 실패하고 난 후 뜻을 이루지 못한 가슴속의 불만을 삭이면서 지었으므로 '스스로 시름을 풀다(自遣)'라고 하였다.

이 시는 개인적으로 정치적 불운과 쇠퇴해가는 당나라 말기의 정서를 표현하고 있고, 그 가운데는 세상의 불합리한 것들에 대해 분개하고 증오하는 일면도 은연중에 들어있다.

시 전체를 통해 경치(景)에 관한 말은 없고 전적으로 솔직한 서정(抒情)을 나타냈다. 시속에 나타난 서정도 추상적인 것이 아니고 구체적인 인상을 주는 것이다.

기구(起句)에서는 "뜻을 얻으면 높이 노래하고, 잃으면 그만두지(得卽高歌失卽休)"는 자기 독백이고 나아가 세상 사람들에게 권장하는 어투이다. 이 구절에서 제목에서 말하는 모든 것을 개괄하였는데, 스스로 시름을 풀기위한 구체적 방법을 제2·3·4구절에서 연속적으로 제시하였다.

  승구(承句)에서는 근심이 많고(多愁), 한스러움이 많아도(多恨) 역시 여유 있고 태연하다고 하였다. 지나친 근심, 걱정은 백해무익하다. 전구(轉句)에서 '오늘 아침 술이 있으면 오늘 아침 취한다'라고 하였는데, 일종의 내면적인 처량함과 현실에 대한 불만이 은연중에 배어있다.

  마지막 구절의 '내일 걱정은 내일하자'는 주장에서 어차피 뜻대로 되지 않을 세상살이 오늘이라도 편안히 살아야지 않을까하는 생각을 불러일으킨다.

  모든 구절에서 동일한 글자(卽, 多, 今朝, 明日)를 중첩 사용하여 변화를 주었는데, 읽을수록 변화 통일의 수법이 교묘하다.

  이 詩가 나온 천년 이래 답답한 현실을 고민하는 무수한 사람들이 이 '자견(自遣)'을 읽으면서 "오늘 아침에 술이 있으면 오늘 아침에 취한다(今朝有酒今朝醉)."를 기억하고 읊조리는데, 천고에 회자되고 있다.

  세상사가 걱정한다고 안 될 일이 억지로 되지 않는다. 그러나 백년도 못사는 우리 인생이 천년의 걱정을 머리에 이고 산다는 옛말이 있다. 지나치게 미래를 걱정하거나 눈앞의 명리(名利)와 득실(得失)에 얽매이다보면 애간장을 태우게 된다.

  이것이야말로 스스로 제 목숨을 갉아먹는 좀 벌레나 독약과 같다고 하겠다. 만당(晚唐)의 시인 나은(羅隱)처럼 이 좀벌레와 같은 현실의 우울·불만·근심·걱정 등을 그때그때마다 툭툭 털어 버리는 것이야말로 건강한 삶의 지름길일 것이다.

당시산책(32)

봉설숙부용산주인(逢雪宿芙蓉山主人)

유장경(劉長卿)

눈을 만나 부용산장에서 자다

日暮蒼山遠
일 모 창 산 원
해지자 푸르스름한 산은 멀어 보이는데

天寒白屋貧
천 한 백 옥 빈
하늘은 차갑고 초가집은 더욱 가난하게 보인다.

柴門聞犬吠
시 문 문 견 폐
사립문 밖에서 개 짖는 소리 들리는데

風雪夜歸人
풍 설 야 귀 인
눈보라 치는 밤에 누군가 돌아가고 있었다.

글자풀이

逢 봉(만나다), 宿 숙(자다), 芙蓉 부용(연/연꽃), 暮 모(저물다), 蒼 창(푸르다), 遠 원(멀다), 屋 옥(집/지붕), 白屋 백옥(가난한 사람의 초가집), 柴 시(섶/울타리), 柴門 시문(사립문), 聞 문(듣다), 犬 견(개), 吠 폐(짖다), 歸 귀(돌아가다)

작자소개

유장경(劉長卿 : 709?~785?)은 중당(766~835)의 시인으로 자는 문방(文房)이고, 현 하북 사람이다. 733년에 진사과에 합격하여 감찰어사에 올랐으나 모함으로 목주사마(睦州司馬)로 좌천되었다. 나중에 수주자사(隨州刺史)를 역임하였다. 담박한 필치로 쓴 전원산수시가 많으며 오언시에 능하여 '오언장성(五言長城)'이라는 칭호가 있다.

눈 속에 덮인 산골마을

 겨울에 적지 않은 사람들이 눈(雪)을 기다린다. 눈이라도 내리면 어린아이·청춘남녀 등 나이 고하를 떠나 그 순백에 사로잡혀 끝없는 회고와 낭만의 날개를 펼치기도 한다.
 또 눈 덮인 산하를 보면서 옛 시인은 "송림(松林)에 눈이 오니 가지마다 꽃이로다"라고 읊고는 한 가지 꺾어 님에게 보내고 싶다고 하였다. 마침 눈이 내려 산천에 가득한데 나그네 길에 올랐던 중당(中唐)의 시인 유장경이 해가 저물자 산골 마을에서 하룻밤을 보내게 되었다.
 길 떠난 나그네 유장경이 도중에 눈(雪)을 만났고, 해가 저물자 서둘러 남의 집 대문을 두드려 하룻밤 자고가게 된 것을 소재로 하여 詩를 쓴 한 폭의 '한산설야투숙도(寒山雪夜投宿圖)'이다.

 시는 시간 순서대로 묘사해 내려갔다.
 기구(起句)에서 나그네가 해질 무렵 산길을 가면서 느낀 소감이다. 일몰 때여서 바람이 일고 날씨는 더 추워지는데, 푸르스름하게 보이는 산은 더 멀게 느껴지면서 발걸음을 재촉하게 된다.
 승구(承句)에서 남의 집 문을 두드려 투숙하러 들어가서 본 것을 그렸다. 날씨마저 찬데, 짚으로 지붕을 이은 초가(草家)는 더욱 가난하게 보였다.
 3·4구절에서는 초가집의 방안으로 들어가 잠을 청하면서

밤이 깊었는데, 집 밖에서 들려오는 것을 소재로 하여 묘사했다.

전구(轉句)에서 산을 넘어온 여정으로 인해 피로가 엄습해 와 초가집에 들어가자 나른한 잠속으로 떨어지려고 하는데, 사립문 밖에서 개 짖는 소리가 요란하게 들려온다.

결구(結句)에서 그 개 짖는 소리와 함께 눈바람이 몰아치는 이 밤에 집으로 돌아가고 있는 나그네의 발자국 소리가 은은히 들려오고 있었다.

전반 두 구절(起承)에서는 눈으로 본 것을, 후반 두 구절(轉結)에서는 귀로 들은 것을 묘사했다.

따라서 詩 구절이 하나하나가 독립된 화면을 구성하고 있으나 전체적으로 보면 서로 간 연속된 화면이라 하겠다. '시 가운데 그림이 있고, 그림 밖에서 그 숨겨진 뜻을 본다(詩中有畫, 畫外見情)'라고 할까?

눈 속에 파묻혀 외부와 인적이 단절된 산간마을, 그 산골의 황량함과 주변 환경의 고요함이 나그네의 고단함과 외로움을 더하고 있다.

당시산책(33)

모강음(暮江吟)

백거이(白居易)

해 저무는 강가에서 읊다

一道殘陽鋪水中
일 도 잔 양 포 수 중
한 줄기 석양 햇살이 강물위에 퍼지는데

半江瑟瑟半江紅
반 강 슬 슬 반 강 홍
반쪽 강물은 검푸르고, 반쪽은 붉다

可憐九月初三夜
가 련 구 월 초 삼 야
어여쁘고 아름다워라! 구월 초삼일 밤이여

露似眞珠月似弓
노 사 진 주 월 사 궁
풀잎의 이슬은 진주 같고, 초승달은 활과 같구나!

글자풀이

暮 모(저물다/해질 무렵), 吟 음(읊다/신음하다), 道 도(길/강·하천 같은 긴 것을 세는데 쓰임 : 一道河 한 줄기의 강), 殘 잔(해치다/남다), 鋪 포(펴다/가게), 瑟 슬(거문고/차고 바람이 사납다), 瑟瑟 슬슬(바람 따위가 가볍게 부는 소리/강물의 검푸른 모양을 형용), 憐 련(불쌍히 여기다/어여삐 여기다), 可憐 가련(모양이 어여쁘고 아름다움/신세가 가엾음), 似 사

(같다)

작자소개

백거이(白居易 : 772~846)는 자가 낙천(樂天), 호는 향산(香山)거사 또는 취음(醉吟)선생이라 하였다. 800년 진사과에 급제하여 한림학사, 태자소부, 형부상서 등의 관직을 거쳤다. 젊어서는 풍자시를 썼으나, 만년에는 한적한 시를 즐겨 읊었다. 평이한 구어체로 통속적인 시를 많이 써 일반 서민들의 환영을 받았다. '장한가(長恨歌)', '비파행(琵琶行)' 등이 유명하다. '백씨장경집(白氏長慶集)' 71권이 전한다.

해 저무는 강가에 서서

중당의 시인 백거이가 벼슬살이의 번다(煩多)함에서 잠시 벗어나 모처럼 유쾌한 마음으로 해 저무는 강가에 섰다.

붉은 태양이 서쪽으로 막 넘어가는데 초승달이 밤하늘에 나타나는 이 한 단락의 시간사이에서 지는 해와 초승달을 소재로 詩를 썼다.

이 시는 당 목종(穆宗)2년(822)경 백거이가 항주자사로 부임하는 도중에 지은 것이다. 그 당시 중앙정계는 암울했다. 820년 헌종(憲宗)이 환관들에게 암살당하였고, 821년 권력을 둘러싼 '이·우 당쟁(牛·李 黨爭 : 牛僧孺와 李德裕)'이 격화되었다.

이때 백거이는 스스로 중앙정계를 벗어나 외직을 맡았는데, 조정을 떠난 가볍고 유쾌한 심정을 반영하고 있다. 해질녘 숙박지의 강가에서 본 것을 입에서 나오는 대로 읊어서 시를 이루었는데, 청신하면서도 격조가 있어 참 아름답다는 느낌을 준다.

제 1·2구절은 석양의 낙조가 비치는 강물을 묘사했다. 날씨는 맑아 바람마저 없다. 강물은 작은 파문을 일으키면서 느릿느릿 흐르는데, 햇빛을 많이 받은 부분은 붉은 색이고, 햇빛을 적게 받은 부분은 검푸른 색이다.

제 3·4구절은 초승달이 막 떠오르는 야경을 그렸다. 초승달이 막 뜨고 서늘한 초가을 이슬이 내리는 때인데, 작자는 돌아가는 것을 잊고 머뭇거리면서 눈앞에 펼쳐지는 한편의 아름다운 경치에 매료되었다.

고개를 숙이니 강변 풀밭에는 영롱한 이슬이 진주처럼 맺혀 있고, 고개를 들어보니 하늘에는 초승달이 정교하게 만든 활처럼 하늘에 걸려있다. 하늘(달)과 땅(이슬)의 아름다움을 한 구절에 압축했는데, 바로 '풀잎에 맺힌 이슬은 진주 같고, 초승달은 활과 같구나!(露似眞珠月似弓)'이다.

우울한 현실과 일상의 고단함이 우리를 엄습해올 때 해질녘 붉게 물드는 강가를 한번 찾아 가보자. 누군가 '푸른 산은 말이 없고, 강물은 무심히 흘러간다(靑山不語水無心)'고 하였다.

이 무심하게 흘러가는 강물을 바라보노라면 물결 따라 내가 흘러가는 듯한 착각 속에 마음의 울적함도 점차 사라져버릴 것이다.

당시산책(34)

양주사(凉州詞)

왕지환(王之渙)

양주사

黃河遠上白雲間	황하는 아득히 흰 구름 사이
황하원상백운간	로부터 흘러오고
一片孤城萬仞山	만길 높은 산위에 외로운 성
일편고성만인산	하나
羌笛何須怨楊柳	오랑캐 피리는 왜 하필 구슬
강적하수원양류	픈 이별곡인가?
春風不到玉門關	봄바람은 불어도 옥문관에
춘풍부도옥문관	이르지 못한다.

글자풀이

凉州詞 양주사(양주가의 가사/악부의 제목, 凉州는 지금의 감숙성 武威縣무이현), 仞 인(길이단위/한길은 8척으로 약 2미터상당), 羌 강(중국서쪽의 이민족), 羌笛 강적(오랑캐가 부는 피리소리), 何須 하수(왜…할 필요가 있는가?/…할 필요가 없다), 怨 원(원망하다/슬픔을 나타냄), 楊柳 양류(楊양은 갯버들, 柳류는 수양버들로 버드나무의 총칭이며 흔히 이별의

의미로 사용/이별곡인 折楊柳), 不到 부도(넘어오지 않는다/도달하지 못 하다), 玉門關 옥문관(돈황 서쪽에 있는 서역으로 통하는 관문)

전선에 들려오는 구슬픈 피리소리

국경을 수비하는 것이 옛날이나 지금이나 같다고 하나, 그 국경 수비를 맡고 있는 군인들의 고초를 어찌 필설로 다할 수 있으랴! 당나라 때에도 서쪽으로는 토번(吐蕃), 북으로는 돌궐(突厥), 동으로는 발해(渤海) 등과 국경을 접하고 있어 항상 전운(戰雲)이 감돌았고, 전쟁도 빈번했다.

이에 따라 성당(盛唐시기 : 713~765)에는 변방의 모습을 담은 변새시(邊塞詩)가 유행하였다. 왕지환도 옥문관을 배경으로 수자리의 고달픔과 향수를 시로 나타냈는데, 천고의 절창이 되었다.

이 시는 책에 따라 '출새(出塞)' 또는 '양주사(凉州詞)'라고 한다. 양주사는 원래 낭나라 때 악부(樂府)인 양주곡(凉州曲)의 가사이다. 양주곡은 곡명이며, 당나라 현종 때 서량도독 곽지운(郭知運)이 수집해서 현종에게 올린 서역곡보(西域曲譜)인데, 이를 중국 곡조로 바꾸었다.

나중에 이 곡조가 많은 시인들의 사랑을 받게 되자 새로운 가사(凉州詞)가 많이 나오게 되었으며, 이 양주곡이 성당시절 유행하는 곡조가 되었다.

이 시는 장대하고 더 넓은 변방의 풍경을 묘사한 동시에 변방에 근무하는 군사들의 고달픔, 가족을 떠난 이별의 슬픔과 원망 등이 들어있다.

첫머리에서 황하를 한눈에 조망할 수 있는 한 폭의 장려(壯麗)한 화폭이 펼쳐진다. 황하는 끝없이 너르고 먼 고원에서 휘달려오는데 마치 흰 구름사이에서 쏟아져 내려오는 것 같다고 하였다.

이어서 시선을 변방의 외로운 성으로 돌리는데, 이 외로운 성은 만길 높은 산과 큰 강에 둘러싸여 더욱 험준하고 고독한 모습이다. 고비사막의 북쪽 외로운 성을 지키는 군졸들은 모두 이러한 황량하고 힘든 환경에 처해 있는데 그들의 심사가 과연 어떠할지는 독자의 상상에 맡길 수 밖에 없다.

이때 멀리서 들려오는 오랑캐 피리소리마저도 하필 구슬픈 이별곡(怨楊柳)이다. 원래 '절양류(折楊柳)'는 이별곡인데, 이를 듣는 병사들에게 비통한 우수와 향수를 불러일으킨다. 당나라 때에는 '버들을 꺾어 이별할 때 건네주는(折柳贈別)' 풍속이 가장 유행했다. 柳(버들 류)와 留(머물 류)가 발음이 같아 사람들은 흔히 버들을 주고는 기념으로 여겼다.(贈柳以爲留念)

마지막으로 이곳은 옥문관(玉門關) 밖이라 봄바람도 불어오지 않는다. 따라서 버들잎조차 푸르지 않으므로 버들을 꺾어 마음의 정을 붙이고 싶어도 뜻대로 되지 않는다고 하였다.

적과 대치하고 있는 국경수비는 항상 긴장과 고독, 고단함의 연속인데, 어느 날에야 이 지상에서 전쟁이 없어지고 진정한 평화가 올 수 있을는지….

당시산책(35)

우인회숙(友人會宿)

이백(李白)

벗을 만나 같이 자다

滌蕩千古愁　천고의 시름을 씻어 없애고자
척탕천고수

留連百壺飲　연달아 백병의 술을 마신다.
유련백호음

良宵宜且談　좋은 이 밤이라 마땅히 이야기는 이
양소의차담　어지고

皓月未能寢　달은 밝아 잠을 이룰 수 없다.
호월미능침

醉來臥空山　취해서 오다가 적막한 산에 누우니
취래와공산

天地卽衾枕　천지가 곧 이불과 베개인 것을…
천지즉금침

> 글자풀이

滌 척(씻다), 蕩 탕(쓸어버리다), 滌蕩 척탕(씻어 없애다), 留連 유련(그 장소에 머물러 있는 것/객지에 묵고 있음), 壺 호(병), 宵 소(밤/야간), 宜 의(마땅하다), 且 차(또/잠간=暫), 皓 호(희다), 寢 침(잠자다), 臥와(눕다), 空山 공산(인적이 없는 적막한 산), 衾 금(이불), 枕 침(베개)

벗과 술을 마시며 밤을 새우다

이 백은 낭만이 가슴에 가득한 시인이었고, 자연주의의 대표자였다. 가슴에 품은 이상은 드높았으나 현실의 벽에 부딪혀 무수한 절망을 맛보았으며 삶 자체도 그리 순탄하지 못했다.

불만과 고뇌 속에서 때로는 산림에 은거하였고, 때로는 저잣거리나 조정을 배회하기도 했다. 동정(動靜)은 항상 같지 않았으며, 가고 옴도 정한 바가 없었다. 그러나 가슴에 쌓인 울분과 시름은 조금도 줄어들지 않아 때로는 술과 詩가 유일한 친구라고 하여도 과언이 아니었다.

이 詩는 이백이 어느 날 속내를 터놓을 수 있는 친구들과 모여 밤새 술을 마시고 노래 부르다가 적막한 산에 홀로 누웠다는 것을 읊은 오언고시로서 그의 인생관을 반영한 것으로 자유분방하여 그 끝이 보이지 않는다.

마음에 맞는 벗들이 오랜만에 한 자리에 모였다. 저마다 가슴속 시름을 풀기 위해 폭탄주를 돌리듯이 쉴 사이 없이 술잔을 건넸다. 마침 달조차 밝고 좋은 밤이어서 이야기도 끝없이 이어지고 잠마저 들 수 없었다.

비틀거리면서 돌아오다가 인적이 끊어진 적막한 산에 누워 잠이 들었는데, 하늘과 땅이 바로 이불과 베개였다. 몸과 마음을 모두 자연에 맡겨 아마 생명과 호흡을 영원히 천지와 같이해 보고 싶지 않았을까?

호탕한 조선의 스님 진묵(震黙대사 : 1562~1633)도 어느 날 술에 취했다. "천금지석산위침(天衾地席山爲枕), 월촉운병해작준(月燭雲屛海作樽)… 하늘을 이불로, 땅을 자리로, 산을 베개 삼아 달을 촛불로, 구름을 병풍으로, 바닷물을 술로 삼아 술잔질 한다."

송강(松江) 정철도 "한 잔 먹새 그려, 또 한 잔 먹새 그려. 꽃 꺽어 산놓고 무진 무진 먹새 그려…" 하였다. 술을 마신다고 시름이 풀릴까? 마음속에 일어나는 번뇌의 근원을 끊임없이 제거하여 자족할 때야말로 마음의 공허함도 시름도 스스로 물러가고 무한한 자유를 느끼지 않을까?

흔히 이백의 詩는 그 풍류가 높이 빼어나고, 정취가 호탕하여 뛰어나다고 평한다. 즉 비장하여 세속을 벗어난 회포(悲壯超脫之懷)가 있고, 나부끼듯 아득한 안개와 놀과 같은 생각(飄渺煙霞之想)이 있어 항상 술 취한 후에 미친 듯이 노래 부르며(常藉酒後狂歌), 모두 밖으로 쏟아놓고 마음속에 남기지 않는다(宣洩而無餘蘊)고 한다.

당시산책(36)

등낙유원(登樂遊原)

이상은(李商隱)

낙유원에 올라

向晚意不適 향 만 의 부 적	저녁 무렵 마음이 뒤숭숭하여
驅車登古原 구 거 등 고 원	수레를 몰아 낙유원 언덕에 올랐다.
夕陽無限好 석 양 무 한 호	석양은 한없이 좋은데
只是近黃昏 지 시 근 황 혼	다만 황혼이 가까이 다가오고 있다.

글자풀이

樂遊原 낙유원(장안성 즉 지금의 서안시 동남쪽에 있는 언덕으로 명승지임), 晚 만(늦다), 意不適 의부적(마음속이 불쾌함), 適 적(가다/마땅하다/편안하다), 驅 구(몰다), 古原 고원(낙유원을 가르킴), 只 지(다만)

해질녘 높은 언덕에 오르다

 석양 무렵 서쪽 하늘을 붉게 물들이며 서산으로 넘어가는 태양을 바라보노라면 그 누가 망연(茫然)해지지 않을 수 있을까? 이상은은 이 울적하고 뒤숭숭한 마음을 털어버리기 위해 마차에 몸을 싣고 낙유원 높은 언덕을 향해 달렸다. 그곳에서 석양의 경치를 바라보면서 마음에 느끼는 바를 노래한 것이다.

 저녁 무렵의 경치가 한 폭의 그림처럼 좋으나 오래 머물게 할 수 없다는 의미와 함께 신세가 늙어간다는 감상(感傷)이 들어있다. 황혼에 붉은 태양 앞에 서있는 시인의 모습에서 말할 수 없는 애잔함과 우수(憂愁)가 느껴진다. 또 기교를 부리지 않고 평이한 언어를 사용하여 직설적으로 노래하였기에 그 진실함이 가슴속에 전해온다.
 제1구절에서 황혼 무렵 해가 저물어간다는 의미인 향만(向晩)으로 시작하여 제 3·4구절 석양(夕陽), 근황혼(近黃昏 : 황혼이 가깝다)을 사용하여 향만(向晩)의 뜻을 보충하였다.
 마지막 두 구절인 '석양은 한없이 좋은데, 다만 황혼이 가까이 다가오고 있다(夕陽無限好, 只是近黃昏)'는 문득 이상은의 명구가 되어 회자되고 있으며 품은 뜻이 매우 넓다.

 이것을 시의 도량이 넓다고 하는 것인데, 자신의 노쇠함과 신세의 늘그막을 아쉬워한다고 해도 좋고, 그 시대가 만당

(晩唐)시절이어서 나라가 기울어 감을 걱정한다고 해도 좋으니, 시의 뜻(詩意)이 넓고 품은 것이 무궁하다 하겠다. 혹자는 "이 시가 교묘한 것은 당나라의 쇠약함을 걱정하여 말하는 것, 단지 이 한 뜻뿐이다."라고 하였다.

한편, 낙유원(樂遊原)은 한나라 선제(宣帝)때 창건되었는데, 본래 하나의 묘원(廟苑 : 사당과 이에 딸린 동산)으로 낙유원(樂遊苑)이라고 하였다. 그러나 그곳의 지세가 높고 널찍하여 사람들은 원(苑 : 동산)을 원(原 : 언덕)으로 바꾸어 낙유원(樂遊原)이라 불렀다. 장안의 동남방에 있으며, 이 언덕에 오르면 장안 전체를 조망할 수 있다고 한다.

이상은은 두목과 더불어 만당(晩唐 : 836~906)의 대표적 시인이다. 24세에 진사에 급제하였으나 정치적으로 불우하였으며 46세에 생을 마감하였다. 때로는 그 파란 많은 삶의 체험에서 비롯되는 침울한 우수(憂愁)를 노래했다. 애정시로 유명한 온정균(溫庭筠)과 활약한 때와 명성이 비슷하여 '온이(溫李)'라고 일컬어진다.

당시산책(37)

춘설(春雪)

한유(韓愈)

봄 눈

新年都未有芳華
신년도미유방화

새해가 왔으나 꽃망울조차 보이지 않더니

二月初驚見草芽
이월초경견초아

이월이 되어 처음으로 돋은 새싹을 놀라서 바라본다.

白雪却嫌春色晩
백설각혐춘색만

하얀 눈이 도리어 봄빛이 늦게 오는 것을 꺼려하여

故穿庭樹作飛花
고천정수작비화

정원의 나무마다 흩날리는 눈이 눈꽃을 만들었다.

글자풀이

愈 유(낫다), 都 도(도읍/모두), 芳 방(꽃답다), 華 화(꽃/빛나다), 芳華 방화(향기 나는 꽃), 驚 경(놀라다), 芽 아(싹/싹이 트다), 却 각(물리치다/도리어), 嫌 혐(싫어하다/의심하다), 晩 만(늦다), 穿 천(뚫다/구멍), 庭 정(뜰/정원), 樹 수(나무), 飛 비(날다)

작자소개

한유(韓愈 : 768~824)는 중당(中唐 : 766~835)의 시인으로 자는 퇴지(退之)이며 하남성 출신이다. 고문(古文)운동의 창도자이며 당송(唐宋) 팔대가의 한 사람이다. 792년에 진사과에 급제하여 국자박사를 거쳐 형부시랑에 올랐으나 불교반대 상소를 올려 조주(潮州)자사로 좌천되었다. 이후 병부시랑, 경조윤, 이부시랑 등을 역임했다. 사후에 문(文)이라는 시호가 내려져 그를 '한문공(韓文公)'이라 한다.

새싹을 시샘하는 봄눈

이 시는 구성이 정교하고 독특한 풍격이 있어 한유의 시중에서 뛰어난 것으로 평가된다. 새로이 해가 바뀌었으니 빨리 꽃이라도 피었으면 하였으나 봄은 아직 요원하다. 그래서 눈이라도 내려서 아쉬운 대로 눈꽃을 봄꽃으로 대신하고 싶다는 뜻을 나타낸 것으로 봄을 간절히 기다리는 '대춘부(待春賦)'라고 하겠다.

제1·2구절 '새해가 왔으나 꽃망울조차 보이지 않더니(新年都未有芳華), 이월이 되어 처음으로 돋은 새싹을 놀라서 바라본다(二月初驚見草芽)'에서 음력 정월이면 곧 입춘인데 봄이 왔음을 나타낸다. 그러나 해가 바뀌었음에도 향기로운 봄꽃은 아직 피지 않았다.

여전히 차가운 겨울 기운이 가득하여 봄을 오랫동안 기다려온 사람들로서는 유달리 초조할 수밖에 없다. 여기서 2월은 음력으로 요즘 3월 초순이다. 이때서야 겨우 새싹이 돋는 것을 보게 되자 기쁨과 놀라움이 교차하였다.

제3·4구절 '하얀 눈이 도리어 봄빛이 늦게 오는 것을 꺼려하여(白雪却嫌春色晚), 정원의 나무마다 흩날리는 눈이 눈꽃을 만들었다(故穿庭樹作飛花)'에서 꽃은 아직 피지 않았고, 대신 눈꽃이 피었음을 나타냈다.

이월의 새싹으로부터 봄의 모습을 보았는데, 흰 눈(白雪)이 봄꽃이 피기를 기다리지 못하고 조급하게 나무위에 분분히 내려쌓여 눈꽃을 피워냈다. 봄 햇살에 순식간에 스러져갈 운명인 봄눈을 아름답고도 교묘하게 표현하여 봄을 기다리는 심정이 잘 드러나 있다.

지루하던 엄동(嚴冬)도 계절의 순환 앞에서는 어쩔 수 없다. 입춘(立春), 우수(雨水)가 지나자 추위도 슬그머니 뒤로 물러나고 봄기운이 대기 중에 충만하다. 음울한 계절에서 빨리 벗어나고 싶은 많은 사람들이 화풍난양(和風暖陽)의 화신(花信)을 고대하고 있다. 아직은 음력 정월이라 꽃은 기대할 수 없고, 가는 겨울을 마지막 멋지게 장식할 봄눈이라도 한바탕 내렸으면 한다. 봄눈이 쉬 녹으나 나뭇가지에 눈이라도 쌓이면 아쉬운 대로 잠시 봄꽃을 대신할 수 있을지 않을까?

당시산책(38)

조매(早梅)

장위(張謂)

일찍 핀 매화

一樹寒梅白玉條
일 수 한 매 백 옥 조

한그루 한매는 하얀 구슬가지인 듯

迥臨村路傍溪橋
형 림 촌 로 방 계 교

멀리 시골길 시냇가 다리 곁에 심어져 있다.

不知近水花先發
부 지 근 수 화 선 발

물가에 가까워 매화가 먼저 핀 줄 모르고

疑是經冬雪未銷
의 시 경 동 설 미 소

겨울이 지났는데 눈이 녹지 않았는가 의심하였다네.

글자풀이

早 조(이르다), 梅 매(매화), 樹 수(나무), 寒 한(차다/춥다), 條 조(가지), 迥 형(멀다), 臨 임(임하다/비추다), 村 촌(마을), 傍 방(곁/옆/기대다), 溪 계(시내), 橋 교(다리), 發 발(쏘다/피다/꽃이 피다/보내다/싹이 트다), 疑 의(의심하다/헤아리다), 經 경(날/세로/길/지내다/겪음/다스리다), 冬 동(겨울), 銷 소(녹이다/흩어지다/사라지다)

> 작자소개

장위(張謂 : 721~780?)는 중당(中唐 : 766~835)의 시인으로 자는 정언(正言)이고 하남성 사람이다. 743년에 진사에 급제하였다. 젊었을 때에는 숭산에 박혀 면학에 힘썼으며, 권세에 아첨할 줄 몰랐고 대장부의 풍격이 있었다. 예부시랑에 있었으나 좌천되어 담주(潭州)자사를 지냈다.

매화라도 빨리 피었으면

이 시는 이른 봄에 만개한 매화가 하얀 옥과 같은데, 기실 매화가지에 쌓인 흰 눈이 아니고 물가에 심어져 일찍 피었다며 매화를 찬양하고 있다.

기구(起句)에서 한매(寒梅)의 하얗고 깨끗한 꽃을 백옥과 같다고 하면서 추위를 이기고 홀로 일찍 핀 매화의 고고한 자태를 나타냈다.

승구(承句)에서 그 한그루 매화가 속기(俗氣)를 싫어하여 인가로부터 멀리 떨어진 시냇가 다리 곁에 심어져 있는데, 전구(轉句)에서 매화가 일찍 핀 것은 물가 가까이 있기 때문이라고 하였다.

마지막 구절에서는 첫 구절과 화답을 하고 있다. 만개한 매화꽃을 겨울이 지났으나 흰 눈(白雪)이 아직 녹지 않은 채로 매화가지에 걸려있다고 의심하였다. 즉 처음에는 멀리서 바라보니 흐릿하게 보이는 것이 마치 나뭇가지에 눈이 쌓인 것으로 오인(誤認)하였는데, 마침내 눈이 아니라 하얗게 핀 매화임을 알았다.

꽃이 없는 계절에 홀로 핀 매화의 고아한 자태와 엄동설한을 이겨낸 불굴의 정신까지 은연중에 그려냈는데, 읽을수록 유연(悠然)한 여운과 함축미가 들어있다.

옛 사람들은 매화와 눈(雪)을 흔히 떼어놓을 수 없는 인연으로 만들어 놓았다. 그래서 매화가 눈과 같다는 표현이 많이 등장한다. 宋송나라때 정치가 왕안석(王安石)도 "멀리서 눈이 아님을 알았다. 은은한 향기가 바람에 실려 오는 것을 보고서(遙知不是雪, 爲有暗香來)"라고 하였다.

아직도 대기 중에는 음울한 겨울 기운이 여전하고, 꽃조차 없는 황량한 계절이다. 이때 봄꽃의 으뜸인 매화라도 빨리 피었으면 하는 바람이다. 그러나 시샘하는 꽃샘추위와 봄눈이라도 흩날리면 막 피어나려던 매화가 움추려들지 않을까 조바심마저 일어난다. 옛 시조에서 "매화 옛 등걸에 춘절(春節)이 돌아오니… 춘설(春雪)이 난분분하니 필똥 말똥하여라" 하였다. 아무튼 혹한풍설(酷寒風雪)을 늠연히 이겨내고 은은한 향기를 머금은 매화가 피기를 갈망하면서 조매(早梅)를 읊조려본다.

제4부
춘야희우

당시산책(39)

춘야희우(春夜喜雨)

두보(杜甫)

봄날 밤에 내리는 기쁜 비

好雨知時節
호 우 지 시 절
좋은 비는 내려야 할 때를 알고 있어

當春乃發生
당 춘 내 발 생
봄에 때맞추어 내려 만물을 싹트게 한다.

隨風潛入夜
수 풍 잠 입 야
바람 따라 밤에 조용히 들어와 내리는데

潤物細無聲
윤 물 세 무 성
만물을 생기 돌게 하면서 가늘어 소리조차 없다.

野徑雲俱黑
야 경 운 구 흑
들길은 비구름과 함께 새까맣고

江船火獨明
강 선 화 독 명
강가 고기잡이배에서 흘러나오는 불빛만 홀로 밝다.

| 曉看紅濕處
효 간 홍 습 처 | 내일 새벽에 붉게 젖은 곳을 보게 되면 |
| 花重錦官城
화 중 금 관 성 | 꽃이 피어 금관성을 뒤덮고 있으리라. |

글자풀이

喜 희(기쁘다/즐겁다), 當 당(마땅하다/일을 당하다/대적하다), 乃 내(이에/'그때야말로'라는 강조의 뜻), 發 발(싹이트다/꽃이피다/쏘다),隨 수(따르다), 潛 잠(잠기다), 潛入 잠입(몰래 들어가다), 潤 윤(젖다/적시다/윤기), 細 세(가늘다), 聲 성(소리), 徑 경(지름길/작은길), 俱 구(함께/모두), 船 선(배), 火 화(불/고기잡이 불), 獨 독(홀로), 曉 효(새벽/밝다), 看 간(보다), 紅 홍(붉다), 濕 습(축축하다), 重 중(무겁다/거듭하다), 錦 금(비단), 錦官城 금관성(현재의 성도)

만물을 소생시키는 봄비

  당 현종 천보(天寶) 14년(755) 안록산의 반란이 일어났다. 미처 피신하지 못한 두보는 장안에서 반란군에게 포로로 붙잡혔다. 757년 탈출하여 봉상에서 숙종을 알현하고 좌습유(左拾遺) 관직을 받았다.

  벼슬살이를 시작한지 1년여 만에 좌천되는 등 순탄치 못하였으며, 759년에 벼슬을 그만두고 촉 땅 성도(成都)로 갔다. 이후 약 5년간의 성도생활이 두보의 일생 중에서 비교적 평온화였다. 이때 쓴 시들은 대부분이 밝고 생기발랄하였는데, '춘야희우'도 그중 하나이다.

　두보가 성도에 온 지 2년째인 760년에 성도 서쪽 교외 완화계(浣花溪) 언덕에 초당(草堂)을 지었다. 761년 새로 지은 초당에서 맞이한 봄은 간고했던 지난 시절에 비해 모처럼 생활도 안정되었고 마음도 한결 여유로웠다.

　이러한 심정을 반영하듯이 어느 봄날 밤, 봄비 내리는 것을 깊고도 세밀하게 관찰하여 수준 높은 오언율시 '춘야희우' (春夜喜雨) 한 편을 남겼다.

　이 詩는 봄날 밤 봄비 내리는 경치를 묘사하면서 마음속의 희열을 함께 나타낸 명작이다. 봄은 싹이 트는 생장의 계절인데, 자칫 가뭄으로 대지가 목마르기 십상이다. 마침 봄비가 내려할 때를 알고 있는 것처럼 내리기 시작하니 얼마나 반가운 비인가?

　이날 밤비는 순조로운 바람을 따라 조용히 내리는데, 만물이 제때를 만난 듯이 생기발랄하다. 비 소리가 분명하게 들리지 않아 혹여 비가 멈추면 어쩌지 하는 조바심에서 문을 열고 밖을 내다보았다.

　그런데 들길도 하늘의 비구름도 모두 새까맣고, 오직 강가 고기잡이배에서 흘러나오는 불빛만 빤하게 보인다. 아! 내일 아침까지 비는 충분히 내릴 것 같다면서 안도하는 모습이 행간에 들어있다.

　마지막으로 봄비로 말미암아 꽃이 만개하여 붉게 물든 성도의 새벽 정경을 상상 속에서 그리고 있다.

영류(咏柳)

하지장(賀知章)

버들을 노래하다

碧玉妝成一樹高
벽 옥 장 성 일 수 고

푸른 옥으로 단장한 높다란 한그루 버드나무

萬條垂下綠絲條
만 조 수 하 녹 사 조

많고 많은 버들가지마다 연녹색 비단실 끈을 한 올 한 올 드리웠다.

不知細葉誰裁出
부 지 세 엽 수 재 출

가녀린 버들잎을 누가 만들어냈는지 모르겠으나

二月春風似剪刀
이 월 춘 풍 사 선 도

이월 봄바람이 마치 신기한 조각칼인 듯하다.

글자풀이

咏 영(읊다=詠), 柳 류(버들), 碧 벽(푸르다), 妝 장(꾸미다/화장하다/치장), 樹 수(나무), 條 조(가지), 垂 수(드리우다), 綠 록(초록빛), 絲 사(실/명주실), 條 조(끈), 細 세(가늘다), 葉 엽(잎), 誰 수(누구), 裁 재(마름질

하다/자르다/옷을 짓다), 似 사(같다), 剪 전(자르다/가위), 剪刀 전도(가위/칼)

만물을 소생시키는 봄바람

이 詩는 양력 3월의 버들(楊柳)을 읊었다. 도덕경(道德經)에 "회오리바람도 아침나절 내내 불지 않고, 심하게 쏟아지는 비도 하루 종일 가지 않는다(飄風不終朝, 驟雨不終日)."고 하였다.

지긋지긋하던 혹한(酷寒)도 참고 기다리는 동안에 봄이라는 새로운 변화가 그 속에 이미 잉태하고 있었다. 어느덧 성큼 다가온 봄이 돌연 눈앞에서 전개되고 있다 하겠다.

어느 봄날 하지장이 봄바람이 살랑거리는 들판을 거닐고 있는데, 바로 그때 맨 먼저 눈에 들어오는 연녹색으로 가볍게 드리워져 하늘거리는 수양버들을 보고 붓을 들었다. 매년 봄바람은 연녹색의 버들잎을 돋아나게 하고, 바람이 불때마다 수양버들 가지가 휘늘어져 살랑거리는 것이 사람을 사로잡는 자태가 있다.

이것은 누구나 느끼고 감상할 수 있는 장면이다. 또 버들의 이러한 늘씬한 형상미를 빌려 미인, 그것도 젊은 여인의 몸매에 비교한 것을 많이 볼 수 있다. 하지장은 연녹색으로 뾰족뾰족 돋아 나오는 수양버들을 보고 기발한 착상을 하였다.

제1구절에서 버들을 마치 푸른 옥으로 치장한 키가 늘씬한 미인으로 의인화하여 출현시켰다.

제2구절에서 천만가지 휘늘어진 가지를 미인의 치맛자락으로 비유했다. 앞 구절의 '고(高)'자에서 늘씬하고 키가 훤칠한 미인의 하늘거리는 아름다운 모습을 돋보이게 하고, 다음 구절의 '수'(垂)자에서 가느다란 미인의 허리와 치마가 바람결에 휘날리는 것이 연상된다.

詩 가운데는 버들(柳)과 허리(腰)라는 직접적인 표현은 없으나 이른 봄의 버드나무와 버들가지를 의인화하여 더욱 생기발랄하게 했다.

마지막 3·4구절에서는 이러한 천만가지 초록색 버들을 과연 누가 만들어 냈는가? 하면서 그것은 형체도 없고 만질 수도 없는 봄바람(春風)이고, 이 봄바람이 조각칼과 같다고 묘사했다.

이 조각칼(剪刀)이야말로 춘풍(春風)인데, 바로 새싹을 돋게 하고, 붉은 꽃을 피게 하는 조화옹(造化翁)이다. 아무튼 봄바람은 대지에 생명력을 불러오게 하고, 만상을 새롭게 화장하게 하였으니 진정 생명력의 상징이 아닌가?

하지장(659~744)은 성당(盛唐 : 713~765)의 시인으로 성격이 호탕하고, 술을 좋아하였으며 농담을 잘하였다. 스스로 '사명광객(四明狂客)'이라 하였다. 시가는 말할 것도 없고 초서·예서 등 서예도 뛰어났다.

이백이 처음 장안에 도착하여 서로 만났을 때 이백을 적선

인(謫仙人 : 하늘에서 인간세계로 쫓겨 내려온 신선)이라 불렀다. 그리고 몸에 차고 있던 금 거북을 풀어 술과 바꾸어서 이백과 실컷 마시고 즐겼다고 한다.

당시산책(41)

춘효(春曉)

맹호연(孟浩然)

봄날 새벽

春眠不覺曉   봄잠에 취해 동트는 줄 몰랐는데
춘 면 불 각 효

處處聞啼鳥   여기저기에서 새 소리 들리어 온다.
처 처 문 제 조

夜來風雨聲   간밤에 들여오던 비바람 소리
야 래 풍 우 성

花落知多少   꽃은 얼마나 떨어졌을까?
화 락 지 다 소

글자풀이

曉 효(새벽/밝다/깨닫다), 眠 면(자다/쉬다), 覺 각(깨닫다/알다/깨다), 處處 처처(여기저기), 聞 문(듣다), 啼 제(울다), 鳥 조(새), 夜來 야래(지난밤/來는 어조사로 뜻이 없음), 聲(소리/음성), 落 락(떨어지다), 多少 다소(많고 적음/얼마나/조금)

나른한 봄날 새벽

이 詩는 봄날 새벽, 잠에서 깨어나 문득 들려오는 새소리와 지난밤의 비바람소리를 상기하고 봄의 정취와 아쉬움(惜春)을 묘사한 것이다.

예로부터 詩는 '기직귀곡(忌直貴曲 : 직설을 꺼리고, 곡절을 귀히 여긴다)'이라 하는데, 이 춘효(春曉)가 바로 파란곡절을 거쳐 유현(幽玄)함을 얻었다. 첫 구절은 바로 봄날새벽(春曉) 아침잠의 달콤함을 나타냈다. 둘째 구절은 귀를 즐겁게 하는 새소리가 도처에서 들린다고 하면서 봄의 소리를 묘사했다. 제3·4구절에서는 이를 반전시켜 문득 간밤의 비바람소리를 상기하였고, 종래에는 눈앞에서 전개되는 사실에 눈을 돌렸다. 즉 지난밤에 요란하던 비바람이 그친 것을 기뻐하면서도 꽃이 떨어졌을 것이라며 못내 아쉬워하고 있다. 즐거운 봄이 속절없이 간다는 아쉬움이 들어있다. 지난밤과 새벽이라는 시간의 도약, 날씨의 무상한 변화 등에 따르는 감정의 미묘한 변화는 풍부한 정취와 흥미를 불러일으킨다.

또한, 이 詩는 시인이 방안에서 귀로 들은 간단한 새소리와 비바람소리를 소재로 해서 무한한 봄의 기운(春色)을 아낌없이 드러냈는데, 이 詩를 읽는 독자에게 광활한 대자연을 생각하게 하고, 또 자신도 모르게 새소리와 꽃향기가 가득한 춘광(春光)을 유감없이 느끼게 한다.

처음 읽을 때에는 평범하여 특이할 것이 없는 것 같으나 반복해서 읽으면 詩 가운데 다른 세계가 있는 듯하다. 이 詩

의 매력은 화려한 문채나 기절(奇絶)한 수법에 있지 않고 그 정겨운 여운에 있다. 즉 시어(詩語)는 쉽고 얕으나 그 뜻은 깊고도 짙다.

　전반 詩에 흐르는 풍격은 행운유수(行雲流水)처럼 자연스러운데, 그 의미가 유원(悠遠)하고 심후(深厚)하여 묘경(妙境)을 이루었다. 당시사상(당시史上) 천백년이래 가장 회자되는 詩 가운데 하나가 되었다.

　아무튼 봄날 새벽 눈을 떴다가 나른하게 온 몸을 엄습해오는 아침잠에 취해 다시 잠들었다가 낭패(狼狽)를 당해본 경험이 간혹 있을 것이다. 이처럼 아침잠은 많은 사람들을 괴롭힌다. 송(宋)나라 도학자 정명도(程明道)가 '잠을 깨니 동창에 해가 이미 밝았다(睡覺東窓日已紅).'라고 한 것을 보면 아마 너나 할 것 없이 늦잠을 자 보았을 것이다. 특히 봄날 아침에는 늦잠의 유혹을 뿌리치기가 쉽지 않다. 그래서 때로는 틀에 박힌 일상을 벗어나 휴일 날을 택해 한번쯤 봄잠을 실컷 즐겨보는 것도 좋으리라.

당시산책(42)

산중유객(山中留客)

장욱(張旭)

산중에 찾아 온 벗을 머물게 하다

山光物態弄春暉 산 광 물 태 농 춘 휘	산 빛과 만물의 모습은 봄빛을 희롱하는데
莫爲輕陰便擬歸 막 위 경 음 편 의 귀	날씨 좀 흐리다고 돌아갈 생각하지 말게나
縱使晴明無雨色 종 사 청 명 무 우 색	설사 날이 개이고 밝아 비 내릴 기색 없어도
入雲深處亦霑衣 입 운 심 처 역 점 의	산중 구름 깊은 곳에 들면 또한 옷이 젖는다오.

글자풀이

註 : 留 유(머무르다/지체하다), 留客 유객(손님을 머무르게 하다), 旭 욱(아침 해/득의한 모양), 態 태(모양/태도), 弄 농(희롱하다/흥에 겨워 놀다), 暉 휘(빛), 輕 경(가볍다), 陰 음(응달/어둡다), 便 편(편하다/곧/문득), 擬 의(헤아리다/견주다/의심하다), 歸 귀(돌아가다), 縱 종(늘어지다/가령), 縱使 종사(가령/설사), 晴 청(개다), 深 심(깊다), 亦 역(또한/그래

도), 霑 점(적시다/더하다)

작자소개

장욱(張旭 : 생몰년 미상)은 성당(盛唐 : 713~765)시절 710년대 전후로 살았으며, 자는 백고(伯高)이고 지금의 강소성 사람이다. 시인이며 저명한 서예가로 초서에 능하여 초성(草聖)이라 불렀으며 만취하여 붓을 휘둘러 쓴 휘호를 '장전'(張顚)이라 한다. 全당시에 6수의 시가 전한다.

벗이여! 봄 산을 같이 즐겨보자

화풍난양(和風暖陽)속에 봄꽃이 하루가 다르게 꽃망울을 터트리고 있는데, 초목도 이에 뒤질세라 새싹을 토해내고 있다. 이러한 때 설사 인적이 드문 깊은 산속에 살고 있는 은자(隱者)라 할지라도 생기발랄하게 변화하는 자연의 모습 앞에 자신도 모르게 마음이 뒤숭숭할 것이다.

외진 곳이라 대문은 달려 있으나 찾아오는 사람이 없어 항상 닫혀있다. 문득 세속의 벗이 그리운데, 어느 날 바라지도 않은 벗이 찾아와 대문을 두드린다. 속정(俗情)에 끌려 벗을 붙잡으며 하룻밤 묵고가라 고함 수밖에 없으리라.

詩 제목이 산중유객(山中留客)답게 당연히 산중에 찾아온 손님을 머물게 하는 것이 주안점이다. 산중에 사는 나를 찾아온 벗에게 산중의 봄 경치를 함께 즐기면서 자고 가는 것이 좋겠다고 권유하고 있다.

그래서 춘산(春山)의 아름다움을 노래한 것이 "산 빛과 만물의 모습이 봄빛을 희롱한다"(山光物態弄春暉)이다. 단 한 줄에 불과하지만 봄 산의 전체 면모가 다 들어있다. 눈앞에서 전개되는 생기발랄한 봄의 느낌과 경치가 유감없이 드러나 있다.

즉 '산광물태(山光物態)' 넉자 속에는 '새싹이 파랗게 돋아오르는 신록, 바람에 실려 오는 산꽃들의 향기, 꽃 속에 묻혀 노래하는 새소리, 졸졸 흐르는 시냇물 소리' 등 우리가 상상할 수 있는 봄의 경색(景色)이 모두 다 망라되어 있다.

내가 사는 산골은 봄을 맞아 이렇게 좋은 때인데 어렵사리 찾아온 그대가 날씨가 좀 흐리다(輕陰)고 돌아가려 하는가? 흐린 날씨가 비로 변하여 옷이 젖을까 염려하는 친구에게 완곡하게 한마디 던진다.

벗이여! 설사 날씨가 맑아서 비가 내릴 기색이 없어도, 구름이 깊은 곳에 들어가면 역시 옷이 젖는다고 하면서 벗을 붙잡아 봄 산의 아름다운 경치를 함께 즐겨보자고 은근히 유도하고 있다.

장욱은 술을 좋아해 주중팔선(酒中八仙)중의 한명인데, 두보는 그의 글씨와 관련하여 '揮毫落紙如雲煙(휘호낙지여운연 : 붓을 휘둘러 먹을 종이에 묻히면 그 글씨는 구름이 이는 듯하다)'이라 하였다.

또 그 당시 사람들은 이백의 시, 배민(裴旻)의 검무(劍舞), 장욱의 초서를 '삼절'(三絶)이라 칭송하였다.

당시산책(43)

청명(淸明)

두목(杜牧)

청 명

淸明時節雨紛紛	청명 좋은 시절에 비가 부슬부슬 내리는데
청명시절우분분	
路上行人欲斷魂	길 가던 나그네 넋을 잃은 듯 서글퍼진다
노상행인욕단혼	
借問酒家何處有	주막이 어디 있는가 물었더니
차문주가하처유	
牧童遙指杏花村	목동은 멀리 살구꽃 핀 마을을 가리킨다.
목동요지행화촌	

글자풀이

紛 분(어지러워지다), 紛紛 분분(어지러이 날리는 모양/뒤숭숭하게 시끄럽다), 欲 욕(하고자 하다), 斷魂 단혼(넋이 끊길 정도로 애통함=斷腸단장/슬프고 괴로운 기분), 借 차(빌리다/가령/시험 삼아), 借問 차문(시험 삼아 묻다/모르는 것을 묻다), 牧 목(치다/마소를 놓아기르다), 遙 요(멀다/아득하다), 指 지(손가락/가리키다), 杏 행(살구/살구나무), 村 촌(마을/시골)

청명 날 내리는 비

매년 양력 4월 5일 또는 이날 앞뒤로 청명(淸明) 절기가 드는데, 24절기 중 날씨가 가장 좋다고 하는 청명가절(淸明佳節)이다. 우리나라에서는 식목일로 정해져 나무 심는 날이 되었다.

이때쯤이면 매화가 지고, 진달래꽃·개나리꽃 등도 절정을 지나 끝나가려 한다. 아무튼 버들 푸르고 꽃이 붉어(柳綠花紅) 봄빛이 화사한 시절이지만, 일기가 불순하고 기후가 변화무쌍하여 꽃샘바람과 추위가 봄을 시샘하기도 한다.

이 詩는 만당(晚唐)의 시인 두목이 청명 날에 나그네 길에 올랐다가 일어난 일련의 사실을 한 폭의 그림처럼 옮겨놓은 것이다.

맑다고 하는 청명 날에 길을 가는데 갑자기 비가 흩뿌리기 시작한다. 어지럽게 떨어지는 봄비에 길 가던 나그네의 옷은 서서히 젖어들었고, 왠지 마음마저 더욱 을씨년스럽고 서글퍼져서 마치 넋이 나간 듯이 발걸음도 빨라진다.

봄비에 몸이 젖어 으슬으슬 추워져, 한 잔의 술로 몸을 데우고 비도 피할 겸하여 술집을 찾기로 작정하고 지나가는 목동(牧童)에게 술집이 어디 있는지를 물었다. 목동은 아무 말 없이 손가락으로 저 멀리 살구꽃이 피어있는 한가로운 마을(杏花村 : 행화촌)을 가리킬 뿐이었다.

손가락 끝에는 봄비에 젖어있는 평화롭고 고요한 마을이 수채화처럼 눈앞에 전개되고 있었다. 이 詩를 읽다보면 마치 그림 속에 있는 듯한 착각에 빠져들게 한다. 그 경치가 마치 영상의 한 장면처럼 떠오르는데, 보슬비가 자욱이 내리는 가운데 살구꽃이 흐드러지게 피어있는 우리들의 옛 고향 마을 같지 않은가? …복숭아꽃 살구꽃 아기 진달래…

특히 마지막 구절인 '牧童遙指杏花村'(목동은 멀리 살구꽃 핀 마을을 가리킨다)은 절창(絶唱)이 되었고, 이 詩는 한시 사상 가장 널리 애송되는 詩 가운데 하나가 되었다. 읽을수록 맛이 나고 여운이 감돌아 깊이 음미할 가치가 있다 하겠다.

이 詩가 출현하고 난 후 詩 속의 '행화촌(杏花村)'이 '술파는 곳'이라는 의미로 쓰이다가, 나중에는 '미주가 생산되는 곳(美酒産地)'으로 바뀌었다고 한다.

당시산책(44)

저주서간(滁州西澗)

위응물(韋應物)

저주 서쪽 시냇가에서

獨憐幽草澗邊生 독 련 유 초 간 변 생	시냇가에 자라는 그윽한 풀을 혼자 보고 있는데
上有黃鸝深樹鳴 상 유 황 리 심 수 명	머리위에는 꾀꼬리가 무성한 나무에서 울고 있다.
春潮帶雨晚來急 춘 조 대 우 만 래 급	봄 조수는 비를 띠고 저녁 무렵 더욱 빨라지고
野渡無人舟自橫 야 도 무 인 주 자 횡	들 나루터엔 사람은 없고 배만 홀로 비껴있다.

글자풀이

滁 저(강이름/안휘성 합비현을 흐르는 장강지류, 滁州저주 : 안휘성 지명), 澗 간(산골물, 澗水 : 골짜기를 흐르는 시내), 獨 독(홀로), 憐 련(불쌍히 여기다/어여삐 여기다), 幽 유(그윽하다), 邊 변(가/가장자리), 鸝 리(꾀꼬리), 深 심(깊다), 鳴 명(울다), 潮 조(조수), 帶 대(띠/두르다/데리고 다

님), 晚 만(저물다/늦다), 晚來 만래(저녁 무렵/來는 어조사), 急 급(급하다), 渡 도(건너다/나루), 野渡 야도(시골의 작은 나루터), 舟 주(배), 橫 횡(가로)

작자소개

위응물(韋應物 : 737~792?)은 중당(中唐 : 766~835)의 시인으로 경조 만년 지금의 서안사람이며, 젊었을 때는 의협심이 강하고 활달하여 무절제한 생활을 하였으나 나중에 진사에 급제하여 오랫동안 관리를 지냈으며, 저주(滁州)·강주·소주 등의 자사를 역임하였다. 진솔하고 담백한 시어로 자연을 노래하였고 왕유·맹호연·유종원과 더불어 당나라의 대표적 자연시인이다.

나루터에 배만 홀로 비껴있다

당시(唐詩)를 조용히 읽다보면 詩 속에서 한 폭의 우미(優美)한 그림또는 무대정경이 신선하고 생동감 있게 눈앞에 나타나는 경우가 있다. 이를 詩의 '회화성(繪畫性)'이라 하는데, '詩안에 그림이 있고, 그림 안에 詩가 있다'는 것을 의미한다.

그래서 고인들은 詩의 감상을 돕기 위해 그림을 그렸는데, 이것이 당시(唐詩) 시의도(詩意圖)들이다. 그림을 자세히 음미하다보면 詩를 이해하는데 많은 도움이 되고, 그림 속으로 몰입되기까지도 한다. 여기 위응물의 그림 같은 시 한편을 소개한다.

이 詩는 산수시의 걸작이며, 위응물의 대표작중 하나이다. 詩는 당나라 덕종(德宗) 건중(建中) 2년(781) 저주자사로 있을 때 지은 것이다. 지금의 안휘성 조현(滁縣) 저주성 서쪽 교외에 있는 서간(西澗)의 봄 경치 와 시골 나루터에서 본 것을 그렸다.

앞 1·2구절에서 봄날 만물이 한창 번성하는 시기에 시인은 홀로 시냇가에 자라는 그윽한 풀을 바라보면서 좋아하고 있는데, 그 분위기가 적막하다. 이때 머리 위 무성한 나무에서 꾀꼬리가 뜻 없이 울고 있다. 이를 두고 그윽한 풀(幽草)은 가난을 받아들여 절개를 지키는 것(安貧守節)이고, 꾀꼬리(黃鸝)는 높은 곳에 있으면서 비위를 맞추는 것으로 벼슬살이의 세태를 비유한 것이라고 한다.

뒤의 3·4구절은 저녁 무렵 조수가 봄비를 몰고 오자 물결은 더욱 빨라지는데, 시골 작은 나루터엔 행인조차 끊어지고 물결이 일렁일 때마다 빈 배만 그냥 출렁거리고 있을 뿐이다. 시냇가의 그윽한 풀, 나무위의 꾀꼬리, 봄 강물과 저녁 비, 나루터의 빈 배 등 한 폭의 색채감이 농후한 풍경화이다. 고요하고 한적한 생활을 동경하고 추구하는 작자의 뜻이 은연중에 드러나 있다.

이 詩를 조용히 읽다보면 우리에게 한 폭의 아름다운 그림 속으로 들어가게 한다. 마지막 구절의 '野渡無人舟自橫'(야도무인주자횡)은 인구에 회자되는 명구가 되었다.

고인들이 이를 그림으로 그릴 때 "몇 마리 참새가 갈대로 덮인 나루터의 배위에 날아 내려앉는 것"으로 사람이 없는

'무인'(無人)의 경치를 나타냈다고 한다. 이야말로 시속에 그림이 있다는 의미가 아닐까한다.

당시산책(45)

제도성남장(題都城南莊)

최호(崔護)

장안 남쪽 마을에서 쓰다

去年今日此門中 거 년 금 일 차 문 중	지난해 오늘 이 문 앞에서
人面桃花相映紅 인 면 도 화 상 영 홍	그녀의 얼굴과 복숭아꽃이 서로 붉게 비치었다.
人面不知何處去 인 면 부 지 하 처 거	그녀의 얼굴은 이제 어디간 지 없고
桃花依舊笑春風 도 화 의 구 소 춘 풍	복숭아꽃은 작년 그때와 같이 봄바람에 웃고 있다.

글자풀이

都城 도성(장안성), 莊 장(엄숙하다/삼가다/시골마을),桃 도(복숭아나무), 桃花 도화(복숭아꽃), 映 영(비추다/비치다), 紅 홍(붉다/붉은 빛), 依舊 의구(옛 모양과 다름없다), 笑 소(웃다/꽃이 피다)

작자소개

최호(崔護 : 생몰년불상)는 중당(中唐 : 766~835)의 시인으로 자는 은공(殷功)이며, 박릉(博陵 : 현 하북성)사람이다. 정원(貞元) 12년(796)에 진사에 급제하였고, 벼슬은 영남(嶺南)절도사에 이르렀다. 기타 상세한 것은 잘 알려져 있지 않다.

복숭아꽃만 봄바람에 웃고 있다

사람들은 봄꽃이 무상하게 피고 지는 것을 보고 춘광(春光)의 덧없음을 아쉬워하곤 한다. 하여 '어제 밤비에 꽃이 피었는데, 오늘 아침 바람에 꽃이 진다(花開昨夜雨, 花落今朝風)'라고 하였다.

조선의 가객(歌客) 안민영도 도화가(桃花歌)를 지어 속절없이 가는 봄을 애석해했다. "도화는 무삼일로 홍장(紅粧)을 지어내서, 동풍세우(東風細雨)에 눈물을 머금은고, 삼춘(三春)이 쉬우냥하여 그를 설워하노라!" 아무튼 아름답기 그지없는 복숭아꽃과 얽힌 최호의 로맨틱한 애정시 한 편이 있다.

이 詩를 쓰게 된 자못 기이한 고사가 전해져 온다. 최호는 젊어서 과거에 수차례 응시하였으나 그 해도 낙방하였다. 마침 청명 날이었는데, 울적하고 쓸쓸한 마음을 달래려고 혼자 장안성 남쪽 교외로 봄 구경을 나섰다. 한적한 시골 마을을 지나는데, 어느 농가 앞뜰에 복숭아꽃이 활짝 피어있었다. 그 복숭아꽃 밑에 여인 하나가 서있는데, 활짝 핀 복숭아꽃과 같아 말로 표현할 수 없을 만큼 아름다웠.

한 눈에 반한 최호는 그 여인에게 다가가 물을 청해서 한 잔 마시고 돌아왔다고 한다. 집에 돌아와서도 그 복숭아꽃이 만개한 풍경과 아름다운 여인을 오래오래 잊을 수가 없었다. 그 다음해 과거에 합격하였고 마침 청명날이 돌아오자 그 여인에 대한 정을 억누를 수 없어 작년의 그곳을 찾아갔다.

그러나 문은 잠겨있고 만개한 도화는 옛날과 같은데 복숭아 꽃 아래 미인은 어디간지 없었다. 실망감에 사로잡혀 망연히 서 있다가 문 위에 이 詩를 써놓고 돌아왔다.

며칠이 지나고 우연히 장안 남쪽 교외에 왔다가 다시 그곳을 찾았는데, 그 집안에서 통곡 소리가 들려왔다. 문을 두드리니 노인이 나와 "그대가 최호인가? 작년 이래 내 딸이 그대 때문에 상사병에 걸렸다. 최근 그대가 문 위에 써놓은 詩를 보고 상사병이 더욱 심해져서 식음을 전폐하여 숨이 끊어지려고 한다." 하였다.

그 말에 최호가 안으로 달려 들어가 그 여인을 끌어안고 내가 왔다고 통곡하자 다시 소생하였다. 그 후 두 사람은 결혼하여 행복하게 살았다고 한다. 나중에 이것을 소재로 해서 수많은 희극들이 나왔다고 한다.

당시산책(46)

청평조사(淸平調詞) 1

이백(李白)

청평조사

雲想衣裳花想容 운상의상화상용	구름을 보면 그대의 옷이, 꽃을 보면 그대의 얼굴이 떠오르는데
春風拂檻露華濃 춘풍불함로화농	봄바람은 난간을 스치고, 이슬 맞은 (모란)꽃은 더욱 무르녹는다.
若非群玉山頭見 약비군옥산두견	만약 그대를 군옥산 머리에서 만나지 못한다면
會向瑤臺月下逢 회향요대월하봉	선계인 요대의 달빛 아래서 만나 뵈오리다.

글자풀이

想 상(생각하다/모양/형상), 裳 상(치마), 容 용(얼굴/모양), 拂 불(떨다/치켜 올리다/닦다), 檻 함(우리/난간), 露 로(이슬), 華 화(꽃), 濃 농(짙다/우

거지다/무성하다), 群玉山 군옥산(玉이 많아 玉山옥산이라고 하는데, 신화중의 仙山선산으로 서왕모가 산다는 瑤池요지에 있는 전설상의 아름다운 산), 會 회(아마…할 것이다), 瑤 요(아름다운 옥), 臺 대(대/돈대), 瑤臺 요대(신선이 사는 곳으로 요지에 있는 쿠대), 逢 봉(만나다/맞다)

꽃을 보면 그대의 얼굴이…

 이백은 43세 무렵 당 현종의 궁정시인이 되었으나 자유분방한 성격으로 인해 잘 맞지 않았다. 가슴에 쌓인 울분과 시름을 털어버리기 위해 술이 거의 유일한 친구였다.
 모란이 만개한 어느 봄날 장안의 술집에서 만취하여 잠이 들었다. 이때 현종은 양귀비와 함께 침향정(沈香亭)에서 만개한 모란을 감상하고 있다가 갑자기 이백을 불러 들여 시를 짓게 했는데, 이것이 청평조사 3수이다.

 술에 취한 이백이 침향정(沈香亭)정에 이끌려 왔으나 인사불성이었다. 이백이 침향정 가에 비스듬히 누워있는데, 입가에서 침이 흘러내렸다. 이를 본 현종이 자신의 소맷자락으로 몸소 닦아주었다. 차가운 물을 이백의 얼굴에 뿌리자 정신을 차린 이백이 눈앞에 서있는 현종을 보자 "신은 만 번 죽어도 마땅합니다!"라고 하였다.
 현종은 이백에게 술을 깨우게 하는 성주탕(醒酒湯)을 마시게 한 후 "오늘은 목단 꽃이 만발하였다. 짐과 양귀비가 꽃을 감상하고 있는데 옛날의 악곡(舊樂)을 듣고 싶지 않다. 그대가 새로운 가사(新詞)를 하나 지어 주게나!" 한다.
 이 말을 다 듣고 난 이백은 황제에게 술을 내려달라고 요청한다. 현종은 "그대는 이제 막 술에서 깨어났는데, 다시 술에 취하면 어떻게 하려고 하는가?" 묻는다.
 이백이 "신은 술 한말에 시가 백편(斗酒詩白篇)이라, 취한

175

후에야 詩가 더 잘 쓰여집니다." 하였다. 이백이 다시 술을 마시고 취하자 즉석에서 연작시인 청평조사 3수를 지었다.

　위의 첫 번째 詩에서 양귀비의 미모를 읊었는데, 의상과 용모를 구름과 모란꽃으로 비유하였다. 이어서 봄바람이 침향정 난간을 스치는데 마침 이슬 맞은 모란꽃이 더욱 윤기가 난다고 하면서 다시 한 번 양귀비의 아름다움을 칭찬하였다.
　끝으로 선경(仙境)을 비유삼아 군옥산에서 만나지 못하면 신선 서왕모가 산다는 요지(瑤池)의 요대(瑤臺) 달빛아래서 만나리라고 하였다. 선경에 사는 선녀로써 양귀비를 비유하였으니 아름다운 뜻이 다 나타났다.
　이 가사에 따라 당대의 명창 이구년(李龜年)이 반주에 맞추어 노래하자, 손에 모란꽃을 들고 있던 양귀비가 노래의 뜻을 알아듣고 만족한 미소를 짓고 서있었다.
　이에 현종도 흥이 일어나 옥피리를 꺼내어 불면서 분위기를 맞추었다. 노래가 끝나자 현종은 양귀비에게 칠보배(七寶杯)에 서역산 포도주를 가득 따르게 한 후 이백에게 하사하였다고 한다.

당시산책(47)

춘원(春怨)

김창서(金昌緒)

봄날의 원망

打起黃鶯兒 꾀꼬리를 쫓아 날려 보내어서
타 기 황 앵 아

莫敎枝上啼 마당 나뭇가지 위에서 울게 하지 말
막 교 지 상 제 아라.

啼時驚妾夢 꾀꼬리 울어 내 꿈이 놀라 깨어지면
제 시 경 첩 몽

不得到遼西 임 계신 요서 땅에 가지 못하게 된
부 득 도 요 서 다.

글자풀이

怨 원(원망하다/슬퍼하다), 昌 창(창성하다), 緖 서(실마리/비롯함), 打 타(치다/때리다), 起 기(일어나다/날아오르다), 打起 타기(쫓아 날아가게 하다), 鶯 앵(꾀꼬리), 黃鶯兒 황앵아(꾀꼴새), 莫 막(없다/말다), 敎 교(가르치다/…하게하다), 枝 지(가지), 啼 제(울다), 驚 경(놀라다/두려워하다),

177

妾 첩(첩/아내), 夢 몽(꿈), 到 도(이르다), 遼西 요서(발해 등의 침입에 대비하여 요령성에 요서수비대가 있었음)

작자소개

※ 김창서(金昌緒 : 생몰년 미상)는 중당(中唐 : 766~835)의 시인으로 알려져 있으며, 지금의 절강성 항주사람이다. 본명에 대해 전해지는 기록은 없고 다만 '당시류선'(당시類選)에 춘원(春怨) 1수가 전한다.

꿈속에서라도 그대를 보았으면

이 詩는 전선에 가있는 남편을 그리워하는 독수공방의 아내가 부른 노래이다. 詩의 첫머리에서 갑자기 평지에서 기봉(奇峰)이 돌출하듯이 시작된다. 꾀꼬리는 보통 사람들이 좋아하는 새인데, 여주인공은 무엇 때문인지 '꾀꼬리를 쫓아 날려 보내라(打起黃鶯兒)'고 한다. 이에 의문이 생기지 않을 수 없다.

서둘러 다음 구절을 읽어 보고서야 그 의문이 해소된다. 꾀꼬리를 쫓아버린 이유는 정원의 '나뭇가지 위에서 울지 못하게(莫敎枝上啼)'함이었다. 꾀꼬리의 울음은 맑고 깨끗하여 누구나 듣고 싶어 하는데 왜 꾀꼬리를 울지 못하게 할까하는 의문이 일어난다.

제3구에서 '울지 못하게 하는(莫敎啼)' 까닭은 꾀꼬리가 울 때 자신의 꿈이 놀라 깰까(啼時驚妾夢) 두렵기 때문이다. 도

대체 무슨 꿈이 길래 깰까 두려워 한 것일까?

마지막 구절에서 꿈속에서 낭군이 계시는 요서지방으로 가지 못할까 두려워 한다는 것이다. 이 詩는 사실 순서를 도치시켜 기술한 것이다. 즉 꿈이 깰까 두려워 꾀꼬리를 울지 못하게 하였고, 울지 못하도록 꾀꼬리를 쫓아 날려 보냈다는 것이다.

이 시에는 당시의 어려운 시대적 배경이 들어있다. 이때 동북지방에는 발해의 세력이 강성하여 요서지역에 당나라 군대가 주둔하고 있었다. 이때 징집되어 간 낭군을 그리워하는 아내의 간절한 소망이 그려져 있고, 그런 가운데 그 당시의 병역제도 하에서 고통 받는 수많은 백성들의 모습이 행간에 녹아있다.

김소월의 詩 "그립다 말을 할까, 하니 그리워, 그냥 갈까 그래도, 다시 더 한번…"은 절절한 남녀 간의 그리움이 배어있다. 이 그리움이 바로 정(情)의 끄나풀인데, 사람은 남녀 간의 정(情) 밖에도 육친지정(六親之情), 우정(友情) 등등 가지가지 情속에서 살다가 情속에서 죽는다고 한다. 오죽하면 삼계(三界)가 情속에 묻혀 춤춘다고 했을까? 특히 남녀 간의 情은 단단한 끈으로 묶여 있는 것 같아서 일생을 두고 우리를 내내 힘들게 하기도 한다.

당시산책(48)

권주(勸酒)

우무릉(于武陵)

술을 권하며

勸君金屈巵 권 군 금 굴 치	이 금빛으로 빛나는 잔에 술 한 잔 권하노니
滿酌不須辭 만 작 불 수 사	철철 넘치는 이 잔, 그대는 사양하지 말게
花發多風雨 화 발 다 풍 우	꽃이 피면 으레 비바람도 많으니
人生足別離 인 생 족 별 리	인생이란 원래 이별이 가득 차 있다네.

글자풀이

勸 권(권하다/권장하다), 于 우(어조사/가다/행하다), 陵 릉(큰 언덕/무덤), 金屈巵 금굴치(금으로 만들어진 구부러진 손잡이가 달린 잔), 巵 치(잔/술잔), 滿酌 만작(가득 차게 따르다), 酌 작(따르다), 須 수(모름지기/마땅히), 辭 사(말/사양하다), 發 발(쏘다/피다/출발하다), 花發 화발(꽃이 피다), 足 족(발/충분하다), 離 리(떠나다/헤어지다)

> **작자소개**
>
> 우무릉(于武陵 : 810~?)은 경조(京兆) 즉 지금의 섬서성 서안 사람이며, 이름은 업(鄴), 자는 무릉(武陵)이다. 만당(晩唐 : 836~906)의 시인으로 과거에 급제했으나 벼슬할 생각을 포기하고, 거문고와 책을 휴대하고 여러 지방을 편력하였다. 나중에 숭산(嵩山)에 은둔하여 생을 마쳤다고 한다.

이별하는 벗에게 술을 권하며

'만나는 사람은 반드시 헤어질 운명에 있다(會者定離)'는 불교의 말처럼 지금 이 순간에도 우리는 수많은 사람들과 만났다가 헤어지곤 한다. 이러한 만남과 이별 속에서 유별나게 우리를 가슴 아프게 하는 것들이 있는데, 가족과의 사별·사랑하는 연인이나 벗과의 생이별 등이다. 좋은 사람들과 어울려 영원히 오순도순 한 세상 살았으면 좋으련만 세상살이에서 이것 또한 지난(至難)한 일이다. 여기 실의(失意)에 찬 벗을 떠나보내면서 부른 '술을 권하는 노래'가 있다.

이 詩는 이별을 앞둔 벗에게 축배를 제의하는 노래이다. 앞의 두 구절은 술을 권하는 권주가이고, 뒤의 두 구절은 상대를 위로하는 말이다.

술을 권하는 사람은 인생살이에 달관한 자세로 호방하면서도 신중한 마음속의 뜻을 나타냈다. 상대를 위해 장래를 축복하고, 위로와 격려를 하는 가운데 삶의 부침(浮沈)에 따르는 감고(甘苦)를 다 나타냈다.

금굴치(金屈卮)는 고대의 귀하고 이름난 술잔이다. 이 잔에 술을 따루는 것은 상대편에 대한 존중의 표시였다. 황금 잔에 마음의 정성을 담아 술을 철철 넘치게 따루어서 벗에게 건배를 제의하였다.

그러나 벗의 심정이 유쾌하지 못하다는 것을 알고는 마음껏 통음하기도 어려워 '사양하지 말라면서'(不須辭) 은근히 권하고 있다.

3·4구절에서 작자는 떠나는 벗의 심정을 헤아리고 있는 듯 한 마디 던진다. 그대 보아라, 저 꽃이 피어 저렇게 화려하지만, 많은 비바람의 장애를 겪었다. 인생도 사실 그와 같다. 좌절과 시련은 늘 따라 다니는 것이 아닌가?

작자는 몸소 겪은 체험을 바탕으로 벗에게 실정을 알리고 상리(常理)로서 이해시켜서 현실을 직시하게 하고 정신을 분발시키고 있다. 술을 권하는 詩임에도 그 밑바닥에는 인생의 애환을 노래하고 있어 가슴에 진한 감동을 주고 있다. 특히 花發多風雨(화발다풍우), 人生足別離(인생족별리)는 절창이 되어 마치 격언이나 속담처럼 회자(膾炙)되고 있다.

당시산책(49)

춘행즉흥(春行卽興)

이화(李華)

봄 행락에 흥을 노래하다

宜陽城下草萋萋	의양성 밖에는 풀이 무성하게 우거져 있고
의양성하초처처	
澗水東流復向西	골짜기 물은 동으로 흐르다 다시 서쪽으로 흐른다.
간수동류부향서	
芳樹無人花自落	꽃나무 아래 사람은 없고 꽃만 스스로 떨어지고 있는데
방수무인화자락	
春山一路鳥空啼	봄날 산길에는 새만 그저 일없이 울고 있다.
춘산일로조공제	

글자풀이

春行 춘행(봄의 행락), 卽興 즉흥(즉석에서 일어난 흥취/그로인해 지은 시가=卽吟), 宜陽城 의양성(하남성 낙양 서남쪽에 있음), 萋 처(풀이무성하게 우거진 모양), 澗 간(산골물/산골짜기), 復 부(다시/회복하다), 芳 방(꽃답다), 樹 수(나무), 鳥 조(새), 空 공(비다/부질없이/헛되이), 啼 제(울다)

작자소개

이화(李華 : 715?~766)는 성당(盛唐 : 713~765)의 시인으로 자는 하숙(遐叔)이고, 안록산의 난 때 포로가 되었던 일이 있어 난리가 평정된 후 이것을 부끄럽게 여겨 강남땅에 숨어 살았다고 한다. 만년에는 자제들의 교육에 힘쓰는 한편 몸소 농사를 지으면서 보냈다고 한다.

봄 산에 새만 홀로 울고 있다

당나라 현종은 재위 초기에 재상 요숭 등을 등용해 올바른 정치에 힘써 당나라의 전성기를 이룩했는데 이를 개원성세(開元盛世 : 714~741)라고 한다.

현명하던 현종도 점차 방자해지고 양귀비와 향락만 추구하는 등 정사를 돌보지 않아 천하는 점차 도탄으로 빠져드는데 이때 안록산의 반란(755)이 일어났다. 이로부터 당나라가 쇠퇴의 길로 접어드는 전환점이 되었다. 전쟁이 지나간 참화 속에서도, 그래도 봄은 찾아왔다. 시인 이화가 인적조차 드문 황량한 경치를 보면서 그 심정을 토로했다.

시인 이화가 봄날 의양성을 지나가다가 눈앞의 경치를 보고 느낀 바를 썼는데, 그 속에는 처량하고 쓸쓸한 심경이 무르 녹아있다. 의양(宜陽)은 지금의 하남성 서부에 있는데, 당나라 때 복창현성(福昌縣城)이다. 당나라 최대의 행궁중 하나인 연창궁(連昌宮)이 이곳에 있었다. 그 경내에 있는 여기산(女幾山)은 이름난 풍경지구였는데, 이 경치를 감상하기 위해 황족, 귀족, 시인묵객들의 발길이 끊어지지 않았다. 그러나 안록산의 반란으로 이곳도 철저히 파괴되어 황폐화되었다. 시인은 안사(安史)의 난이 평정된 후 이곳을 지나다가 이 詩를 지었다.

제1구절에서 의양성 머리에 서서 주변의 경치를 둘러보는데, 대부분의 논밭은 황폐해져 있고 곳곳마다 들풀만 무성하게 덮여있다고 하였다.

제2구절에서 태평시절에 측천무후나 현종 등이 거닐었던 옥진로(玉眞路)는 이미 찾아볼 수 없었고, 시냇물을 끌어들여 너른 들판에 농사짓던 농민들의 평화스러운 모습도 더 이상 보이지 않았는데, 시냇물만 동으로 흐르다가 서쪽으로 무심히 흘러가고 있을 뿐이었다.

제3·4구절에서 안사(安史)의 난이 지나갔으나 이제 이곳에 와서 구경하는 사람은 없고 봄꽃만 스스로 피었다가 스스로 지고 있다. 옛날에는 많은 사람들이 상춘(賞春)을 위해 찾아왔으나 지금은 이곳 봄 산 한줄기 길에는 인적도 끊어지고 새만 공연히 혼자 울고 있다(空啼)고 하면서 그 당시의 시대상에 대한 깊은 탄식을 나타냈다.

아무튼 전쟁이 할퀴고 간 상처는 항상 깊을 수밖에 없다. 그래서 노자는 도덕경에서 "군대가 주둔하는 곳에는 가시나무가 자라서(논밭이 황폐해지고) 큰 전쟁을 치른 후에는 반드시 흉년이 든다(師之所處, 荊棘生焉. 大軍之後, 必有凶年.)."고 하지 않았던가?

당시산책(50)

모춘귀고산초당(暮春歸故山草堂)

전기(錢起)

늦은 봄 초당에 돌아오다

谷口春殘黃鳥稀
곡 구 춘 잔 황 조 희

산골짜기 봄이 얼마 남지 않아 꾀꼬리 울음도 드물고

辛夷花盡杏花飛
신 이 화 진 행 화 비

자목련 떨어지자 살구꽃이 흩날린다.

始憐幽竹山窓下
시 련 유 죽 산 창 하

비로소 초당 창문 아래 그윽한 대나무를 좋아하는데

不改淸陰待我歸
불 개 청 음 대 아 귀

옛날 그대로인 맑은 대나무 그늘은 내가 돌아오기를 기다리고 있었다.

글자풀이

註 : 暮 모(저물다/해질 무렵), 歸 귀(돌아오다), 故 고(옛/예전의), 殘 잔(해치다/잔인하다/남다/나머지), 黃鳥 황조(꾀꼴이=黃鸝황리), 稀 희(드물다/성기다), 辛夷花 신이화(자목련紫木蓮=木蘭목란), 杏 행(살구). 始 시

(처음/시작하다), 憐 련(불쌍히 여기다/사랑하다), 幽 유(그윽하다/숨다), 窓창(창/창문), 改 개(고치다/바꾸다), 淸 청(맑다), 待대(기다리다)

작자소개

전기(錢起 : 722~780?)는 중당(中唐 : 766~835)의 시인으로 자는 仲文 중문이고, 오흥(지금의 절강성)사람이다. 751년 진사에 급제, 벼슬은 태청궁사(太淸宮士) 한림학사에 이르렀다. 당시의 시인 낭사원(郞士元)과 이름을 나란히 하여 '전랑'(錢郞)이라 불리며, 대력십자재(大曆十才子) 가운데 한 사람이다. 그의 시는 청담하다는 평을 듣는다.

늦은 봄, 초당에 돌아오다

이 詩는 작자 전기가 살던 곳인 고산초당(故山草堂)을 한동안 떠났다가 돌아온 후 보고 느낀 소감을 읊은 것이다.

제1구절에서 골짜기의 입구(谷口)라는 표현에서 산속의 깊음을 가히 짐작할 수 있다. 시절은 바야흐로 늦은 봄(暮春)이어서 봄의 흔적이 조금 남아있다는 의미로 춘잔(春殘)이라 하고, 꾀꼬리 울음조차 드물다고 하였다.

제2구절에서 내가 거처하는 초당 주변을 둘러보니 자목련도 다 떨어지고 살구꽃마저 바람에 날리고 있다고 하면서 봄빛이 자취도 없이 사라져 가고 있는 조용하고 쓸쓸한 분위기를 물씬 풍기게 한다.

제3·4구절에서 봄이 다 가버린 이러한 고적한 분위기에서 시인의 마음을 유난히 끄는 것이 바로 초당 창문 앞에 있는 그윽한 대나무였다. 바람에 흔들리는 비취색 짙푸른 대나무

187

가 오랜만에 돌아온 주인을 맞고 있었다.

그래서 시인은 억누를 수 없는 심정을 나타냈는데, 바로 "비로소 초당 창문 아래 그윽한 대나무를 좋아하는데(始憐幽竹山窓下), 옛날 그대로인 맑은 대나무 그늘은 내가 돌아오기를 기다리고 있었다(不改淸陰待我歸)."고 하였다.

이미 봄새인 꾀꼬리 울음도 드물고, 봄꽃도 다 졌다는 것을 통해 오직 변하지 않는(不改) 푸른 대나무를 부각시켰다. 그리고 시인이 대나무를 사랑하는 뜻과 그윽한 대나무가 나를 기다리고 있다는 그 정이 생동감 있게 다가오며, 나아가 대나무와 내가 서로 통한다는 대나무에 대한 깊은 예찬이 들어있다.

조선의 시인 고산 윤선도는 오우가(五友歌)에서 대나무를 "나무도 아닌 것이 풀도 아닌 것이, 곧기는 뉘 시기며 속은 어이 비었는가, 저렇게 사시에 푸르니 그를 좋아 하노라."하면서 예찬하였다.

옛날 선비들은 십일 붉은 꽃보다 사철 푸른 견인불굴(堅忍不屈)의 대나무를 좋아하여 절개 높은 선비의 이상으로 삼기도 했다. 당나라 시인 전기(錢起)도 오랜만에 돌아온 초당에서 자신을 진정 반기는 것은 대나무라면서 대나무를 예찬하고 있다.

당시산책(51)

어옹(漁翁)

유종원(柳宗元)

고기 잡는 늙은이

| 漁翁夜傍西巖宿
어 옹 야 방 서 암 숙 | 늙은 어부 밤 되자 서쪽바위 곁에서 잠자고 |
| 曉汲淸湘燃楚竹
효 급 청 상 연 초 죽 | 새벽에는 맑은 상강 물 길어 대나무로 불 지핀다 |
| 煙銷日出不見人
연 소 일 출 불 견 인 | 안개 걷히고 해 뜨면 사람은 보이지 않고 |
| 欸乃一聲山水綠
애 내 일 성 산 수 록 | 노 젓는 한 소리에 산과 물은 더욱 푸르다 |
| 回看天際下中流
회 간 천 제 하 중 류 | 머리 돌려 하늘가 바라보며 강 중류로 내려가는데 |
| 巖上無心雲相逐
암 상 무 심 운 상 축 | 바위 위에는 무심한 구름이 서로 쫓고 있다 |

> **글자풀이**
>
> 漁 어(고기를 잡다), 翁 옹(늙은이), 傍 방(곁), 巖 암(바위), 宿 숙(묵다/머무르다), 曉 효(새벽/동 트다), 汲 급(물을 긷다), 湘 상(강 이름), 燃 연(사르다/타다), 楚 초(초나라/모형/가시나무), 煙 연(연기), 銷 소(녹이다/흩어지다), 欸 애(한숨 쉬다), 欸乃 애내(노 젓는 소리/뱃노래), 綠 록(초록빛), 際 제(사이/가), 逐 축(쫓다/따르다)

고기 잡는 늙은이

현실은 예나 지금이나 매양 지식인들의 이상과는 거리가 멀다. 하여 강호(江湖)에 도피하여 유유자적을 바라면서 어부의 욕심 없는 삶을 동경하여 어부(漁父)를 노래한 사람이 적지 않다. 벼슬에서 좌천된 유종원도 어옹(漁翁)을 지어 스스로를 위로하였으며, 조선의 농암(聾巖) 이현보(李賢輔)도 어부가를 지어 "산두(山頭)에 한운(閒雲)이 기(起)하고 수중(水中)에 백구비(白鷗飛)라, …일 생에 시름을 잊고 너를 쫓아 노로리라." 하였는데, 속세의 일들을 잊고 구름과 갈매기를 벗삼아 즐겁게 살겠다고 하였다.

시인 유종원(773~819)이 살던 시기는 혼란이 짐차 가중되고 있었다. 바야흐로 당나라는 말기를 향해 치닫고 있는데 유종원 등 젊은 혁신그룹들은 망조가 든 나라를 개혁하기 위해 805년 '영정혁신(永貞革新)'을 시도하였다. 그러나 황제로 즉위한지 얼마 안된 순종(順宗)이 그해 805년에 환관들이 일으킨 정변으로 퇴위하는 사건이 발생하여 결국 영정개혁이 실패하였다. 영정(永貞)은 순종의 연호이다.

이때 개혁의 주동적 역할을 하던 젊은 관료인 유종원·왕숙문 등 8명이 805년 지방의 사마벼슬로 좌천되었는데, 이들을 팔사마(八司馬)라고 한다. 유종원도 좌천되어 영주사마(永州司馬)로 있으면서 그의 울적한 심경을 산수 간에 소요하는 고기 잡는 늙은이 '어옹'(漁翁)을 빌려서 나타냈는데, 자신의 청아하고 높은 뜻이 드러나 있다.

이 詩는 뱃노래인데, 간단하면서도 아름답다. 자연의 품에 안겨 동화된 고기 잡는 늙은이의 삶을 서경적으로 노래하고 있으나 그 속에는 푸른 산 푸른 물 가운데서 스스로 마음을 달래며 혼자 왔다가 혼자 가고 있는 모습에서 고적(孤寂)한 정회(情懷)가 물씬 풍긴다. 사람도 보이지 않고 단지 바위 위에는 무심한 구름만 서로 쫓고 있을 뿐 아무도 짝할 사람 없다는 고독함을 가히 알 수 있다.

후세 사람 송나라 동파거사 소식(蘇軾)은 이 詩에는 기취(奇趣)가 있다고 하면서 '뒤의 두 구절은 없어도 좋다'고 하였는데, 이로 인해 수백 년 동안 논쟁이 끊이지 않았다.

당시산책(52)

대주(對酒)

백거이(白居易)

술을 앞에 두고

蝸牛角上爭何事
와 우 각 상 쟁 하 사

달팽이 뿔같이 좁은 세상에서 무슨 일로 다투는가?

石火光中寄此身
석 화 광 중 기 차 신

부싯돌에서 번쩍 튀는 불꽃처럼 이 몸 잠깐 살고 있다.

隨富隨貧且歡樂
수 부 수 빈 차 환 락

부유하든 가난하든 기쁘게 즐겨야 하거늘

不開口笑是癡人
불 개 구 소 시 치 인

입 벌려 웃지 않으면 그 사람은 천치인가 하노라.

글자풀이

對 대(대하다/짝/대답), 蝸 와(달팽이/고둥), 蝸牛 와우(달팽이), 角 각(뿔), 爭 쟁(다투다/소송하다), 石火 석화(돌이 맞부딪칠 때 일어나는 불), 石火光中 석화광중(부싯돌의 불꽃처럼 아주 짧은 시간), 隨 수(따르다/隨~隨~…하고…하다 ; 연속 또는 중첩을 나타냄), 貧 빈(가난), 歡 환(기뻐하다), 開 개(열다), 笑 소(웃다), 癡 치(어리석다)

잠깐 사는 이 몸, 웃으며 살자

시인 백거이(772~846)는 당나라가 정치·사회적 혼란이 가중되던 암울한 시대에 살았다. 젊은 신진 관료를 중심으로 영정혁신(永貞革新 : 805)을 시도되었으나 실패하였고, 암울한 시대를 바라보면서 탄식하기도 하였다. 어느 날 술과 마주하고 앉아 삶에 대해 잠언(箴言)조로 솔직한 자기 기분을 詩로 나타냈다.

제1구절에서 우리가 살고 있는 이 공간을 광활한 우주에 비교하여 한갓 달팽이 뿔 위의 좁은 곳에 불과한 작디작은 공간임을 언급하면서 그 위에서 무엇을 위해 왜 아귀(餓鬼) 다툼을 하고 있느냐며 반문하고 있다.

제2구절에서는 시간적으로 인생의 짧음을 말하고 있다. 부싯돌에서 번쩍 튀는 불꽃처럼 이 지상에 잠깐 몸을 붙이고 살고 있다고 하였다. '인생은 아침이슬 같다(人生如朝露)'는 옛말이 오히려 길게 느껴질 정도이다. 결국 인생의 작고 덧없음을 말하고 있다.

제3·4구절에서 권유하듯이 우리들에게 한마디 던진다. 부유하던 가난하던 기쁘고 즐겁게 살아야 한다. 세파(世波)가 어떠하든 입을 벌려 웃자고 하면서 솔직한 자기의 느낌을 우리에게 전달하고 있다.

한편, 당 현종 원화(元和) 10년(815)에 백거이는 강주사마로 좌천된 적이 있다. 모처럼 한가한 시간을 얻어 강서성의 명산 여산(廬山)에 올랐다. 경치에 도취된 그는 이듬해 816년에 여산 향로봉 아래 초당을 짓기 시작해 다음해 완성하고 7언 율시를 남겼다.

"…遺愛寺鐘攲枕聽(유애사종기침청), 香爐峰雪撥簾間(향로봉설발렴간)… 유애사의 저녁 종소리 베개에 기대어 듣고, 향로봉의 눈경치는 주렴을 밀치고 바라본다." 그의 고단한 삶 속에서 잠시 유유자적한 때도 있었다. 이로부터 25년이 지나고 68세의 늙은이가 되어 여산을 다시 찾았다가 힘에 부쳐 그 초당에 오를 수 없어 애석해 했다고 한다.

우리는 백년도 못사는 인생살이에서 어리석게도 항상 천년의 걱정을 품고 살고 있다. 그래서 고금 이래 많은 사람들은 근심과 걱정거리를 훌훌 던져 버리고 자유분방하게 살기를 희망하였다. 우리의 옛 시조에서도 "일정(一定) 백년 산들 백년이 그 얼마 이리, 질병 우환 감하니 남는 날 아주 적구나, 두어라 비백세(非百歲)인생이 아니 놀고 어이 하리." 하였다. 아무튼 덧없는 인생에서 웃으며 즐겁게 사는 것이야 말로 우리의 삶을 의미 있게 하는 한 방편이 아니겠는가?

당시산책(53)

제치천산수(題稚川山水)

대숙륜(戴叔倫)

치천의 산수를 보고 쓰다

松下茅亭五月凉
송 하 모 정 오 월 량

소나무 아래 띠 지붕 정자는 오월인데도 서늘하고

汀沙雲樹晚蒼蒼
정 사 운 수 만 창 창

해질녘 물가의 구름 같은 나무숲은 푸르디푸르다

行人無限秋風思
행 인 무 한 추 풍 사

(그림중의 경치는) 나그네에게 무한한 가을 생각(귀향)을 불러일으키는데

隔水靑山似故鄕
격 수 청 산 사 고 향

물 건너 푸른 산은 나의 고향 같아라.

글자풀이

題 제(표제/적다/기록하다), 稚 치(어리다/어린 벼), 稚川山水 치천산수(그림 명칭/치천은 道家 전설에서 말하는 신선들이 사는 곳), 戴 대(이다), 茅 모(띠/띳집), 亭 정(정자), 凉 량(서늘하다), 汀 정(물가), 沙 사(모래/사

막), 晩 만(저물다/해질 무렵), 蒼 창(푸르다), 蒼蒼 창창(짙은 청색), 隔 격(사이가 뜨다/거리), 似 사(같다/닮다)

작자소개

대숙륜(戴叔倫 : 732~789)은 중당(中唐 : 766~835)의 시인으로 자는 차공(次公) 또는 유공(幼公)이며, 윤주(강소성)사람이다. 감찰어사·시어사·무주자사 등 벼슬을 역임했으며, 덕종의 부름을 받아 장안으로 돌아가는 도중 사망했다. 300여 편의 시가 전한다.

물 건너 푸른 산은 고향 같아라

이 詩는 산수의 자연미를 노래한 산수시(山水詩)이다. 詩의 속뜻은 단순히 산수에 있는 것이 아니라 마음속의 뜻을 붙인 것이다. 詩의 내용으로 보아 알 수 있듯이 이 詩는 작자 대숙륜이 벼슬을 얻기 위해 동분서주(東奔西走)할 때 그림을 보고 고향이 그리워 지은 시이다.

음력 5월은 한 창 열기 더해가는 무더운 계절이다. 해가 막 시려고 하는 때쯤 쉴 곳을 찾았는데, 그 곳에 신선들이 산다는 이상향인 치천(稚川)을 그린 산수도 한 폭이 눈앞에 걸려 있었다.

제1·2구절에서 그림 속에는 소나무 그늘아래 띠로 지붕을 엮은 정자가 있는데 그곳은 음력 오월임에도 아마 서늘할 것 같다고 하였다. 이어서 물가의 나무숲은 뭉게구름이 일어나듯이 뭉실뭉실하게 숲을 이루고 있는데, 해질녘이라 더욱 푸르게 느껴진다고 하였다.

  제3·4구절에서 그림을 보고 있는 행인(나그네)에게 무한한 추풍(秋風 : 귀향)을 불러일으키는데, 물 건너의 저 푸른 산들은 마치 고향 같다고 하면서 고향을 은연중에 몹시 그리워하고 있다.

  여기서 '추풍사(秋風思)'는 가을바람이 부는 것을 보고 고향으로 돌아가고 싶다는 의미이다. 전고(典故)에 따르면 진(晉)나라 때 장한(張翰)의 고사로 '가을바람 부는 것을 보고, 자기 고향 오군(吳郡)의 순챗국(蓴羹)과 농어회(鱸魚膾)가 생각나 벼슬을 버리고 고향으로 돌아갔다'고 한다. 이를 인용하여 고향에 돌아가고픈 심정(鄕情歸思)을 대신 나타냈다.

  교통수단이 발달하지 못했던 옛날에는 고향을 멀리 떠난다는 것도 어려웠거니와 고향을 자주 왕래하는 것조차 쉽지 않았다. 타향살이 하는 사람들은 고향의 사투리를 들어도 반갑고, 아름다운 한 폭의 산수화를 보아도 고향의 정경을 머릿속에 떠올리곤 하였다. 그림을 보고 "강가의 초가집들 대부분은 알겠는데, 그 가운데 나의 집도 있으련만 그림 속이라 보이지 않는다(水邊草屋知多少, 中有吾家畵也無)."고 한 사람도 있다. 아무튼 고향이라는 이 단어는 우리 마음속의 영원한 안식처가 아닐까?

당시산책(54)

망산(邙山)

심전기(沈佺期)

망 산

北邙山上列墳塋	북망산 위에 늘어선 무덤들
북 망 산 상 열 분 영	
萬古千秋對洛城	천년 오랜 세월 낙양성을 마주하고 있다.
만 고 천 추 대 낙 성	
城中日夕歌鐘起	낙양성 안에 밤이 들면 노래 소리와 종소리 흥겨운데
성 중 일 석 가 종 기	
山上唯聞松柏聲	산위에는 오직 소나무, 잣나무의 바람소리만 들린다.
산 상 유 문 송 백 성	

글자풀이

邙 망(산이름), 邙山 망산(지금의 하남성 낙양의 북쪽에 있는 산), 列 열(벌이다/늘어놓다), 墳 분(무덤/언덕), 塋 영(무덤), 墳塋 분영(무덤), 萬古千秋 만고천추(오랜 세월/영원히), 日夕 일석(저녁), 歌鐘 가종(노래와 반주하는 종소리), 唯 유(오직), 柏 백(잣나무), 聲 성(소리/음향)

작자소개

심전기(沈佺期 : 656?~714)는 초당(初唐 : 618~712)의 시인으로 자는 운경(雲卿)이며 지금의 하남성 사람이다. 진사 급제 동기로 시인으로 유명한 유희이(劉希夷)와 송지문(宋之問) 등이 있다. 측천무후의 궁정시인으로 아름다운 시를 많이 남겼으며, 중서사인 등의 벼슬을 지냈고, 송지문과 함께 율시의 체계 확립에 공헌하여 심송(沈宋)이라 불리어진다.

북망산에는 무덤만 총총

이 詩는 삶과 죽음의 세계를 극명하게 대비시켰다. 번화한 낙양의 거리와 무덤만 즐비한 망산이라는 분위기 설정에서 살아있다는 것과 죽음이라는 문제가 새삼 우리에게 부각되어 다가온다.

낙양은 중국의 유서 깊은 도시이며, 9개 국가가 도읍을 한 역사적 고도이다. 낙양의 북쪽에 '망산(邙山)'이 있는데, 흔히 '북망산'이라고 한다. 이곳에는 한나라 이래 제왕이나 고관대작들의 무덤이 많아 역사적으로 유명한 공동묘지의 대명사가 되었다. 우리 민요 성주풀이에서도 "낙양성 십리허에 높고 낮은 저 무덤은 영웅호걸 몇몇이며…"하였다.

제1·2구절에서 북망산에는 무덤들만 늘어서 있는데, 천년의 기나긴 세월동안 그 무덤들이 낙양성을 마주하고 있다. 살아서 온갖 부귀를 누리다가 죽어서도 고대광실 같은 무덤을 한 사람이나 한 뼘 남짓 무덤조차 없이 땅속에 그냥 묻혀있는 빈천한 자나 그들의 혼백은 오늘도 저 번화한 낙양성을 묵묵히 내려다보고 있다.

　제3·4구절에서 밤마다 저곳 도시에서는 살아있는 인간들의 흥겨운 노래 소리와 웃음소리 속에 질펀한 술좌석이 그치지 않는데, 이곳 늘어선 무덤가에는 오직 솔바람만 허공을 맴돌다가 사라지곤 한다. 무덤의 주인공들은 너희 살아있는 인간들도 멀지 않아 죽음이 찾아오면 이곳의 일원이 될 것이라면서 우리들을 기다리고 있지 않을까?

　누군가가 "삶이 무엇이냐? 한조각 뜬구름이 일어나는 것이요, 죽음이 무엇인가? 한조각 뜬구름이 사라지는 것이다(生也一片浮雲起, 死也一片浮雲滅)." 하였다. 그러나 도무지 삶과 죽음의 그 끝을 알 길이 없다.

　삶과 죽음은 동전의 양면처럼 한쪽이 삶이라면 그 반대편이 죽음으로 서로 교대하면서 이어질까? 윤회전생(輪廻轉生)에 따라 형체를 바꾸어 가면서 계속 존속하는 것일까? 보통 사람으로서는 죽음과 삶의 그 시작과 끝을 도무지 알 길이 없다. 그러나 죽음 앞에서는 부귀를 누렸던 왕후장상(王侯將相)이나 밥 한 그릇 빌어먹기조차 어려웠던 거지나 피할 길이 없다. 그러나 죽음이라는 이 허무감을 극복하기 위해 우리는 생활 속에서 알차고 진실하게 살 수 있는 방법을 저마다 찾아야 할 것이다.

제5부
나그네의 회포

당시산책(55)

황학루송맹호연지광릉(黃鶴樓送孟浩然之廣陵)

이백(李白)

황학루에서 맹호연이 광릉으로 가는 것을 전송하며

故人西辭黃鶴樓 고 인 서 사 황 학 루	옛 친구 맹호연은 서쪽으로 황학루를 이별하고
烟花三月下揚州 연 화 삼 월 하 양 주	안개 어린 봄꽃 만개한 삼월에 양주로 갔다.
孤帆遠影碧空盡 고 범 원 영 벽 공 진	외로운 돛배의 먼 그림자 푸른 하늘에 빨려 사라지고
唯見長江天際流 유 견 장 강 천 제 류	오직 보이나니 장강만 하늘 끝으로 흐른다.

글자풀이

黃鶴樓 황학루(호북성 무창 서남쪽 장강 가에 있는 누각), 送 송(보내다), 之 지(가다/이것), 廣陵 광릉(양주의 별명), 之廣陵 지광릉(광릉으로 가

다), 故人 고인(친구/맹호연을 지칭), 辭 사(말씀/떠나다/헤어지다), 烟 연
(연기=煙), 烟花 연화(봄날 꽃에 안개어린 풍경), 孤 고(홀로/외롭다), 帆
범(돛/돛단배), 遠 원(멀다/아득하다), 影 영(그림자), 碧 벽(푸르다), 盡
진(다되다/다하다/없어지다), 唯 유(오직), 際 제(사이/가장자리), 天際 천
제(하늘 끝)

벗을 떠나보내며…

 이백은 개원(開元) 13년경 (725년) 사천성 집을 떠나 장거리 여행을 떠났다. 호북성 무창에서 시인 맹호연을 만나 마음을 터놓을 수 있는 친구사이가 되었다. 이때 이백의 나이는 25세, 맹호연은 37세였는데, 12살 차이라는 나이를 잊고 형식에 구애되지 않는 망형지교(忘形之交)를 이루었다. 맹호연이 마침 무창 황학루를 떠나 양주로 가려고 하자 맹호연을 전송하면서 이백이 지은 유명한 송별시이다.

 제1구절에서 떠나가는 사람(故人 : 맹호연)과 이별하는 장소(黃鶴樓)를 밝혔다. 지금 벗이 떠나려고 한다. 막 맺은 우정인데 이별을 하게 되자 그 애석함과 헤어지기 아쉬워하는 뜻이 엿보인다.
 제2구절에서 이별하는 시기(연화삼월)와 벗이 가려고 하는 장소(양주)를 지적했다. 양주는 당나라 당시 가장 번화한 도시 가운데 하나였고, 음력 삼월은 봄빛이 찬란한 계절이다. 아름다운 계절에 떠나가는 벗을 애석해하면서 작자도 함께

떠났으면 하는 바람이 서려 있다.

　마지막 3·4구절에서는 벗을 떠나보낸 이후의 마음과 경치를 그렸다. 광대한 장강 풍경 속에 홀로 떠있는 배의 돛을 포착하여, 그것이 시간이 경과함에 따라 차츰 시야에서 사라져 가는 모습을 인상적으로 묘사(孤帆遠影碧空盡)하였고, 다만 눈앞에는 장강만이 도도하게 동으로 흘러가는 것이 보일 뿐이었다. 서경(敍景)속에 서정(抒情)을 짜 넣은 송별시의 절창이다.

　당나라 당시 이름난 도시로 '양일익이(揚一益二)'이라 하여 천하의 번성함에 있어 양주가 그 첫 번째이고, 사천(성도)이 그 두 번째라는 의미이다. 양주야말로 사람마다 동경하던 곳이었고, 인간세계의 천당이요 사람들의 이상향이었다고 한다.

　우리는 다양한 사람들을 만나 뜻이 맞으면 친구관계로 발전한다. 친구를 나타내는 표현 중에 죽마고우(竹馬故友)는 어렸을 때부터 같이 놀며 친하게 지내온 벗, 문경지우(刎頸之友)는 생사를 같이할 정도의 친한 사귐, 지기지우(知己之友)는 서로 마음이 통하는 벗을 말한다. 혹자는 인생살이에서 이러한 친구 하나만 있어도 행복하다고 한다.

당시산책(56)

적중작(磧中作)

잠참(岑參)

사막 한가운데서

走馬西來欲到天
주 마 서 래 욕 도 천

말을 달려 서쪽으로 하늘에 닿을 듯 멀리 왔는데

辭家見月兩回圓
사 가 견 월 양 회 원

집을 떠난 후 달은 벌써 두 번이나 둥글었다.

今夜不知何處宿
금 야 부 지 하 처 숙

오늘밤은 어디에서 자야할지 모르겠는데

平沙萬里絶人烟
평 사 만 리 절 인 연

너른 사막 만 리에는 인가의 연기조차 끊어졌구나.

글자풀이

磧 적(사막/자갈밭), 岑 잠(봉우리/높다), 走 주(달리다/가다), 欲 욕(하고자하다), 辭 사(말씀/떠나다), 辭家 사가(집을 작별하고 떠나다), 兩 양(두/둘), 圓 원(둥글다/원), 處 처(머무르다/곳/장소), 宿 숙(묵다/자다), 沙 사(모래/사막), 平沙 평사(평탄하고 넓은 사막), 絶 절(끊다/막다/없애다), 烟 연(연기=煙), 人煙 인연(인가에서 솟아오르는 연기)

작자소개

잠참(岑參 : 715~770)은 성당(盛唐 : 713~765)의 시인으로 부친을 일찍 여의고 고아로 가난하게 지냈으나 학문에 열중하여 744년에 진사에 급제하였다. 여러 벼슬자리를 역임하면서 변경의 괴로움을 스스로 경험하였으며, 원정의 노고와 서역의 웅대한 풍경을 노래한 것이 많다. 고적(高適), 왕창령(王昌齡), 왕지환(王之渙) 등과 함께 변새(邊塞)시인으로 널리 알려졌다.

사막의 끝없는 여로

이 詩는 변경의 사막지대를 여행하는 사람 또는 종군하는 군인들의 고독하고 서글픈 심정을 잘 대변하고 있다.

제1구절에서 서쪽으로 하늘에 닿을 듯한 지평선을 향해 한없이 말을 달리는 나그네의 모습을 그렸는데, 변방의 광활하고 끝없이 계속되는 여정(旅程)을 느끼게 하는 풍경이다.

제2구절에서 시간적인 거리를 서술하여 고향 집을 그리워하는 심정이 나타나 있다. 밝은 둥근 달이 대지를 비추는데, 어찌 고향생각이 나지 않으랴! 집을 떠난 지 어느덧 2개월이라 여행도중 흘러 가버린 시간을 이야기 하고 있다.

제3구절에서 사향(思鄕)에 잠겨 있다가 다시 현실로 돌아왔다. 오늘 밤은 어디에서 자야할 지 모르겠다고 하는데, 나그네의 서글픈 심정이 깊이 서려있다.

마지막 구절에서 눈앞에 펼쳐진 끝없는 모래사막 속에 인가의 연기조차 끊어졌다면서 탄식하고 있다. 즉 황혼이 물드는 사막 한가운데서 갈 곳 몰라 하는 나그네를 에워싼 황량한 배경을 묘사하였는데, 애수(哀愁)와 여수(旅愁), 고독(孤獨)이 끝없이 번져가고 있다 하겠다.

　가없는 대자연 속에 망연자실(茫然自失)하고 서있는 인간의 고독감과 절망감이 잘 나타나 있는데, 특히 마지막 구절 '平沙萬里絶人烟(평사만리절인연 : 너른 사막 만 리에는 인가의 연기조차 끊어졌구나)'은 이름난 구절이 되었다. 이 詩는 성당 변새시의 절창으로 꼽히고 있다.
　당나라의 문물이 한창 융성했던 성당시기(713~765, 당 현종 및 예종)에도 변방은 여전히 소란스러웠다. 국경선에는 서쪽으로 토번(吐蕃), 북으로 돌궐(突厥), 동으로 발해(渤海)등과 대치하여 변방을 지키는 군인들의 삶이 고달플 수밖에 없었다.
　이때 변방의 모습을 담은 詩들이 출현했는데, 이를 변새시(邊塞詩)라고 한다. 잠참(岑參)도 일찍이 두 차례 변방을 경험히였다. 그때 몸소 겪은 체험과 변경풍물에 대한 깊은 인상을 시로 남겼는데, 변새시의 독자적인 일파를 형성한 것으로 평가되고 있다.

당시산책(57)

양주사(涼州詞)

왕한(王翰)

양주사(변방의 노래)

葡萄美酒夜光杯	맛 나는 포도주 야광배에 가득 부어
포 도 미 주 야 광 배	
欲飮琵琶馬上催	막 마시려 하는데, 비파소리 말위에서 재촉한다.
욕 음 비 파 마 상 최	
醉臥沙場君莫笑	취해서 모래사막에 누워도 그대여 웃지 말게나!
취 와 사 장 군 막 소	
古來征戰幾人回	옛날부터 전쟁터에 나가 몇 사람이나 돌아왔던고?
고 래 정 전 기 인 회	

글자풀이

涼州詞 양주사(양주가의 가사/악부의 제목, 涼州는 지금의 감숙성 武威縣무위현), 翰 한(날개), 葡 포(포도), 萄 도(포도), 杯 배(잔/그릇), 夜光杯 야광배(백옥잔, 周穆王주목왕때 胡人호인이 백옥으로 술잔을 만들었는데, 밤에 빛이 나기 때문에 붙여진 이름이다), 欲 욕(하고자하다), 飮 음(마시다/음료), 琵琶 비파(서방 胡人호인의 악기로서 네 줄이며 늘 말위에

서 탄주한다), 催 최(재촉하다), 臥 와(엎드리다/눕다), 莫 막(없다/말다), 征 정(치다/가다), 征戰 정전(출정하여 싸우다), 幾 기(몇/기미)

작자소개

왕한(王翰 : 687?~726?)은 성당(盛唐 : 713~765)의 시인으로 자는 자우(子羽), 지금의 산서성 태원사람이다. 어려서부터 호방한 성격이어서 술을 즐겼고 놀기를 좋아하였다. 710년에 진사에 급제하였고, 재상 장열(張說)이 실각한 뒤 지방으로 좌천되어 도주사마(道州司馬)로 있다가 작고했다. 고적(高適), 왕창령(王昌齡), 왕지환(王之渙), 잠참(岑參) 등과 함께 변새(邊塞)시인으로 불린다.

전쟁터에서 살아온 사람 몇이던가?

위 양주사(涼州詞)는 왕한의 대표작이라고 한다. 이 詩는 병사들이 출정(出征)하기 전에 마련된 한차례 풍성한 주연(酒宴)을 묘사하였는데, 그들이 모래사장을 질주하는 호방한 기상을 표현하는 한편 싸움에 한번 나가면 다시 돌아오기 어렵다는 비통한 심정을 잘 드러냈다.

제1구절에서 이름난 명품인 야광배 술잔에 서역산 붉고 아름다운 포도주를 가득 부었다고 하면서 주연의 유쾌하고 들뜬 분위기를 나타냈다.

제2구절에서 병사들이 술잔을 들고 포도주를 막 마시려고 하는데, 말위에서 연주하는 비파소리가 그들의 출정을 재촉한다고 하였다.

제3구절은 "취하여 누운 곳이 모래사장이니 어찌 웃지 않겠는가마는 그대여 웃지 말게"라고 하였다.

마지막 구절에서 웃지 말라고 한 원인을 밝혔는데, 옛날부터 전쟁에 나갔던 병사들 중 능히 살아서 돌아온 사람이 몇이던가? 하면서 이미 살아 돌아올 수 없으니 술에 취하여 모래사장에 눕는다는 말이어서 그 심정이 비통할 수밖에 없지 않은가?

달빛에 빛나는 백옥 야광배에 새빨간 포도주를 가득 따르는데, 구슬픈 비파소리가 울려 퍼진다. 시각과 청각으로 사막의 황혼 풍경을 묘사한 가운데 술에 취해서 근심을 애써 잊으려 하는 전사의 한숨이 들어 있다.

당나라 전체(약 290년간)를 통해 7언 절구 중 걸작으로 꼽힌다. 당 현종이 바른 정치에 힘써 당나라의 전성기를 이룩하였는데, 이를 개원성세(開元盛世 : 713~741)라고 한다. 당나라 수도 장안에는 인구 1백만 명이 넘어 국제문화의 중심지이자 세계최대의 도시였으며, 1만여 명에 달하는 국제사절과 상인, 유학생 들이 거주하였다고 한다. 상업과 국제무역이 발달하여 페르시아·인도·아라비아·토번 등과의 교류도 활발하였다. 이 시기에 살았던 시인 왕한은 서역으로 통하는 길목인 양주를 거쳐 변방을 둘러보고 그곳의 풍경과 애환(哀歡)을 시로 남겼다.

당시산책(58)

기해세(己亥歲)

조송(曹松)

기해년에 붙인다

澤國江山入戰圖 택국강산입전도	강회지역 일대 산하가 전란에 휩싸였는데
生民何計樂樵蘇 생민하계낙초소	백성들은 어떻게 나무하고 풀 베며 살아갈 수 있을까?
憑君莫話封侯事 빙군막화봉후사	그대여 공을 세워 출세한다는 말을 다시 꺼내지 말라
一將功成萬骨枯 일장공성만골고	한 장군의 성공은 수많은 병사들의 목숨이라오.

글자풀이

己亥歲 기해세(僖宗희종 乾符건부 6년 879년의 干支간지), 澤 택(못/늪), 澤國 택국(중국 장강 일대의 물이 많은 지역, 水鄕수향), 戰圖 전도(전쟁이 일어나고 있는 지역), 生民 생민(백성), 樵 초(나무하다/땔나무), 蘇 소(소생하다/풀을 베다), 憑 빙(기대다/의거하다), 憑君 빙군(그대에게 바란다=請你), 封 봉(봉하다/봉지), 侯 후(제후), 封侯事 봉후사(제후로 봉해

지는 것), 將 장(장군), 功 공(공/공로), 骨 골(뼈), 萬骨 만골(수많은 병사들의 뼈/목숨), 枯 고(마르다/야위다/죽다)

작자소개

조송(曹松 : 830?~901)은 만당(晚唐 : 836~906)의 시인으로 자는 몽징(夢徵), 지금의 안휘성 사람이다. 일생이 불우하였으며 70세가 지나서야 과거에 합격했다. 가도(賈島)에게 시를 배웠고, 한 자 한 자에 정성을 쏟는 태도로 시를 썼으며, 각지를 여행하면서 지은 시가 많다고 한다.

한 장군의 출세는 수많은 목숨의 대가

당나라도 800년대가 되면 사회의 모순이 심화되었다. 중앙정부의 간섭을 받지 않고 지방에서 독립된 세력을 형성한 절도사들의 대두인데, 직위를 세습하고 조정에 조세조차 받치지 않았다. 그리고 과거출신 관료와 귀족관료 사이에 치열한 이우 당파싸움(李牛黨爭)이 일어나 분당의 이익이 우선시되었다.

또 귀족들의 토지겸병 현상이 심각해져 삶의 터전을 잃은 농민들은 살길을 찾아 사방으로 흩어졌다. 이때 발생한 것이 바로 황소(黃巢)의 반란(875~884)이다. 이런 와중에서 민초들의 삶은 과연 어떠하였을까?

위의 詩 '기해세(己亥歲)'는 시인이 당나라 희종(僖宗) 광명(廣明) 원년(庚子경자년, 880년)에 지었는데, 1년 전인 기해년(己亥年 : 879년, 乾符건부 6년)에 일어났던 일을 회상하면서 쓴 것이다.

이때 진해(鎭海) 절도사 고변(高騈 : 821~887)이 회남(淮南)에서 황소의 반란군을 일시 진압한 공적으로 큰 상을 받게 되었는데, 이 사건을 소재로 썼다. 황소의 난은 먼저 하북(河北)에 시작되었으나 장강을 넘어 879년(己亥)에는 광주에 입성하고 강릉을 취하였으며, 880년(庚子)에는 낙양을 점령한 데 이어 동관을 깨뜨리고 장안에 입성하는 등 파죽지세였다.

제1구절에서 '택국강산'(澤國江山)이라 하여 전쟁의 재앙이 강남까지 확대된 것을 간접 묘사하여 산하가 모두 전쟁에 들었다고 하였다. 한 폭의 전도(戰圖)를 통해 병사와 군마가 어지러이 날뛰는 현실을 상상케 한다.

초(樵)는 땔나무하는 것, 소(蘇)는 풀 베는 것이다. 사실 나무하고 풀 베는 것이 힘 드는데, 무슨 즐거움이 있을까? 그러나 근거지를 잃고 떠돌이 생활을 하면서 최소 목숨을 부지하기 위해 발버둥치는 백성들에게는 이것조차 평안한 가운데 할 수 있다면 그나마 다행한 일이다. 지금은 나무하고 풀 베는 일조차 할 수 없다면서 현실을 안타까워하고 있다.

제3·4구절에서는 공을 세워 출세한다는 말을 꺼내지도 말라고 하면서 한 사람의 성공과 일만 사람의 목숨을 선명하게 대비시켰다. 한 장군의 출세는 수많은 생명의 목숨으로 바꾸어온 가증스런 현실을 나타냈는데, 그 풍자가 날카롭고 인상적이며 문장이 정묘하여 의미가 깊다.

특히 마지막 구절 '一將功成萬骨枯(한 장군의 성공은 수많은 병사들의 목숨이라오)'는 독립하여 격언으로 쓰일 만큼 유명한 구절이 되었다.

망여산폭포(望廬山瀑布)

이백(李白)

여산 폭포를 바라보며

日照香爐生紫烟
일 조 향 로 생 자 연

햇살이 향로봉을 비추니 보랏빛 연기 오르고

遙看瀑布挂長川
요 간 폭 포 괘 장 천

멀리 보이는 폭포는 긴 시냇물을 걸어 놓은 듯하다.

飛流直下三千尺
비 류 직 하 삼 천 척

날아 쏟아지는 물줄기 곧추 천자나 되는 듯

疑是銀河落九天
의 시 은 하 낙 구 천

흡사 은하수가 하늘에서 떨어지는 듯하다.

글자풀이

廬 여(오두막집), 廬山 여산(강서성 구강현에 있는 명산), 爐 로(화로/향로), 香爐 향로(향로의 형상을 한 여산의 한 봉우리), 紫 자(자줏빛), 紫烟 자연(보랏빛이 도는 연기), 遙 요(멀다/아득하다), 挂 괘(걸다/그림족자), 尺 자(척/1척은 약 31.1센티), 三千尺 삼천척(아주 높은 것을 형용), 銀河 은하(은하수), 九天 구천(하늘 가장 높은 곳/道家 등에서 하늘은 9층으로

되어 있다고 함)

하늘(九天)에서 떨어지는 폭포

이 詩는 일찍이 이백이 20대 후반 고향 사천을 떠나 장거리 여행을 떠났는데, 여산 여행에서 향로봉(香爐峰)에 올랐다가 향로봉 남쪽에 있는 여산폭포를 보고 읊은 것이다. 여산(廬山)은 구강의 명산으로 동쪽으로는 심양호, 북쪽으로는 장강을 바라보는 경승지로 도연명·이백·백거이·소동파 등 이름난 문인과 수도승, 도사 등이 다녀간 흔적이 무수히 남아 있다.

나중에 안록산의 난(755년)이 일어나자 가족들을 데리고 안휘성으로 피난하였다가 여산에 들어와 병풍첩(屛風疊)에 '태백독서당'(太白讀書堂)을 짓고 은거생활을 한 적도 있다.

제 1구절에서 하늘을 떠받치고 우뚝 솟은 향로봉에 안개구름이 오르는데, 햇빛이 비치니 보랏빛 연기로 변한다. 향로봉(香爐峰)은 멀리서 보면 흡사 향로와 같아서 얻은 지명이다.

제2구절에서 시선을 폭포로 옮겼는데, 멀리서 바라보니 기다란 시내(長天)를 높은 산 사이에 매단 것 같다고 하였다. 괘(挂 : 매달다)자가 교묘하여 쏟아지는 폭포수에 대해 멀리서 바라보는 형상을 잘 나타냈다.

마지막 3·4구절에서는 삼천 자나 되는 엄청난 폭포의 높이와 하늘(九天)에서 떨어지는 듯한 물줄기의 기세를 묘사했다. 호방한 기개와 풍부한 상상력이 유감없이 드러났다.

여산폭포의 장엄한 위용을 호방하게 노래한 것으로 자연에 동화되는 물아일체(物我一體)의 경지가 엿보이며, 탈속(脫俗)적이고 낭만적인 시정을 담고 있어 호쾌무비(豪快無比) 그 자체라 하겠다.

중국속담에 '여산진면목(廬山眞面目)'이라는 말이 있는데, 이것은 '알기 어려운 사물의 진상(眞相)'을 비유하는데 쓴다. 즉 '여산은 보는 장소에 따라 다르게 보이므로 참모습을 알기 어렵다'는 뜻이다. 이 말은 송나라 시인 소식(蘇軾)의 시 '不識廬山眞面目(여산의 진면목은 알기 어렵다)'에서 연유한다.

한편, 음력 6·15일을 유두(流頭), 유두날이라고 한다. '동류두목욕(東流頭沐浴)'이라 하여 이날에는 동쪽의 맑은 개울물을 찾아가서 머리감고 목욕하면 상서롭지 못한 것을 쫓고 여름에 더위를 먹지 않는다고 한다.

또 옛날 선비들은 탁족(濯足)이라 하여 골짜기 맑은 시냇물에 가서 발을 담그고 소요음영(逍遙吟詠)하기도 하였다. 어느덧 염천이다. 무더위도 식힐 겸 계곡이나 폭포를 찾아 물놀이라도 하고 싶다. 특히 장쾌하게 쏟아지는 폭포수를 찾아 세속의 번뇌와 묵은 때를 말끔히 벗겨보고 싶지 않은가?

당시산책(60)

강촌(江村)

두보(杜甫)

강마을

清江一曲抱村流	맑은 강 한 구비가 마을을 감싸 안듯이 흐르고
청 강 일 곡 포 촌 류	
長夏江村事事幽	긴 여름날 강마을은 일마다 고요하고 그윽하다.
장 하 강 촌 사 사 유	
自去自來梁上燕	자유로이 왔다 갔다 하는 것은 들보위의 제비요
자 거 자 래 양 상 연	
相親相近水中鷗	서로 친하여 가까이 다가오는 것은 물 가운데 갈매기다.
상 친 상 근 수 중 구	
老妻畵紙爲棋局	늙은 아내는 종이에 줄을 그어 바둑판을 만들고
노 처 화 지 위 기 국	
稚子敲針作釣鉤	어린 아들은 바늘을 두드려 낚시 바늘을 만들고 있다
치 자 고 침 작 조 구	

多病所須唯藥物
다 병 소 수 유 약 물

微軀此身更何求
미 구 차 신 갱 하 구

병 많은 내 몸에 필요한 것은
오직 약물뿐이니

하찮은 이 몸에 다시 무엇을
구하겠는가?

> **글자풀이**
>
> 一曲 일곡(한 구비), 幽 유(그윽하다), 梁 양(들보), 燕 연(제비/잔치), 親 친(친하다/어버이), 相親相近 상친상근(친근하여 가까이 다가옴), 鷗 구(갈매기), 畵 화(그림/그리다), 紙 지(종이), 棋 기(바둑/장기=碁기), 棋局 기국(바둑판), 稚 치(어리다), 敲 고(두드리다), 針 침(바늘), 釣 조(낚시), 鉤 구(갈고랑이), 釣鉤 조구(낚시 바늘), 須 수(모름지기/마땅히), 唯 유(오직), 藥 약(약), 微 미(작다), 軀 구(몸/신체), 微軀 미구(보잘 것 없는 몸), 更 갱(다시/고치다), 求 구(구하다)

평화스런 여름날의 강마을

이 詩는 두보가 일생 중에서 가장 평온하였던 때 지은 詩 가운데 하나이다. 757년에 조그만 벼슬 좌습유(左拾遺)을 얻었으나 좌천되는 등 순탄치 못하여 759년에 벼슬을 팽개치고 사천성 성도로 갔다.

그의 나이 49세(760년)때 성도 교외 완화계(浣花溪)계 언덕에 초당(草堂)을 지었다. 이해 봄에 초당을 짓고 성도 교외를 둘러보면서 봄을 보내고 여름을 막 맞았다. 강가의 한가한 농촌 풍경을 보고 자기도 모르게 '강촌(江村)'이라는 7언 율시 한수를 남겼다.

때는 초여름, 아름다운 완화계 언덕 강마을, 강물은 구불구불 마을을 감싸 흐르고, 강물과 초목은 맑고 무성한데, 그 속에서 벌어지고 있는 고요하고 그윽한 전원의 풍경이 눈앞에 선연히 다가온다. 여름날 한가한 강마을의 풍경이다. 시간이 멈춘 듯 한가하고 여유롭지 않은가? 어린 시절 멱 감고 고기

잡으며 뛰어놀던 고향마을의 그 정경과 흡사하지 않은가?

　시인이 눈에 잡히는 대로의 주변 정경을 한가롭고 여유로운 심경으로 써내려갔으나 그 결말에서는 자신의 불우하고 고독한 심정을 그려냈는데, 읽는 이로 하여금 그 노경(老境)을 서글퍼 하지 않을 수 없다.

　한편, 두보는 성도 서쪽교외 완화계 언덕에 초당 지을 자리를 마련하고 '복거'(卜居 : 살만한 곳을 정하고)를 지어 그 곳의 위치와 경치를 그렸다. … 已知出郭少塵事(이지출곽소진사), 更有澄江銷客愁(갱유징강소객수) … 이곳은 성을 벗어나 세속의 번다함이 적은 것을 이미 알았고, 곁에는 맑은 완화계가 있어 나그네의 근심을 해소해 준다 …

　두보(杜甫)가 태어난 때는 당 현종(玄宗)이 즉위하던 712년이다. 당나라가 건국된 지 약 100년이 지나, 국력은 충실하고 문화는 바야흐로 성당(盛唐)의 난숙기에 발을 들여놓으려 하던 때였다.

　초당(初唐)의 시인 두심언(朴審言)이 조부였고, 하급관리의 아들로 태어났다. 여러 차례 과거를 보았으나 낙방하였다. 벼슬살이를 희망하면서 고관에게 詩를 보내고, 황제에게 시부(詩賦)를 바치기도 하였으나 그때마다 뜻을 이루기는커녕 깊은 좌절을 맛보아야 했었다.

당시산책(61)

황학루(黃鶴樓)

최호(崔顥)

황 학 루

昔人已乘黃鶴去 석 인 이 승 황 학 거	옛사람은 이미 황학을 타고 가버리고
此地空餘黃鶴樓 차 지 공 여 황 학 루	이 땅엔 쓸쓸히 황학루만 남아 있다.
黃鶴一去不復返 황 학 일 거 불 부 반	황학은 한번가고 다시 돌아오지 않는데
白雲千載空悠悠 백 운 천 재 공 유 유	흰 구름만 천년을 한가로이 떠있다.
晴川歷歷漢陽樹 청 천 역 력 한 양 수	맑은 강 건너 한양의 나무숲은 뚜렷이 보이고
芳草萋萋鸚鵡洲 방 초 처 처 앵 무 주	향기로운 풀은 강 가운데 앵무주에 무성하게 우거졌다.

日暮鄉關何處是
일 모 향 관 하 처 시

해는 저무는데 내 고향은 어디더냐?

煙波江上使人愁
연 파 강 상 사 인 수

강위에 저녁안개 서리고 나그네 시름만 더해지네.

글자풀이

黃鶴樓 황학루(호북성 무창 서남쪽 언덕에 있는 누각), 顥 호(크다/머리털이 흰 모양), 昔 석(예/옛날), 乘 승(타다/오르다), 餘 여(남다), 復 부(다시/돌아오다), 返 반(돌아오다), 載 재(싣다/해/1년), 千載 천재(천년), 悠悠 유유(여유롭고 한가하다), 晴 청(개다/맑다), 晴川 청천(맑은 시내/여기서는 양자강임), 歷 역(지내다), 歷歷 역력(뚜렷한 모양), 漢陽 한양(장강을 끼고 무창과 마주한 도시), 芳 방(꽃답다/향기 풀), 萋萋 처처(풀이 성하게 우거진 모양), 鸚鵡洲 앵무주(무창 서남쪽에 있는 장강 가운데의 섬), 鄕關 향관(고향), 煙波 연파(안개어린 물결)

작자소개

최호(崔顥 : 704~754)는 변주(汴州) 즉 지금의 하남성 사람으로 성당(盛唐 : 713~765)의 시인이다. 723년에 과거에 급제하여 사훈원외랑(司勳員外郞) 등 벼슬을 지냈다. 젊어서는 수재로 이름이 높았으나 경박스러운 행동이 많았다고 하며, 만년에야 수양을 쌓아 詩도 품격을 갖추게 되었다고 한다.

황학은 날아가고 흰 구름만 한가하다

장강과 한수(漢水)가 만나는 곳이 당대(唐代) 물산의 집산지인 악주(鄂州 : 현재 호북성 무창)이다. 오늘날의 무한(武漢)은 장강에 의해 무창(武昌)·한구·한양 세부분으로 나누어져 있다. 무한의 가장 유명한 명소가 황학루(黃鶴樓)이다. 장강가 황학산(黃鶴山 : 현재 사산(蛇山))기슭에 세워져 있어 얻은 명칭이다. 처음 삼국시대 오(吳)나라 손권이 223년에 세웠으며 그 후 여러 차례 중건되었다. 그러나 1884년에 전소(全燒)되었는데 불타기 전의 사진이 남아있어 이를 모델로 지금의 황학루를 중창했다고 한다.

 이 詩는 최호의 걸작으로 천고에 이름을 떨친 절창(絶唱)이다. 당대 칠언 율시 중 제일로 친다. 황학루에 올라 멀리 아름다운 경치를 바라보면서 마음속에서 일어나는 적막한 향수(鄕愁)를 그려냈다.

 詩의 전반부(1~4구절)에서 황학루에 얽힌 전설을 중심으로 인간세상의 덧없음과 대자연의 유구함을 나타내고 있다. 전설에 따르면 선인(仙人) 왕자안(王子安)이 일찍이 황학을 타고 이곳을 날아갔다고 한다. 때문에 이 땅에 황학루만 남았다고 하면서 한번 간 황학은 다시 돌아오지 않고, 흰 구름만 천년의 긴 시간 동안 떠다니고 있다고 하였다.

 후반부(5~8구절)는 황학루에 올라서 바라본 경치와 느낀 소감이다. 시선을 멀리한 그곳에는 맑은 장강 너머 한양의 나무숲과 향긋한 꽃들로 덮인 앵무주가 보인다. 이를 보고 있노라니 해는 서산에 서서히 지는데, 자신의 신세에 대한 처량함과 고향을 그리는 향수가 깊어질 수밖에 없다 하겠다.

 일찍이 이백이 황학루에 올라 시를 지으려고 하다가 문득 머리위에 걸려있는 최호의 詩가 절창임을 보고 "눈앞에 아름다운 경치가 있어도 말을 할 수 없는데, 최호의 시가 머리위에 있기 때문이다(眼前有景道不得, 崔顥題詩在上頭)."라고 혼자 중얼거리면서 황학루를 떠났다고 한다. 언젠가는 최호의 詩와 필적할 만한 詩를 짓겠다고 맹세하면서…. 이것이 바로 이백의 등금릉봉황대(登金陵鳳凰臺)라는 詩다.

당시산책(62)

망월회원(望月懷遠)

장구령(張九齡)

달을 보고 멀리 있는 사람을 그리다

海上生明月 해 상 생 명 월	바다위에 밝은 달 떠오르니
天涯共此時 천 애 공 차 시	하늘가의 그대도 이 시간 저 달을 함께 하겠지
情人怨遙夜 정 인 원 요 야	고운님 그대 긴긴밤을 원망하며
竟夕起相思 경 석 기 상 사	온밤 내내 그리움에 지새우리라.
滅燭憐光滿 멸 촉 연 광 만	촛불을 끄고 휘영청한 달빛을 즐길 제
披衣覺露滋 피 의 각 노 자	옷을 걸치고 뜰이 서니 이슬이 스며든다.

不堪盈手贈	저 달빛 손에 가득 담아 보내드릴 수 없으니
불감영수증	
還寢夢佳期	돌아가 잠들어 꿈속에서 그대를 만나보리라.
환침몽가기	

글자풀이

懷 회(품다/마음), 懷遠 회원(멀리 있는 사람을 그리워하다), 涯 애(물가/끝), 天涯 천애(하늘의 끝/매우 먼 곳을 의미), 共 공(함께하다/함께), 怨 원(원망하다), 遙 요(멀다/아득하다), 遙夜 요야(긴긴밤/아득한 밤), 竟 경(다하다/끝나다), 竟夕 경석(온밤 내내), 滅 멸(불을 끄다/멸하다), 憐 련(불쌍히 여기다/사랑하다), 披 피(옷을 걸치다/나누다), 滋 자(붇다/더하다), 不堪 불감(감히 해내지 못함), 盈 영(가득차다), 贈 증(보내다/선물하다), 還 환(돌아오다), 寢 침(잠자다/눕다), 夢 몽(꿈/꿈꾸다), 佳期 가기(좋은 기약/사랑하는 사람을 만나는 것)

달을 보고 멀리 있는 사람을 그리다

이 詩는 달밤에 멀리 떨어져 있는 사람(情人)을 그리워하며 지은 한편의 아름다운 서정시(抒情詩)이다.

제1구절 '바다위에 밝은 달 떠오르니(海上生明月)'에서 달을 바라보는 것(제목의 望月)을 그렸는데, 그 마음이 웅혼하고 넓어서 천고의 가구(佳句)가 되었다. 작자의 다른 詩인 감우(感遇)에서 '외로운 기러기 바다에서 왔다(孤鴻海上來)'와 유사한 구절이다.

제2구절 '하늘가의 그대도 이 시간 저 달을 함께 하겠지(天涯共此時)'에서 이 달을 이 시각 같이 보고 있을 '멀리 떨어져 있는 사람을 그리워(懷遠)'하고 있다.

제3·4구절에서 사랑하는 그대(情人), 달을 마주하여 온갖 정회에 사로잡혀 밤새 잠들지 못해 이 밤이 너무 긴 것을 원망할 뿐이라고 하였다.

제5·6구절에서 방안을 밝히고 있는 촛불을 끄고 나니, 좋아하는 달빛이 실내에 가득 비쳐 들어오는데, 나도 모르게 옷을 걸치고(披衣) 방을 나와 달빛아래 배회한다. 밤은 이미 깊어 차가운 이슬이 옷을 적신다.

제7·8구절에서 손에 가득 달빛을 움켜쥐고(盈手) 이것을 그리운 그대에게 보내고(贈) 싶다는 자기의 마음을 그렸으나 보낼 방법이 없다(不堪). 그래서 방안으로 다시 들어가 잠을 청하고, 꿈속에서라도 그대와 즐겁게 만나겠다(佳期)는 소원을 나타냈다.

詩에서 묘사한 맑고 그윽한 달밤, 유유하게 이어지는 사랑하는 사람에 대한 그리움 등은 읽는 이로 하여금 그 여운이 끊이지 않고 은은히 이어지게 한다.

당(唐) 현종(제위 : 712~755)은 집권 전반기에 어진 재상 요숭(姚崇) 등을 등용하여 바른 정치에 힘써 당나라의 전성기를 이루었는데, 이를 개원성세(開元盛世 : 714~741)라고 한다.

장구령도 733년(개원21)에 재상에 임명되어 현상(賢相)이란 평을 얻었다. 그러나 간신 이임보 등이 중용되고, 736년 극언으로 직간하다가 파직되고 740년에 죽었다.

이때 당 현종은 이미 정치에 실증을 느끼고 향락만 추구해 정치를 돌보지 않았다. 745년 양귀비와 사랑에 빠지면서 정치는 더욱 문란해지고, 이어서 755년 안록산의 반란이 일어나는 등 당나라는 점차 쇠퇴의 길을 걷게 되었다.

당시산책(63)

민농(憫農)

이신(李紳)

가엾은 농민 (두 편)

| 春種一粒粟 | 봄에 한 톨 볍씨 심으면 |
| 춘 종 일 입 속 | |

| 秋收萬顆子 | 가을에 만 톨 거둔다. |
| 추 수 만 과 자 | |

| 四海無閑田 | 온 나라에 노는 땅 하나 없건만 |
| 사 해 무 한 전 | |

| 農夫猶餓死 | 농부는 오히려 굶어 죽는다. |
| 농 부 유 아 사 | |

| 鋤禾日當午 | 호미 들고 김매노라면 해는 어느 덧 한낮 |
| 서 화 일 당 오 | |

| 汗滴禾下土 | 땀방울 흘러내려 벼 이삭 밑 땅에 떨어진다. |
| 한 적 화 하 토 | |

誰知盤中餐　　누가 알리요? 이 소반 위의 쌀밥이
수 지 반 중 찬

粒粒皆辛苦　　한 알 한 알 모두가 농민의 수고로움
입 립 개 신 고　　인 것을

글자풀이

憫 민(근심하다/불쌍히 여기다), 種 종(씨/심다), 粒 입(알/쌀알), 粟 조(조/오곡의 총칭/벼), 顆 과(낟알), 閑 한(한가하다/막다), 猶 유(오히려), 餓 아(주리다/굶다), 鋤 서(호미/김매다), 鋤禾 서화(호미로 김을 매다), 午 오(12地支 중 일곱 번째이며 시간으로 정오 12시), 汗 한(땀/땀을 흘리다), 滴 적(물방울/방울져 떨어지다), 盤 반(소반/대야), 餐 찬(음식물/먹다), 皆 개(다/모두), 辛苦신고(맵고 씀/괴로운 것을 견디며 일하는 것을 말함)

작자소개

이신(李紳 : 772~846)은 중당(中唐 : 766~835)의 시인으로 자는 공수(公垂)이며, 강소성 윤주(潤州)사람이다. 806년에 진사에 급제하여 목종에서 무종까지 4대를 섬기는 동안 여러 벼슬을 거쳐 재상에 올랐다. 원진·이덕유와 더불어 삼준(三俊)삼준이라 하였으며, 백거이와도 친교가 있었다. 기행문에도 뛰어났으며, 키가 작다고 하여 단리(短李)단리라는 별명으로 불려졌다.

농민의 피와 땀

이 詩는 두 편의 연작시로 농민들의 고생과 그 고생의 대가로 얻게 되는 굶어죽는 현실을 적나라하게 나타냈으며, 우리가 편안히 앉아서 먹는 밥 한 톨에도 농민의 피와 땀이 배어있다는 것을 느끼게 한다.

제1·2구절에서 봄에 볍씨 한 톨 심어서 가을에 만 톨을 거둔다고 하면서 농민들의 노동을 찬미하고 있다.

제3·4구절에서 범위를 넓혀서 온 나라를 통틀어 황무지가 개간되고 노는 땅이 없어져 곡식은 쌓였는데도, 애써 농사지은 농민의 수중에는 빈털터리일 뿐이다. 심지어는 굶어죽는 일까지 생긴다. 결국 노동은 부(富)를 낳았으나 노동자에게는 기형(畸形)을 가져왔다고 하겠다.

제5·6구절에서 잡초와 싸우면서 땀 흘려 일하는 농민의 모습을 간결하면서도 멋지게 표현했으며, 마지막 구절에서 농민의 땀의 결정인 밥을 아무 생각없이 소비하는 세상 사람들에 대해 경계하고 있다.

그 당시 사회적 모순을 있는 그대로 드러냈는데, 읽는 이로 하여금 일종의 비통감과 울적함을 불러일으킨다. 당나라도 말기로 다가오자 빈부(貧富)간 사회경제적 모순이 더욱 첨예화 되었다. 귀족들의 방대한 토지소유 확대로 농민들은 생활이 점점 더 어렵게 되어 유망민(流亡民)이 되기도 하였고, 나중에는 농민의 봉기로 이어져 당나라를 멸망으로 몰아가게 된다.

　농부가 그들의 피땀에도 불구하고 오히려 굶어죽는 얄궂은 현실을 바라보면서 그저 탄식할 수밖에 없었다. 풍년이 들어 태평한 세월을 기뻐하면서 농부가 불렀다는 격양가(擊壤歌)가 울려 퍼지는 요순(堯舜)시대가 그리울 뿐이다.

당시산책(64)

강루서회(江樓書懷)

조하(趙嘏)

강가의 누각에서 느낌을 적다

獨上江樓思渺然
독 상 강 루 사 묘 연

홀로 강가 누각에 오르니 생각은 끝없이 펼쳐지고

月光如水水連天
월 광 여 수 수 연 천

달빛은 맑아 물과 같고, 강물은 하늘에 이어져 있다.

同來玩月人何處
동 래 완 월 인 하 처

함께 와서 달 보던 그대 어느 곳에 있는고?

風景依稀似去年
풍 경 의 희 사 거 년

풍경은 어렴풋하여 지난해와 같구나!

글자풀이

江樓 강루(강가의 누각), 懷 회(품다/생각), 書懷 서회(마음속에 품은 생각을 글로 쓰다), 嘏 하(크다), 渺 묘(아득하다), 渺然 묘연(아득한 모양), 連 연(이어지다/연결하다), 玩 완(놀다/희롱하다), 玩月 완월(달 구경하다), 依 의(의지하다), 稀 희(드물다/성기다), 依稀 의희(희미하다/어렴풋하다), 似 사(같다/닮다), 去年 거년(지난해)

235

> 작자소개

조하(趙嘏 : 생몰년 미상)는 만당(晩唐 : 836~906)의 시인으로 자는 승우(承祐), 산양(山陽 : 지금의 강소성)사람이다. 844년에 진사에 급제하였으나 산양으로 돌아갔다가 대중(大中 : 선종宣宗) 연간에 위남위(渭南尉)를 지냈다. 위남집(渭南集) 3권이 전해진다.

함께 달 보던 사람, 어디로 갔나?

이 詩는 시인이 강가 누각에 올라 지금은 떠나 버리고 없는 사람, 어쩌면 사랑하는 사람을 추모(追慕)하면서 쓴 것이다.

어느 날 달빛이 유난히 밝은 밤에 아무도 동반하는 사람없이 혼자 강가의 누각에 올랐다. 작년에만 해도 함께 올랐던 이 누각을 금년에는 혼자 오르게 되니 쓸쓸한 가운데 온갖 생각이 끝없이 펼쳐진다. 마침 달빛조차 밝아 흐르는 강물처럼 맑다. 강물은 끝없이 흘러가는데 강물 따라 시선이 미치는 저 멀리 까지 따라가니 하늘까지 이어져 있는 것 같다.

지난해 그대와 함께 이 누각에 올라 이 달을 함께 즐기던 그 사람은 어디에 있는지 깊은 회고에 잠겨 있다. 그러나 지난해 올랐던 그때나 지금이나 주변 경치는 변함없이 그대로인데, 그대는 보이지 않고 쓸쓸히 혼자 누각에 올랐으니 웬일인지 가슴만 더욱 메여오는 것 같다.

멀리 떠난 친구를 그리워하고, 이별한 애인을 추모(追慕)하는 느낌이 행간에 가득 나타나 있다. 친구야, 친구야! 그대여, 그대여! 아무리 목메어 불러보아도 산산이 부서진 이름인가? 저 멀리 메아리 되어 되돌아오는 잊어진 이름인가?

처서(處暑 : 8·23)가 지나자 이제 무더위도 한풀 꺾이고 조석으로 찬바람이 불어온다. 이때가 달구경하기에 가장 좋은 계절이라 한다. 송나라 소식(동파, 1036~1101)이 적벽강에 배를 띄어놓고 적벽대전을 회고하면서 적벽부(赤壁賦)를 지을 때가 바로 음력 7·16일이다.

보름이 지난 16일 달을 기망(旣望)이라 하는데, 이날이 달구경하기가 좋은 날이라고 한다. 우리도 서늘한 가을저녁 바람을 맞으며 높은 곳에 올라 달구경 한번 하는 것도 좋으리라.

당시산책(65)

녹채(鹿柴)

왕유(王維)

사슴 울타리

空山不見人
공 산 불 견 인

고요한 텅 빈 산에 사람 모습 보이지 않고

但聞人語響
단 문 인 어 향

다만 사람의 말소리만 울리어 들려온다.

返景入深林
반 경 입 심 림

저녁 햇빛이 깊은 숲속에 비쳐 들었다가

復照青苔上
부 조 청 태 상

다시 푸른 이끼 위를 비쳐주고 있다.

글자풀이

鹿 녹(사슴), 柴 시(땔나무/섶) 또는 채(울짱/울타리), 鹿柴 녹채(사슴울짱/울타리), 但단(다만), 聞문(듣다), 響 향(울림/음향), 返 반(돌아오다), 景 경(볕/햇살), 返景 반경(저녁 햇빛), 深 심(깊다), 復 부(다시/돌아오다), 照 조(비추다), 苔 태(이끼), 青苔 청태(푸른 이끼)

사슴 울타리

 왕유(701~761)는 성당(盛唐 : 713~765)의 대시인이며, 화가로서 산수화에 뛰어나 남화의 시조가 되었고, 서예가로서도 이름을 날렸으며, 음악에도 뛰어난 재능을 보였고, 독실한 불교신자였다.
 말년에 벼슬에서 은퇴하여 만천(輞川)별장에서 유유자적한 생활을 보냈다. 이 별장 주변에는 녹채(鹿柴)·죽리관(竹里館)' 등 20개의 명승이 있어 이곳을 거닐며 시를 남겼는데, 이때 지은 5언 절구 20수가 망천집(輞川集)에 전해져 온다. 한적한 자연을 노래했는데, 이 녹채도 그들 중 하나이다.

 이 詩는 왕유의 후기 산수시의 대표작이며, 망천집(輞川集)에 실려 있는 5언 절구 20수중 4번째이다. 여기서 녹채(鹿柴)는 망천의 지명중 하나이다. 해질 무렵 녹채 부근의 텅 빈 깊은 숲속의 그윽하고 조용한 경치를 묘사한 것이다.
 '空山不見人(공산불견인)'에서 먼저 텅 빈 산이 조용하고 쓸쓸한데, 아득하여 인적이 없음을 나타냈다. 이는 작가에게 널찍한 산이 텅 비어 있는 것 같이 느껴져 마치 태고의 지경과 같다는 뜻이리라.
 '但聞人語響(단문인어향)'에서 경계가 갑자기 바뀐다. 고요한 산에 사람은 보이지 않더라도 새 울음·풀벌레·바람·물소리 등이 교차하면서 대자연의 소리는 사실 매우 풍부 다채롭다. 그러나 지금은 일체 소리조차 들리지 않는데, 우연히 한

바탕 사람소리가 들려온다.

　사람은 보이지 않고 들려오는 그 소리가 일순간 고요함(寂靜)을 깨뜨리고 있다. 그러나 사람 소리가 한번 지나가자 텅 빈 산은 다시 온갖 소리가 모두 조용한 상태로 돌아갔다. 그때에 텅 빈 산의 공적감(空寂感)은 더욱 두드러질 것이다.

　'返景入深林(반경입심림)'과　'復照靑苔上(부조청태상)'에서 사람소리에 이어 깊은 숲속에 비쳐드는 햇빛을 묘사했는데, 소리(聲)에 이어 색(色)으로 넘어갔다. 깊은 숲(深林)은 본래 그윽하여 어둡고, 숲 사이 나무 아래에 있는 푸른 이끼(靑苔)에는 빛조차 들지 않는다.

　그러나 저녁 햇빛이 깊은 나무숲에 비쳐들었다가 다시 숲속 푸른 이끼에 비친다고 하였다. 저녁 햇빛이 비록 미약하여 잠깐이지만, 일말의 남은 햇빛이 순간 지나간 후에는 뒤이어 곧 길고 긴 그윽한 어두움(幽暗)이 계속될 것이다.

　1·2구절에서 소리(聲 : 人語響)를 가지고 정경(靜景)과 공적(空寂)을 부각시키고, 3·4구절에서 햇빛(色 : 返景)을 가지고 영징(寧靜)한 유경(幽景)을 더욱 두드러지게 했다.

　사실 왕유는 시인이고, 화가이며, 음악가였다. 이 시는 시·그림·음악(詩畫樂)의 결합이라 하는데, 소리와 색에 착안하여 텅 빈 산의 사람소리와 깊은 숲속에 비쳐드는 햇빛에서 찰라간 보여준 특유의 그윽하고 고요한 경계를 잘 나타냈다.

제6부
아미산에 걸린 반달

당시산책(66)

아미산월가(峨眉山月歌)

이백(李白)

아미산의 달 노래

峨眉山月半輪秋
아 미 산 월 반 륜 추

아미산에 반달이 걸리는 가을날

影入平羌江水流
영 입 평 강 강 수 류

달빛은 평강에 들어 강물과 함께 흐른다.

夜發淸溪向三峽
야 발 청 계 향 삼 협

밤에 청계를 떠나 삼협을 향해 가노니

思君不見下渝州
사 군 불 견 하 유 주

그대를 보지 못하고 유주를 향해 내려간다.

글자풀이

峨眉山 아미산(사천성에 있는 3,034미터의 명산), 峨 아(높다), 眉 미(눈썹), 半輪 반륜(둥근 바퀴의 반, 반달), 輪 륜(바퀴), 影 영(그림자/달빛), 平羌 평강(아미산을 흐르는 강/일명 靑衣江청의강), 羌 강(종족이름/굳세다), 淸溪 청계(아미산 동남쪽에 있는 지명), 峽 협(골짜기), 三峽 삼협(사천성과 호북성 경계에 있는 장강의 협곡지대로 구당협·무협·서릉협), 君

군(아미산 달 또는 아미산에 같이 있었던 친구를 가리킨다는 설이 있음),
渝州 유주(지금의 중경으로 청계에서 약 400킬로미터 거리에 있음)

아미산에 걸린 가을 반달

이백은 701년에 태어나 사천성 금주(錦州) 창명현(彰明縣) 청련향(靑蓮鄕)에서 어린 시절을 보냈다. 성년이 된 후에도 고향을 잊지 못해 호를 청련거사(靑蓮居士)라고 하였다.

십사오세쯤 10년 공부를 기약하고 대광산(大匡山) 중화대명사(中和大明寺)로가 은거생활을 하였다. 10년간 각고의 노력을 거쳐 문무(文武)에 성취를 이루었고, 어느덧 24세(724년) 헌헌장부가 되었다. 이때 더 넓은 세상을 경험하기 위해 그곳을 떠나면서 지은 詩 별대광산(別大匡山 : 대광산을 떠나면서)에 그의 심경이 나타나 있다.

이 7언율시 중 마지막 구절에 '已將書劒許明時(이장서검허명시 : 이미 정치가 밝은 시대에 나의 학문과 무술을 국가를 위해 허락하겠다.)'하였다. 시절은 바야흐로 태평성세였던 당 현종 개원 12년(724년) 무렵이었다.

대광산을 떠난 후 평강강을 지나 아미산에 올랐다가 등아미산(登峨眉山)을 남겼다. 아미산을 돌아본 후 청계역에서 밤에 배를 타고 중경을 거쳐 삼협으로 나아갔다. 동으로 흐르는 물결에 몸을 맡기고 촉(蜀 : 사천성)을 떠났다. 언제 돌아올지, 앞날이 어떻게 전개될지 기약이 없는 인생의 길고도 먼 여정(旅程)에 올랐다.

청계역에서 유주(중경)로 가는 밤 배안에서 아미산의 달을 바라보면서 천고의 절창을 남겼는데, 이것이 바로 아미산월가(峨眉山月歌)이다.

'峨眉山月半輪秋(아미산월반륜추)'라 하여 여행하는 계절이 가을이고, 그것도 반달이 아미산 위에 걸려있는 밤을 나타냈다. 가을 하늘은 더 높고 기분조차 상쾌한데, 달마저 환하게 산위에 걸려있다. 秋月揚明輝(추월양명휘)이라 하였으니 가을 달은 더욱 빛날 수밖에 없다. 달은 또 반달이고 푸른 산과 어우러진 아름다운 경치를 충분히 상상할 있으리라.

'影入平羌江水流(영입평강강수류)'에서 달빛이 평강강을 비추다가 강물이 흘러감에 따라 함께 흘러가는 것 같았다. 사실 강물이 어떻게 흐를지라도 달빛은 움직이지 않는다. 그러나 달빛도 흘러가고 나 또한 가는 모양이 되었으니, 달이 맑은 강에 비치는 아름다운 경치를 묘사했을 뿐 아니라 동시에 가을날 밤배를 타고 여행하는 기분을 그렸는데, 참으로 생동적이다.

'夜發淸溪向三峽(야발청계향삼협)'에서 밤배에 몸을 실고 청계를 떠나 삼협을 향해 떠나가는데, 뱃전에서 달을 처다 보고 있다. 그러나 '思君不見下渝州(사군불견하유주)'에서 배는 이미 강가의 첩첩 산 사이를 지나면서 달이 보이지 않자 '달을 그리워하나 보지 못하고(思君不見)' 유주(중경)으로 내려 간다고 하였다. 혹자는 思君사군(그대를 생각하다)에서 군(君)을 '아미산의 달' 이라하고, 또 '아미산에 있는 친구'(우정의 상징)라는 두 가지 주장이 있다.

밝은 달이 벗은 아닐지라도 고인들이 이야기하는 仰頭看明月, 寄情千里光(앙두간명월, 기정천리광 : 고개를 들어 밝은 달을 보고, 그 정을 천리에 비치는 달빛에 붙인다)의 심정인데, 말은 짧으나 그 뜻은 길다는 의미가 아닐까?

기껏 28자 중에 12자 '峨眉山, 平羌江, 淸溪, 三峽, 渝州' 등 다섯 개의 고유명사를 사용하고도 조그만 거부감이나 어색함도 없으니 과연 이백의 재주가 비상하다고 하겠다.

그래서 후인들은 이를 두고 '四句入地名者五, 古今目爲絶唱, 殊不厭重'이라 하였다. 4구절 시에서 지명이 다섯 개나 들어갔으나, 고금에 절창이 되었는데, 특별히 중복된 것을 싫어하지 않는다고 평한 것이다.

아무튼 가을밤, 머리위에 밝은 달을 이고, 산사이로 난 장강을 따라 여행하면서 벗을 그리워하는 우정과 청징(淸澄)스러운 분위기가 유감없이 나타나 있다.

당시산책(67)

추석(秋夕)

두목(杜牧)

가을 저녁

| 銀燭秋光冷畵屛
은 촉 추 광 냉 화 병 | 은 촛불 가을빛이 그림 병풍에 차가운데 |

輕羅小扇撲流螢
경 라 소 선 박 유 형   가벼운 비단 부채로 반딧불을 쫓는다.

天階夜色凉如水
천 계 야 색 양 여 수   궁궐의 밤공기는 서늘하기가 물과 같은데

坐看牽牛織女星
좌 간 견 우 직 여 성   우두커니 앉아서 견우, 직녀성을 바라본다.

글자풀이

銀燭 은촉(흰 촛불), 冷 냉(차다), 屛 병(병풍), 畵屛 화병(그림이 그려진 병풍), 輕 경(가볍다), 羅 라(비단/새그물), 扇 선(부채), 輕羅小扇 경라소선(비단 천으로 만든 가볍고 작은 부채), 撲 박(치다/때리다/털다), 螢 형(개똥벌레), 流螢 유형(이리저리 날아다니는 개똥벌레), 階 계(섬돌/계단), 天階 천계(궁궐의 돌계단/서울의 거리), 凉 량(서늘하다), 牽 견(끌다), 織

247

직(짜다/베를 짜다), 牽牛織女星 견우직녀성(견우성과 직녀성)

궁녀들의 슬픈 운명

옛날 궁궐의 수많은 궁녀들은 오직 왕이란 한 남자의 총애를 고대하면서 살았다. 한 여인이 왕의 눈에 들기란 쉽지 않았으나, 왕의 총애를 받으면 그녀의 가문도 빛났다.

양귀비가 당 현종의 총애를 받자, 형제자매가 모두 봉토를 받아 출세하였고(姉妹弟兄皆列土), 양씨가문이 빛나자 사람들이 부러워하였다(可憐光彩生門戶)고 했다. 그러나 사랑받을 기회가 없었던 수많은 궁녀들은 궁궐 속에서 쓸쓸하게 늙어갈 수밖에 없었는데, 이러한 궁녀들의 처량한 삶을 묘사한 詩가 많이 있다.

이 詩는 버림받은 궁녀의 고독하고 적막한 생활과 그녀들의 처량하고도 어찌할 수 없는 심정을 읊었다.

'銀燭秋光冷畫屏(은촉추광랭화병)'에서 한 폭의 깊은 궁궐속의 생활이 그려져 있다. 가을날 저녁, 하얀 촛불이 희미한 빛을 발산하는데, 병풍의 그림 위에 우울하고 차가운 색조를 더하고 있다.

이때 외톨이 궁녀가 작은 부채를 쥐고 이리저리 날아다니는 개똥벌레를 쫓아내고(撲流螢) 있다. 궁녀가 마땅히 할 일이 없어 개똥벌레를 쫓고 있는 동작에서 적막하고 무료한 삶과 고독한 세월을 보내고 있음을 느낄 수 있다. 부채를 휘두를 때마다 마치 궁녀 자신을 둘러싸고 감도는 음울함과 적막함을 내쫓기 위해 몸부림치는 것 같다.

궁녀가 들고 있는 가벼운 비단 부채는 흔히 '총애를 잃은 여인'을 상징한다. 부채는 본래 여름에 더위를 쫓기 위해 사용하는데, 가을이 오면 필요가 없다. 그래서 옛날 詩에서 추선(秋扇)은 '남편에게 버림받은 여인(棄婦)'을 뜻했다.

한(漢)나라 성제(成帝)때 반첩여(班婕妤)가 현명하고 글에 능하여 성제의 총애를 깊이 받았으나, 조비연(趙飛燕)의 중상모략을 받아 총애를 잃고 장신궁에 거주하고 있었다.

이때 원가행(怨歌行)을 지었다. "…裁爲合歡扇, 團團似明月. 出入君懷袖, 動搖微風發, 常恐秋節至, 凉飇奪炎天…(…재단하여 합환선을 만들었는데, 둥글어 밝은 달과 같았다. 임께서 소매에 부채를 넣고 출입하면서, 부쳐서 가벼운 바람이 일어나기를 바란다. 늘 가을철이 다가와, 서늘한 바람이 불어 무더운 여름을 빼앗아 갈까 두렵다…)."

이로부터 후세 시사(詩詞)중에 단선(團扇), 추선(秋扇)은 흔히 '총애 잃은 여인'이란 의미로 쓰였다.

천계(天階)는 황궁의 돌계단을 말하며, 야색이 서늘하여 물과 같다(夜色凉如水)에서 밤이 이미 깊었고, 차가운 기운이 온 몸을 엄습해 온다. 궁녀는 돌계단에 앉아서 은하수 양쪽에 벌려있는 견우성과 직녀성을 바라보고 있다.

궁녀는 뚫어지게 견우·직녀성을 바라보고 있노라니 잠조차 달아났다. 문득 견우·직녀의 고사가 그녀의 마음을 흔들어 놓았는데, 자신의 불행한 신세에 생각이 미쳤고, 나아가 진정한 애정에 대한 동경을 불러일으켰다. 가슴 가득한 시름이 모두 고개를 들어 견우·직녀성을 바라보는 가운데 일어났다고 하겠다.

궁녀들의 애원(哀怨)과 사랑에 대한 기대가 교차하는 복잡한 감정이 언어밖에 나타나 있는데, 왕조시대 궁녀들의 비참한 운명을 가히 짐작할 수 있다.

당시산책(68)

추야기구원외(秋夜寄邱員外)

위응물(韋應物)

가을밤 구원외에게 부친다

懷君屬秋夜   그대를 그리며 가을밤을 만났는데
회 군 속 추 야

散步詠凉天   홀로 거닐며 서늘한 날씨에 시를 읊
산 보 영 양 천   조린다.

山空松子落   산은 텅 비었고 솔방울 떨어질 때면
산 공 송 자 락

幽人應未眠   산중의 그대도 오늘밤 응당 잠 못 이
유 인 응 미 면   루리라.

글자풀이

寄 기(부치다), 邱 구(언덕), 員外 원외(상서성 소속 벼슬아치), 邱員外 구원외(작자의 친구인 邱丹구단), 懷 회(품다/생각), 屬 속(엮다/잇다/…에 속하다/…이다), 詠 영(읊다/노래하다), 凉天 양천(서늘한 날씨), 松子 송자(솔방울), 幽 유(그윽하다/숨다), 幽人 유인(그윽하고 한가한 사람/친구인 '구원외'를 가리킴), 應 응(응하다/응당…해야한다), 眠 면(잠자다)

251

가을밤, 멀리 있는 그리운 벗에게

중당(中唐 : 766~835)시기 오언절구(五言絕句)는 위응물을 최고로 꼽는다. 성당(盛唐 : 713~765)의 대가인 왕유와 맹호연을 이었다고 한다. 심덕잠(沈德潛)은 설시수어(說詩晬語)에서 "왕유의 5언 절구가 자연스러웠다면, 이백은 높고 묘하였으며, 위응물은 질박하여 아취(雅趣)가 있으므로 이들 모두 최고의 경지에 도달하였다."고 평했다.

계절은 가을이고 풀벌레 소리 요란한데 깊어가는 가을밤은 더욱 고적(孤寂)하다. 위응물은 한동안 잊고 있었던 벗이 불현듯 그리워 뜰을 서성이며 붓을 들었다. 이 詩는 가을밤에 친구를 그리워하면서 지은 것으로 그의 대표작 중의 하나이다. 벗이 그리워 담담한 마음으로 붓을 들었는데, 언어가 간단하고 얕으나 그 뜻과 정(意情)은 깊고도 유장하다. 거듭 읽음에 따라 여운이 감돌며, 속되지 않아 아취(雅趣)를 느끼게 한다.

詩속의 구원외(邱員外)는 이름이 단(丹)이고 소주(蘇州) 가흥(嘉興) 사람이다. 일찍이 상서랑(尙書郞)벼슬을 하다가 임평산(臨平山)에 은거하였으며, 위응물·여위(呂渭) 등과 내왕하였다고 한다.

첫 구절 '懷君屬秋夜'에서 계절이 가을이고 은연중에 밤이 깊었음을 나타낸다. '가을밤(秋夜)'이라는 경치와 '벗을 그리는'(懷君)우정이 서로 상승 작용을 한다.

제2구절 '散步詠凉天'에서 '마당을 거니는(散步)' 것은 '벗을 그리워하는(懷君)' 것과 서로 호응하고 있으며, '서늘한 날씨(凉天)'는 '가을밤(秋夜)'과 연결된다. 이 두 구절은 눈앞의 사실을 썼는데, 작자가 벗을 그리워하면서 서늘한 가을밤에 뜰을 배회하면서 읊조리고 있다는 것을 묘사했다. 이어서 작자는 마음속의 그리움을 더 이상 언급하지 않고, 벗이 잇는 먼 곳까지 생각을 펼쳐 그곳의 경치를 상상하면서 묘사했다. 바로 제3·4구절은 그리워하는 벗이 있는 그 장소와 그때 벌어지고 있을 상황을 상상하고 있다.

제3구절 '山空松子落'은 앞 구절 '가을밤(秋夜)'과 '서늘한 날씨(凉天)'를 잇고 있다. 눈앞에서 서늘한 가을밤을 느끼고, 벗이 살고 있는 임평산(臨平山)산의 오늘밤 정경은 '산은 텅 비었고, 솔방울이 떨어진다'(山空松子落)고 하면서 미루어서 상상하고 있다.

4구절 '幽人應未眠'은 '벗을 그리며(懷君)'와 '뜰을 거니는(散步)' 것과 연결된다. 자신이 멀리 있는 벗을 그리워하여 뜰을 거닐며 잠들지 못하는 것으로부터, 벗도 이 밤에 당연히 잠들지 못하리라고 미루어 짐작하고 있다.

작자는 자신의 주변 경치를 보고, 멀리 벗이 있는 곳의 경치를 그렸는데, 서로 천리 먼 곳에 있지만 정신적인 교감을 주고받고 있다. 그래서 옛 사람들은 비록 몸은 하늘가 멀리 떨어져 있지만, 서로에 대한 생각은 지척에 있다고 하였다.

당시산책(69)

추사(秋詞) I

유우석(劉禹錫)

가을의 노래

| 自古逢秋悲寂寥
자 고 봉 추 비 적 료 | 예부터 가을이 오면 쓸쓸하여 슬프다지만 |

我言秋日勝春朝
아 언 추 일 승 춘 조 — 나는 말하리니, 가을날이 봄날 아침보다 나으리라.

晴空一鶴排雲上
청 공 일 학 배 운 상 — 맑은 하늘에 한 마리 학이 구름을 헤치고 오르면

便引詩情到碧霄
편 인 시 정 도 벽 소 — 문득 나의 시정도 그에 이끌려 푸른 하늘에 이른다네.

글자풀이

逢 봉(만나다), 自古 자고(예로부터), 悲 비(슬프다), 寂 적(고요하다), 寥 료(쓸쓸하다), 寂寥 적료(쓸쓸한 모양), 勝 승(이기다/낫다), 朝 조(아침), 晴 청(개다), 鶴 학(학/두루미), 排 배(밀치다/물리치다), 便 편(편하다/곧/문득), 到 도(이르다), 碧 벽(푸르다), 霄 소(하늘), 碧霄 벽소(푸른 하늘)

254

가을의 노래

유우석은 당 덕종 정원(貞元) 9년(793) 22세에 진사에 급제하여 벼슬에 나갔다. 그러나 당시 조정은 환관들의 권력 전횡, 번진(藩鎭)세력의 할거, 치열한 붕당(朋黨)싸움 등으로 혼란이 가중되는 시대였다.

이러한 사회현실에 불만을 품고 신진관료 중심으로 일어난 영정혁신(永貞革新 : 805)에 동참했으나 실패하여 조정에서 쫓겨났으며, 두 차례에 걸쳐 도합 23년이었다. 몸은 좌천되어 역경에 처했으나 강직하여 권력에 아첨하지 않았으며, 활달한 흉금은 자신을 근심하기보다는 늘 천하를 걱정했다고 한다.

좌천되어 외직에 있으면서 어느 날 높푸른 가을 하늘을 보고 이 詩를 지었는데, 두 수의 연작시중 첫 번째이다. 시인이 느끼는 가을과 가을의 경색(景色)에 대한 것은 남다른데, 통상 '슬픈 가을(悲秋)'이라는 상투적인 표현과는 달리 드높게 사신을 진작시킨다는 점이다.

예부터 비추(悲秋 : 슬픈가을)라고 하면 지사가 뜻을 잃었거나, 현실에 대한 실망, 앞날에 대한 비관 등으로 이해되어 가을을 쓸쓸한 것으로 보아 침울한 것으로 인식하였다. 그러나 시인은 이러한 적료(寂寥)한 느낌을 겨냥하여, 가을날이 오히려 만물이 소생하고 자라는 봄날보다 낫다고 하면서 결코 침울하지 않으며 생기가 있다고 주장하였다.

이어서 날개 짓하면서 저 가을 푸른 하늘로 힘차게 솟아오르는 한 마리 학을 보고 분발할 것을 일깨운다. 한 마리 학의 화려하고 힘찬 비상은 스산한 분위기를 타파하였는데, 마치 새로운 국면을 열었다고 하겠다.

지사(志士)들에게 감상에만 머물지 말고 정신을 차리라고 일침을 가하는 것 같다. 결국 이 학이야말로 굽히지 않는 지사의 화신이며, 분투하는 정신의 체현이라 하겠다. 이것이 바로 나의 시정(詩情)이 그것에 이끌려 푸른 하늘에 이른다는 의미가 아닐까?

사실 유우석은 805년 정치개혁에 실패하고 10년간(805~815) 낭주(朗州)사마로 좌천되었다가 다시 조정으로 돌아왔다. 일생의 지기(知己)인 유종원과 현도관(玄都觀)에 가서 복숭아꽃이 활짝 피어있는 것을 감상하다가 당시 조정 신흥귀족들의 부패를 풍자해서 詩를 지었다.

"…玄都觀裏桃千樹, 盡是劉郞去後栽(…현도관에 있는 복숭아나무 천 그루, 모두가 유랑이 귀양가고난 후 심어졌다네." 이 詩에서 천 그루의 복숭아는 10년 전에는 없었는데, 내가 떠나고 난 뒤 심은 복숭아나무가 자라서 꽃이 피었다. 이 복숭아나무가 바로 새로 뿌리를 내린 부패한 신흥귀족들이라는 의미이다. 이 詩로 말미암아 유우석은 권신들의 미움을 사서 약 14년 동안 다시 귀양을 떠나게 되었다.

당시산책(70)

증 은량(贈 殷亮)

대숙륜(戴叔倫)

은량에게

日日河邊見水流 일 일 하 변 견 수 류	매일처럼 강가에서 흐르는 물을 바라보는데
傷春未已復悲秋 상 춘 미 이 부 비 추	감상적인 봄날이 끝나지 않았는데 다시 가을을 슬퍼한다.
山中舊宅無人住 산 중 구 택 무 인 주	산속 고향 옛집은 머무는 사람 없어 비어 있는데
來往風塵共白頭 내 왕 풍 진 공 백 두	세상사에 분주한 사이 모두 흰머리가 되었구나!

글자풀이

贈 증(보내다/선물하다), 殷 은(성하다/많다/은나라), 亮 량(밝다/명석하다), 戴 대(머리에 이다), 邊 변(가장자리/변방), 傷春 상춘(춘광에 대한 감상적인 느낌), 未 미(아니다), 已 이(이미/그치다), 復 부 또는 복(다시

부/회복할 복), 悲 비(슬프다), 舊 구(예/오래다), 塵 진(티끌), 風塵 풍진 (바람과 티끌/인간세상/세상의 속된 일), 共 공(함께/모두)

풍진 속에서 어느덧 백발이 되다

한세상 살면서 돌아보면 젊어서 공명(功名)을 쫓다가 뜻을 이루기는커녕 자칫 몸과 마음을 상하는 경우가 허다하고, 이룬 것 없이 어느덧 백발이다. 바쁜 일상 중에서도 자연에 묻혀 안빈낙도(安貧樂道)하면서 성명(性命)을 잘 보존하고 싶은 희망은 시시각각 누구에게나 일어난다.

더 늦기 전에 전원으로 돌아가 명월(明月)을 벗 삼아 강가에 낚시 드리우고, 뒷산에 올라 약초나 캐면서 여생을 보내고 싶어 한다. 그러나 세상을 헌신짝 벗어 던지듯이 벗어버릴 수 있으면 좋으련만 상하좌우로 연결된 인연의 연결고리가 하도 두꺼워 내 마음대로 되지도 않는다.

이 詩는 대숙륜이 친구인 은량(殷亮)에게 써준 것으로 늙음을 탄식하여 공을 이루지 못했음을 한탄하는데, 단순하면서도 뜻이 깊고 독백하듯이 담담한 필치로 자신의 심경을 노래했다. 어느 덧 백발이 되어 딱히 할 일이 없어 강가를 서성이면서 흐르는 물을 바라보고 있는데, 인생의 덧없음을 나타냈다. 흐르는 물에 자신의 지난 삶이 반추되어 오는 듯 자신의 심정을 실었다.

한 해 한 해 맞는 봄도 옛날과 달라 금년 새봄을 맞아 애상

(哀傷)에 젖어서 가슴앓이를 하여 아직도 남아있는데, 어느 덧 또 슬픈 가을이 찾아왔다. 가을바람에 떨어지는 낙엽을 보고 슬퍼하면서 또 겨울을 준비해야하는 것이 바로 현실의 생활이다.

  세월의 빠름을 주희(朱熹)도 그의 권학시에서 "연못의 봄풀이 봄잠에서 깨어나지도 못했는데, 뜰 앞의 오동잎은 이미 가을소리를 내더라(未覺池塘春草夢, 階前梧葉已秋聲)."라고 하지 않았는가?

  명리(名利)를 위해 고향을 떠난 지 수 십 년이라 내가 돌아오기를 기다리는 고향의 옛 집은 텅 비어 폐허에 직면해 있는데, 그곳으로 돌아가야지 하면서도 아직도 객지에서 떠돌고 있는 자신이 한스럽기조차 하다.

  지난 세월 돌아보니 풍진 속에서 허우적거리면서 특별히 공명(功名)을 이룬 것도 없이 친구인 그대 '은량이나 나나 모두 백발이 되었다'고 장탄식을 하고 있다. 인생도 잠깐이어서 일찍이 이태백이 '아침에 검던 머리털이 저녁에는 눈처럼 희이지고 만다(朝如靑絲暮成雪)'고 하지 않았던가?

  우리 모두 더 늙기 전에 고향을 자주 찾아서 어린 시절 친구들과 뛰놀던 뒷동산에도 올라보고, 성장하면서 간직했던 소망과 아련한 동경을 되새기면서 풍진 속에서 찌들고 지친 몸과 마음을 달래보는 것도 좋을 것이다.

당시산책(71)

추일부궐제동관역루
(秋日赴闕題潼關驛樓)

허혼(許渾)

가을에 동관을 지나면서

| 紅葉晩蕭蕭
홍 엽 만 소 소 | 붉게 물든 나뭇잎, 가을 저녁은 쓸쓸한데 |

長亭酒一瓢
장 정 주 일 표 　　정자에 앉자 홀로 술 한 잔 마신다.

殘雲歸太華
잔 운 귀 태 화 　　남은 구름은 화산(太華)으로 돌아가고

疎雨過中條
소 우 과 중 조 　　성긴 빗방울은 중조산을 지나간다.

樹色隨關逈
수 색 수 관 형 　　나무의 푸른빛은 동관을 따라 멀리 이어지고

河聲入海遙
하 성 입 해 요 　　황하의 물소리는 아득히 바다로 들어간다.

帝鄉明日到　장안(帝鄉)은 내일이면 닿는데
제 향 명 일 도

猶自夢漁樵　오히려 스스로 어부나 나무꾼이 되
유 자 몽 어 초　기를 꿈꾼다.

글자풀이

赴 부(가다/향하다), 闕 궐(대궐), 潼 동(물이름), 渾 혼(섞이다/흐리다), 蕭 소(쓸쓸하다), 瓢 표(바가지/표주박), 一瓢 일표(한잔), 殘 잔(남다/해치다), 歸 귀(돌아가다), 疎 소(트이다/성기다=疏), 隨 수(따르다), 迥 형(멀다/아득함), 遙 요(멀다), 帝鄉 제향(황제가 있는 곳으로 장안을 가리킴), 猶 유(오히려), 夢 몽(꿈꾸다), 漁 어(고기잡다/어부), 樵 초(땔나무/나무꾼)

地名 : 동관(潼關 : 낙양에서 장안으로 들어가는 요지, 지금의 섬서성 동관현의 동남쪽에 있음), 태화(太華 : 西嶽서악 華山화산을 말함), 중조(中條 : 뇌수산(雷首山)의 다른 이름으로 지금의 섬서성 영제현(永濟縣) 동남쪽에 있음)

작자소개

허혼(許渾 : 791~854?)은 만당(836~906)의 시인으로 자는 용회(用晦) 또는 중회(仲晦)이며 강소성 윤주(潤州) 단양(丹陽)사람이다. 832년 진사에 급제, 여러 벼슬을 거쳐 목주(穆州)·영주(郢州)자사를 역임했다. 자연을 좋아하였고 율체시에 뛰어났다고 하며, 시집으로 정묘집(丁卯集) 2권이 전해지고 있다.

어부와 나무꾼을 꿈꾸면서

　이 詩는 허혼이 장안으로 가는 나그네 길의 풍경을 읊은 것인데, 동관(潼關)의 산천 형세가 웅혼하게 그려져 있고, 명리(名利)추구보다는 어부와 나무꾼을 꿈꾼다는 소박한 소원이 들어있다.
　제1·2구 구절은 가을날 집을 떠나 나그네가 되어 여행길에 오른 한 폭의 그림과 같아 독자를 끌어들이고 있다. 장안으로 가는 길에 단풍은 이미 붉게 물들었고, 해조차 저문 늦은 가을날 저녁, 홀로 정자에 올라 근심을 풀기위해 술 한 잔 마시고 있다고 하였다.
　제3~6구절은 동관의 경치와 산천의 형세를 그렸다. 화산의 구름과 중조산을 지나는 빗줄기에 이어 숲과 강을 묘사했다. 눈으로는 동관을 따라 끝없이 전개되는 푸르디푸른 나무를 보는 듯하고, 귀로는 도도하게 흐르는 황하에서 울려 퍼지는 물소리가 들려오는 것 같다.
　마지막 구절에서 내일이면 장안에 가지만 자신은 명리를 멀리하고 소박하게 고기잡이나 나무꾼을 꿈꾼다고 끝맺음을 하였다. 실제로 허혼은 만년(晚年)에 자신의 고향으로 돌아가 은거하였다고 하니, 소원을 이루었다고 하겠다.

당시산책(72)

수이목견기(酬李穆見寄)

유장경(劉長卿)

사위 이목의 시에 부친다

孤舟相訪至天涯	홀로 배를 타고 멀리 하늘 끝까지 찾아오는데
고 주 상 방 지 천 애	
萬里雲山路更賒	만 리 이어진 구름 산에 길은 더욱 아득하다
만 리 운 산 로 갱 사	
欲掃柴門迎遠客	멀리서 오는 손님 맞으려 사립마당 쓸려고 하는데
욕 소 시 문 영 원 객	
青苔黃葉滿貧家	가난한 집 마당에 푸른 이끼 끼고, 낙엽만 가득하구나!
청 태 황 엽 만 빈 가	

글자풀이

酬 수(갚다/시문을 주고받다), 穆 목(화목하다), 寄 기(부치다), 卿 경(벼슬), 天涯 천애(하늘의 끝/아주 먼 곳), 涯 애(물가), 孤 고(외롭다), 訪 방(방문하다), 賒 사(외상거래하다/멀다), 掃 소(쓸다), 柴 시(섶/땔나무), 柴門 시문(사립문), 迎 영(맞다/마중하다), 苔 태(이끼), 滿 만(가득 차다), 貧 빈(가난하다)

사위를 맞이하는 장인의 기쁜 심정

　집안에 손님이 끊이지 않는 것은 바람직한 일임에도, 방문객이 없어 늘 대문이 닫혀 있으면 보기에도 민망할 수밖에 없다. 나를 찾아오는 손님을 정성껏 접대하여 가고난 후 후회함이 없어야 하고, 다음에 스스럼없이 다시 찾아오도록 해야 하겠다.

　유장경이 궁벽한 시골에 있을 때 찾아오는 사람이 드물었는데, 어느 날 사위 이목(李穆)이 천리 길도 멀다하지 않고 찾아오자 그 준비과정과 마음의 기쁨을 노래했다.

　위 詩는 유장경이 사위 이목이 지은 '장인 유장경에게 부친다(寄妻父劉長卿)'라는 시를 보고 화답(和答)한 시이다. 이목의 시는 장인 유장경이 살고 있는 안휘성 신안군(新安郡 : 지금의 歙縣흡현)을 찾아오면서 느낀 험난한 여행길을 노래했는데, 詩의 전문은 다음과 같다.

　"도처에 산을 에워싼 구름은 무시로 뭉게뭉게 일어날 때, 남쪽으로 동려(桐廬)를 바라보니 더욱 들쑥날쑥하다. 사공은 신안이 가깝다고 말하지 말라, 흐르는 물을 거슬러 가니 가는 것이 더딜 뿐이다(處處雲山無盡時, 桐廬南望轉參差. 舟人莫道新安近, 欲上潺湲行自遲)."

　당시 신안(新安)에 머물던 유장경이 사위 이목이 쓴 위 시를 보고, '홀로 배를 타고 하늘 끝까지 찾아 왔다'고 하면서 여행길이 멀고도 힘들었음을 나타내고, 그 이면에는 사위를 만난다는 기대와 유쾌한 기분이 말없는 가운데 들어있다.

계속하여 '만 리나 이어진 구름 산에 길은 더욱 아득하다' 하였는데, 동강(桐江)에서 신안까지 오는 길은 강물을 거슬러 배를 몰아야 한다. 즉 이 일대는 겹겹이 산으로 둘러싸이고, 또한 지세의 높낮이가 심하여 여울이 험난하였다. 한 구비 산을 돌때마다 목적지에 도착했다고 여겼으나 예상은 빗나가고, 길은 여전히 아직 멀다고 한다.

이어서 마지막 두 구절은 주인이 나그네를 맞이하는 절실한 심정을 그렸다. 사위는 한평생을 두고 늘 어려운 손님으로 맞이한다는 뜻으로 사위를 '백년지객(百年之客)' 즉 백년손님이라고 한다.

그러나 나이 많은 장인이 멀리서 오는 사위를 맞이하기 위해 사립문을 청소하고 있는 모습에서 장인과 사위간의 융합된 감정을 느끼게 한다. 손님이 오기 전에는 적막하였는데, 손님을 맞이하는 기쁨이 은연중에 나타나 있다. 사실 3·4구절은 도치되어 있는데, 원래는 '…낙엽이 가득하여, 손님을 맞으려…사립마당을 청소한다'로 되어야 한다.

아무튼 나를 찾아오는 손님은 반가울 수밖에 없다. 하여 지기(知己)의 방문을 두고, 공자가 일찍이 '벗이 멀리에서 찾아오니, 즐겁지 아니한가?(有朋自遠方來, 不亦樂乎?)' 라고 한 그 말이 새삼 가슴에 다가온다.

당시산책(73)

화자강(華子崗)

배적(裵迪)

화자강

| 日落松風起 | 해지자, 솔바람 일어나는데 |
| 일 락 송 풍 기 | |

| 還家草露晞 | 집으로 돌아가는 길, 풀 이슬이 |
| 환 가 초 로 희 | 말랐구나! |

| 雲光侵履迹 | 구름 빛이 발걸음마다 스며들고 |
| 운 광 침 이 적 | |

| 山翠拂入衣 | 푸른 산 빛이 옷깃에 스치어든 |
| 산 취 불 입 의 | 다. |

글자풀이

華子崗화자강(왕유의 별장에 있는 20개 명승지중 하나), 崗 강(언덕), 裵 배(옷이 치렁치렁하다/나라이름), 迪 적(나아가다), 還 환(돌아오다), 露 로(이슬), 晞 희(마르다/햇빛에 쬐다), 侵 침(침범하다), 履 리(신/밟다/걷다), 迹 적(자취), 翠 취(비취색/물총새), 拂 불(떨치다/털다/스치어 지나가다/ 바람이 부는 모양)

작자소개

배적(裵迪 : 716~?)은 성당(713~765)의 시인으로 관중(지금의 섬서(陝西))사람으로 벼슬은 촉주(蜀州)자사 등을 지냈다. 일찍이 왕유(王維)와 친한 벗이 되어 종남산에 살았으며, 서로 왕래하면서 시를 지었다. 남아있는 시는 대다수가 5언 절구이고, 그윽하고 고요한 자연경치를 주로 노래했으며, 왕유의 산수시와 그 경향이 유사하다.

화자강을 거쳐 집으로 돌아가다

배적(裵迪)은 성당(盛唐) 산수전원파(山水田園派) 시인 중의 한 사람이며 왕유와 가장 가까운 친구였다. 왕유가 남전(藍田) 망천(輞川)에 은거할 때 배적이 배를 타고 왕래하면서 거문고를 타고, 시를 지으며, 하루를 보냈다고 한다.

이 망천별장 주변에는 화자강(華子崗)·죽리관(竹里館)·녹채(鹿柴) 등 20개의 명승지가 있었다. 이에 왕유와 배적이 각기 5언 절구 20수를 지어 주고받으며 그 아름다운 경치를 노래했다. 이때 왕유가 지은 화자강에 배적이 화답하여 지은 것이 위 詩이다. 왕유의 시는 다음과 같다.

華子崗　　화자강　왕유

飛鳥去不窮　　날아가는 새 끝없이 날아가고
비 조 거 불 궁

連山復秋色　　연이은 산들은 다시 가을빛이로다.
연 산 부 추 색

上下華子崗　　화자강을 오르내리노라면
상 하 화 자 강

惆悵情何極　슬픔에 겨워 이 마음 다함이 없다.
추 창 정 하 극

　배적이 왕유를 방문하여 음풍한담(吟風閑談)하다가 해지자 집으로 돌아가는(還家) 것을 줄거리로 하여 화자강을 지나면서 자신이 보고 듣고 느낀 것을 나열해서 시를 이루었다.
　해 지고(日落), 솔바람(松風)이 일어나고, 풀에 맺힌 이슬(草露), 구름 빛(雲光), 산의 푸르름(山翠) 등 각각의 경물들을 유기적으로 연결하여 소리와 색깔, 고요함과 움직임이 서로 배합된 한 폭의 화면을 이루었다.
　석양이 서쪽으로 막 지려고 하는데, 저녁 바람이 서서히 일어나고 있다. 이때 집으로 돌아가는 배적이 왕유와 낮 동안 내내 유쾌하게 실컷 놀았으나 아직 여흥이 다하지 않은 듯, 천천히 걸어서 화자강을 내려가는 유유한 심정이 드러나 있다.
　계절은 마침 하늘이 드높고 기상이 맑은 가을이다. 여름과는 달리 축축한 풀 이슬도 다 말랐고, 구름 빛은 발걸음 밑에 스며들고, 산 빛의 푸르름이 옷깃에 가볍게 스치듯 스미어 온다.
　화자강에 대한 시인의 깊은 사랑과 떨어지지 않는 발걸음 등이 은연중에 엿보인다.
　왕유와 배적 두 사람의 시가 선적(禪的)인 고요함과 아름다움이 있어 흔히 '입선(入禪)'의 경지에 들었다고 한다.

당시산책(74)

국화(菊花)

황소(黃巢)

국 화

待到秋來九月八
대 도 추 래 구 월 팔

가을 중양절 구월 팔 일이 오기를 기다려

我花開後百花殺
아 화 개 후 백 화 살

나 국화가 활짝 핀 후에는 백가지 꽃이 시들 것이다.

衝天香陣透長安
충 천 향 진 투 장 안

하늘을 찌를 듯 짙은 국화향이 장안성에 가득한데

滿城盡帶黃金甲
만 성 진 대 황 금 갑

온 장안성을 노란 국화색 황금 갑옷으로 덮을 것이다.

글자풀이

註 : 菊 국(국화), 巢 소(보금자리), 待 대(기다리다), 到 도(이르다), 開 개(열다/피다), 殺 살(죽이다), 衝 충(찌르다/맞부딪치다), 香 향(향기), 陣 진(진치다/진영), 透 투(통하다/꿰뚫어보다), 滿 만(가득차다), 盡 진(다하다), 帶 대(두르다/꾸미다), 甲 갑(갑옷/첫째천간/껍질)

작자소개

황소(黃巢:?~884)는 만당(晚唐)시기의 '황소의 반란'(874~884)을 일으킨 농민반란 지도자로서 이 반란이 끝난 뒤 20여년 만에 당나라도 붕괴되었다. 산동성 출신으로 관리에 뜻을 두었으나 과거에 실패하고 소금 장사를 하여 군자금을 모아 반란을 일으켰다. 881년 장안을 점령한 후 국호를 '대제'(大濟)라 하고 황제의 자리에 올랐다. 883년 장안에서 쫓겨나고 884년 자결하여 생애를 마감했다.

장안성을 황금 갑옷으로 덮고야 말겠다

 황소(黃巢:?~884)가 살던 때는 당나라 말기로 암울했던 시대였다. 당나라도 후기에 접어들고 귀족들의 대토지 소유 현상이 심각해지자 삶의 터전을 잃은 농민들은 살길을 찾아 사방으로 흩어졌다. 또한 750년대부터 국가에서 소금을 독점 판매하고 사적으로 소금매매를 금하여 소금 값이 급등했다. 소금을 구할 수 없었던 많은 백성들이 소금밀수에 가담하였다.
 이때 과거시험에 실패한 황소도 고향 산동에서 소금밀매를 통해 부를 축적하고 군자금을 마련하여 대규모 농민 봉기를 일으켰는데, 이것이 바로 황소의 난(874~884)이다. 위 詩는 황소가 반란을 일으키기 전 과거 시험에 응시하여 실패하고 난 후 장안에서 지었다. 옛말에 "말위에서 천하를 얻었다고 말하지 말라, 자고로 영웅은 모두 시를 이해하였다(莫言馬上得天下, 自古英雄皆解詩)."라는 말이 있듯이 황소도 5세 때 이미 시를 지었다고 하니 어릴 때부터 총명했던 것 같다.

원래 과거시험에 뜻을 두어 수차례 응시하였으나 당시 과거시험이 부패한 관리들에 의해 좌우지되었기 때문에 황소는 번번이 낙방할 수밖에 없었다. 관리가 되는 것을 포기하고 고향에서 소금밀매에 뛰어들었으며, 점차 사회변혁에 눈을 돌렸다.

제1·2구절에서 9월 9일 중양절, 나의 시절이 오기만을 기다리는데, 그때는 백가지 꽃이 시들고 나 국화꽃만 홀로 우뚝하리라 하면서 혁명의 날이 오기를 기다리고 있는 듯하다. 당시 통치자인 권신·귀족들은 늦가을의 꽃들처럼 모두 시들 것이라고 했다. 제1구절에서 중양절인 九月九日이라하지 않고 九月八日이라한 것은 八팔자를 사용하여 '살殺·갑(甲)'등과 운자를 맞추기 위해서이다.

제3·4구절에서 농후한 국화향이 장안성에 가득할 때, 나는 국화색의 노란 황금 갑옷으로 장안을 덮겠다고 하였으니, 결국 반역을 하여 장안을 점령하겠다는 뜻일 것이다.

황소는 당 희종(僖宗) 건부(乾符) 원년(874) 7월, 왕선지와 함께 봉기했다. 881년 1월 황소의 군대가 장안을 점령하였는데, 위 국화시의 호언장담(滿城盡帶黃金甲)이 실현되었다. 황소가 장안에 입성한 후 9일째, 황제 즉위를 하고 국호를 '대제(大濟)' 연호를 '금통(金統)'이라 하였다. 그러나 전략적 착오와 내부의 분열로 883년 장안에서 쫓겨나고, 884년 산동성 '낭호곡(狼虎谷)'에서 자살하여 생애를 마감했다.

당시산책(75)

국화(菊花)

원진(元稹)

국 화

| 秋叢繞舍似陶家 | 가을 꽃 떨기는 도연명의 집 |
| 추 총 요 사 사 도 가 | 인 듯 집을 둘렀는데 |

遍繞籬邊日漸斜
편 요 리 변 일 점 사

두루 국화 만발한 울타리에 해가 점차 기울고 있다.

不是花中偏愛菊
불 시 화 중 편 애 국

꽃 중에 국화만 편애하는 것은 아니지만

此花開盡更無花
차 화 개 진 갱 무 화

이 꽃이 다 피고나면 다시 꽃이 없기 때문이다.

글자풀이

菊 국(국화), 穐 진(떨기로 나다), 叢 총(모이다/떨기), 繞 요(두르다/둘러싸다), 舍 사(집), 似 사(같다/닮다), 陶 도(질그릇), 陶家 도가(국화를 사랑했던 도연명의 집), 遍 편(두루/고루 미치다), 籬 리(울타리), 邊 변(가/가장자리), 漸 점(점점/차차), 斜 사(비끼다/비스듬하다), 偏 편(치우치다/한쪽), 偏愛 편애(어느 한쪽을 치우쳐 사랑함), 開 개(열다/꽃이 피다), 盡

진(다되다/끝나다), 更 갱(다시/고치다)

작자소개

원진(元稹 : 779~831)은 중당(766~835)의 시인으로 자는 미지(微之), 하남성 낙양사람이다. 15세에 과거에 합격한 수재이고, 감찰어사 등을 거쳤고 좌천되기도 했다. 환관 등 구세력들과 타협하여 재상자리인 동평장사(東平章事)에 올랐다. 백거이와 더불어 알기 쉬운 새 시풍을 개척했는데, '원경백속'(元輕白俗 : 원진은 경박하고, 백거이는 속되다)이라 하여 혹평을 받기도 했다.

국화로 울타리를 둘러놓고

국화는 서릿발 속에서도 굴하지 않는 꽃으로서 줄곧 사랑을 받아왔다. 목단(牧丹)처럼 화려하지도 않고, 난초처럼 귀하지도 않으나 사람들은 국화의 굳세고 강인한 품격과 고결한 기질을 찬미해 왔다.

일찍이 동진(東晉)의 도연명이 특별히 국화를 사랑하여 그의 '음주(飮酒)'라는 시에서 "採菊東籬下, 悠然見南山(동쪽 울타리 밑에 핀 국화를 따노라니, 유연히 남산이 눈에 보인다)"이 나온 천백년 이래 많은 사람들이 국화를 더욱 사랑하게 되었다.

원진의 위 국화 詩는 그가 청년시절에 지었다. 먼저 국화를 감상하고 있는 실제 모습을 그렸다. 담장 주위에 국화를 온통 빼곡히 심어 놓았는데, 마치 국화를 사랑했던 도연명의 집과 같다고 하였다.

이어서 울타리에 가득 핀 국화를 감상하기 위해 온 마음을 기우리고 있는데, 마침 태양이 서쪽으로 서서히 기우는 것도 모르고 바라보고 있었다. 마냥 국화 감상에 푹 빠져있는 국화 사랑의 분위기를 한껏 드러냈다.
　계속하여 국화를 사랑하는 이유를 설명하는데, 국화가 백가지 꽃 중에서 가장 늦게 시들고, 이후에는 감상할 꽃이 없기 때문이라고 하였다.
　사실 국화는 오상고절(傲霜孤節)이라 하여 서리를 이기고 늦가을에 홀로 피는데, 날씨는 이미 서늘하여 국화가 다 시들고 나면 계절은 어느 덧 엄동으로 들어간다. 이제 더 이상 감상할 꽃이 없으므로 사람들은 국화를 진귀한 것으로 여기게 되었다. 그 가운데는 당연히 국화가 풍상(風霜)을 견디고, 늦게 시드는 굳건한 품격을 찬미하고 있음은 말할 것도 없다.
　국화라는 평범한 소재를 가지고, 특별한 시의(詩意)를 발굴했는데, 참신하여 자연스럽고 진부하지 않다는 평을 받고 있다.

제7부
숨어사는 즐거움

당시산책(76)

종남별업(終南別業)

왕유(王維)

종남산 별장에서

中歲頗好道
중 세 파 호 도
중년에 자못 도(불교)를 좋아하다가

晚家南山陲
만 가 남 산 수
만년(晚年)에 종남산 기슭에 집을 지었다.

興來每獨往
흥 래 매 독 왕
흥이 나면 매양 홀로 거닐며

勝事空自知
승 사 공 자 지
그 가운데 유쾌한 일, 나만이 안다.

行到水窮處
행 도 수 궁 처
걸어서 시냇물이 다한 곳에 이르면

坐看雲起時
좌 간 운 기 시
앉아서 구름 일어나는 것을 바라본다.

偶然値林叟
우 연 치 임 수

우연히 숲속의 산골노인을 만나면

談笑無還期
담 소 무 환 기

얘기하며 웃느라 돌아가기를 잊었다.

글자풀이

終南 종남(당나라 수도 장안 부근에 있는 종남산), 別業 별업(별장), 中歲 중세(중년/30세 정도), 頗 파(자못/조금), 道 도(불교를 말하며, 작자는 불교에 심취했음), 晩 만(늦다/만년 : 40세가 지난 것을 말함), 陲 수(변방/변경), 興 흥(일다/흥취), 往 왕(가다), 勝事 승사(마음에 드는 즐거운 일/아름다운 경치를 감상하는 것), 偶 우(짝/뜻하지 않게 만남), 値 치(값/만나다), 叟 수(늙은이), 林叟 임수(산골노인), 還 환(돌아오다), 期 기(만나다/때/기대하다)

종남산 기슭에 별장을 짓고

왕유(王維 : 701~761)는 만년에 벼슬이 상서우승(尙書右丞)에 이르렀다. 그러나 정치의 변화는 무상하여 벼슬살이에서 우여곡절을 겪기도 하였다.

이로 인해 번거로운 속세를 초탈하고 싶은 생각이 간절했다. 그의 나이 대략 40세 이후가 되면 채식을 하고 불교에 심취하여 유유자적하면서 벼슬살이와 은거생활을 병행하게 되었다.

위 詩는 작자가 종남산에 별장을 짓고 은거하면서 지었다. '중년에 자못 불교를 좋아하여, 만년에 종남산 기슭에 집을 지었다'에서 은거하는 이유를 설명했다.

왕유는 30대부터 세속의 생활에 염증을 느끼고 불교에 깊이 심취하여 만년에 종남산 기슭에 별장을 세웠는데, 이것이 바로 망천(輞川)별장이다. 이곳은 원래 초당의 시인 송지문(宋之問)의 소유였는데, 왕유가 사들였으며 이곳의 고요하고 수려한 전원 산수에 푹 빠진 곳이었다.

나머지 3~8구절(여섯 구)은 별장에서 일어난 일상생활을 그렸는데, 세상과 다툼이 없는 자연주의적 사상과 자연을 사랑하는 그 마음을 표현했다.

'흥이 일면 매양 홀로 거닐며'에서 주변에는 진정으로 자연을 사랑하는 사람이 드물어 동행할 사람도 마땅히 없었다. 그리하여 자연의 경치는 그냥 홀로 즐기는 것이어서 '승사(勝事)는 한갓 나만이 안다'라고 하였다.

'가다가 물줄기 다하는 곳(水窮處)에 이르면'에서 내 마음이 내켜 가고 싶은 대로 가다가 더 이상 갈 곳이 없으면 차라리 그 자리에 앉을 수밖에… 하여 '앉아서 구름이 일어나는 것을 바라본다.'에서 지극히 한가한 심정을 다 드러냈다. 이 두 구절이야말로 '시 가운데 그림(詩中有畫)'이 있는데, 자연스러운 한 폭의 산수화가 되었다.

마지막 두 구절에서 그 깊은 산속에서 문득 만나게 된 산골노인과 격식 없이 대화를 나눈다. 높은 관리와 산골노인이란 신분도 잊고 화기애애한 이야기는 끝날 줄을 모른다.

돌아 가야할 시간 따위는 아예 염두조차 없다. 그래서 고인들은 "이 詩를 보면 그 티끌(塵埃) 가운데서 벗어나 만물의 바깥에서 노니는 자임을 안다."라고 평하였다.

객지(客至)

두보(杜甫)

반가운 손님이 찾아오다

舍南舍北皆春水
사 남 사 북 개 춘 수

우리 집 남쪽 북쪽에도 봄 시냇물 흐르는데

但見群鷗日日來
단 견 군 구 일 일 래

다만 무리 지은 갈매기 떼 날마다 날아오는 것을 본다.

花徑不曾緣客掃
화 경 부 증 연 객 소

꽃핀 오솔길 손님이 온다하여 일찍이 쓸었던 일 없고

蓬門今始爲君開
봉 문 금 시 위 군 개

사립문은 오늘 처음으로 그대를 위해 열었다.

盤餐市遠無兼味
반 찬 시 원 무 겸 미

접시에 담긴 음식도 시장이 멀어 변변찮고

樽酒家貧只舊醅
준 주 가 빈 지 구 배

항아리의 술도 집이 가난하여 오래된 탁주뿐이다.

肯與隣翁相對飮
긍여인옹상대음

이웃 노인과 함께 마셔도 좋다고 하면

隔籬呼取盡餘杯
격리호취진여배

울타리 너머로 불러와 남은 잔을 다 비우세.

글자풀이

至 지(이르다), 舍 사(집), 群 군(무리), 鷗 구(갈매기), 徑 경(지름길/작은 길), 花徑 화경(꽃이 핀 마당의 오솔길), 曾 증(일찍), 緣 연(인연/연유하다), 緣客 연객(손님이 온다는 이유로 해서), 掃 소(쓸다), 蓬 봉(쑥/흐트러지다), 蓬門 봉문(쑥으로 엮어 만든 사립문), 始 시(비로소), 盤 반(접시), 飱 찬(먹다/음식물), 盤飱 반찬(음식), 兼味 겸미(두 가지 이상의 음식), 醅 배(막걸리), 舊醅 구배(오래된 탁주), 肯 긍(즐기다/기꺼이), 隣 린(이웃), 隣翁 인옹(이웃집 노인), 隔 격(사이가 뜨다/거리), 籬 리(울타리), 呼 호(부르다), 餘 여(남다), 杯 배(잔)

반가운 손님이 찾아오다

두보는 757년(46세)에 좌습유(左拾遺)란 벼슬에 처음 임명되었으나 좌천되는 등 벼슬살이가 순탄치 못하여 759년에 벼슬을 그만두고 사천성 성도로 갔다. 이때 검남절도사 엄무(嚴武)의 후원으로 모처럼 평안한 생활을 하게 되었다.

760년(49세) 성도 서쪽교외 완화계(浣花溪) 언덕에 초당(草堂)을 지었다. 이것이 바로 오늘날까지 보존되어 세상에 널리 알려진 두보초당(杜甫草堂)이다.

위 詩는 숙종 상원(上元) 2년(761) 봄날, 두보의 나이 51세 때 초당에 한가롭게 머물면서 지은 작품이다. 반가운 손님이 찾아온 평범한 소재를 솔직하게 기록한 詩로써 작자의 성실하고 소박한 성격과 손님을 맞이하는 기쁜 심정을 유감없이 드러냈다.

제1·2구절은 먼저 초당 부근의 경치를 언급했다. 푸른 물이 초당을 둘렀고, 날마다 날아드는 갈매기 떼를 본다는 것에서 환경이 맑고 그윽하여 갈매기나 벗하면서 한가롭게 숨어서 살고 있는 작자의 모습을 은연중에 드러냈다.

제3·4구절에서 손님이 오는 기쁨을 끌어냈다. 꽃이 핀 마당의 오솔길을 손님을 맞기 위해 쓸어 본적이 없는데, 줄곧 닫혀 있던 사립문도 오늘 그대를 위해 연다고 하였다.

적막한 가운데 바라지도 않았던 뜻밖의 가객(佳客)이 찾아오자 마음의 기쁨을 다 드러냈다. 이 두절(花徑不曾緣客掃, 蓬門今始爲君開)은 명구(名句)로 회자된다.

제5~8구절은 손님을 접대하는 작자의 성의를 표현했다. 비록 안주도 변변찮고 오래된 묵은 탁주뿐이지만 이웃노인까지 불러서 함께 즐겁게 마시자고 제안하는데, 작자의 성의를 다한 손님접대와 진솔한 마음의 정을 다 나타냈다고 하겠다.

혹자들은 "이 대화체의 詩는 詩전체가 일인칭의 말투로 홀로 손님에 대하여 말하고 있는데, 그 언어가 질박(質朴)하고 유창하며, 한 말투로 일관되어있다. 또 수식이 자연스러워 평범한 것 같으나 생동적으로 쓰여 진부하지 않으며 새로운 경계를 이루었다."라고 평하였다.

한편, 이 詩는 작자의 자주(自註)에 '희최명부상과(喜崔明府相過)'라는 제목에 대한 설명이 붙어 있다. '명부(明府)'는 현령(縣令)을 말하고, '최명부'는 두보의 외삼촌이라고 한다.

당시산책(78)

숙석읍산중(宿石邑山中)

한굉(韓翃)

석읍산 산중에서 자다

浮雲不共此山齊
부운불공차산제

뜬 구름도 석읍산과 함께 가지런하지 아니하고

山靄蒼蒼望轉迷
산애창창망전미

산안개 짙게 끼어 앞을 바라보아도 더욱 희미하다.

曉月暫飛千樹裏
효월잠비천수리

새벽 달빛은 나그네 발길 따라 나무숲속에 쏟아지고

秋河隔在數峰西
추하격재수봉서

가을 은하수는 서쪽 봉우리들 사이에 가로놓여있다.

글자풀이

宿 숙(자다), 石邑 석읍(하북성 獲鹿획록 동남에 있음), 翃 굉(벌레가 날다), 浮 부(뜨다), 不共 불공(=不與 함께하지 않다), 齊 제(가지런하다), 靄 애(구름이 피어오르다/안개), 蒼 창(푸르다), 轉 전(구르다/더욱 더), 迷 미(미혹하다/헷갈리다), 曉 효(새벽), 暫 잠(잠깐), 河 하(물/은하), 隔 격(사이가 뜨다/거리)

작자소개

한굉(韓翃 : 생몰년 미상)은 중당(766~835)의 시인으로 자는 군평(君平)이며 하남성 사람이다. 당 현종 754년에 진사에 급제하였고 벼슬은 중서사인(中書舍人) 등을 역임했다. 대력십자재(大歷十才子)의 한사람이며 그 당시 상당히 이름이 높았다고 한다. '한굉 시집 5권'이 전해진다.

석읍산에서 자고, 새벽에 길을 떠나다

이 詩는 한굉이 석읍산에서 하룻밤을 자면서 석읍산의 변화무쌍하고 사람을 사로잡는 장려한 경치를 읊은 것이다. 앞 두 구절은 해가 저물어 산중에 투숙하면서 바라본 산속의 경치를 그렸고, 뒤의 두 구절은 새벽에 일어나 나그네 길을 떠나면서 숲속에서 본 하늘의 경치를 나타냈다.

석읍(石邑)은 옛날 지명으로 오늘날 하북성 획녹(獲鹿) 동남쪽에 있는데, 태행산맥(太行山脈)과 연결되어 하늘에 닿을 듯 산이 높고 험하다고 한다.

"뜬구름도 석읍산과 함께 가지런하지 아니하고"에서 허공에 높이 떠다니는 흰 구름조차 산 정상까지 날아오르지 못한다고 하여 높은 산의 기세를 나타냈다.

"산안개 짙게 끼어 바라보아도 더욱 희미하다"는 멀리 바라본 경치로 하늘을 찌를 듯 늘어선 산은 끝없이 이어지고, 떠도는 저녁안개는 옅어졌다가 짙어졌다가 하는데, 앞을 바라보아도 희미할 뿐이다. 해저 문 깊은 산중의 그윽한 신비감과 변화막측한 분위기를 잘 드러냈다.

"새벽 달빛은 나그네 발길 따라 나무숲속에 쏟아지고"는 새벽에 길을 가는데, 우거진 나무숲속 사이로 새벽달이 하늘에 높이 걸려있다. 산길을 걸어감에 따라 빽빽한 나무사이로 달빛이 드러났다가 숨었다 한다.

"가을 은하수는 서쪽 봉우리들 사이에 가로놓여 있다"에서 새벽이 다가옴에 따라 온갖 소리마저 조용한데, 오직 서쪽으로 기울고 있는 가을 은하수가 수많은 봉우리를 가리고 있다.

전체적으로 산중에 도착하여 바라본 우뚝 솟은 산과 자욱한 산안개, 새벽 산길에서 마주친 새벽달과 가을 은하수를 질서정연하게 그려냈다.

한굉이 지은 詩 중에서 그 당시에 널리 알려진 '한식(寒食)'이라는 詩가 있는데, 재미있는 일화가 전해지고 있다. 당 덕종(德宗 : 재위779~804)때 마침 황제의 조칙(詔勅) 초안을 작성하는 벼슬인 지제고(知制誥) 자리가 비었다. 덕종은 마음속으로 한굉을 임명하려 하였다.

당시 조정에는 동성동명의 사람이 두 명 있었으므로 어지(御旨)를 묻자 덕종이 "春城無處不飛花, 寒食東風御柳斜…(장안에 봄이 오니 곳곳마다 꽃이 흩날리고, 한식날 동풍에 궁궐의 수양버들 휘 늘어진다…)." 를 읊조리면서 한굉을 지명했다고 한다.

이 일화로 보건대 그 당시에 이 詩가 널리 알려져 많은 사람들이 즐겨 읽었음을 알 수 있다.

당시산책(79)

역수송별(易水送別)

낙빈왕(駱賓王)

역수에서 벗을 보내며

此地別燕丹 이곳 역수에서 형가(荊軻)가 연나라
차 지 별 연 단 태자 단과 이별할 때

壯士髮衝冠 장사는 비분강개하여 머리카락이 관
장 사 발 충 관 을 뚫었다.

昔時人已沒 옛날 그때의 사람들은 이미 다 죽고
석 시 인 이 몰 없으나

今日水猶寒 오늘도 역수의 물은 옛날과 다름없
금 일 수 유 한 이 차다.

글자풀이

易水 역수(河北省하북성 易縣역현을 흐르는 강), 送 송(보내다), 駱 락(낙타), 賓 빈(손님), 燕丹 연단(전국시대 연나라 태자 단으로 秦진나라의 볼모가 되었다가 도망쳐 돌아왔다), 壯 장(씩씩하다), 壯士 장사(자객 荊軻형가를 가리킨다), 髮 발(터럭), 衝 충(찌르다), 冠 관(갓), 髮衝冠 발충관(아주 노하여 머리카락이 꼿꼿하게 관을 찌른다는 의미), 昔 석(옛날),

沒 몰(빠지다/죽다), 猶 유(오히려/여전히), 寒 한(차다)

> **작자소개**

낙빈왕(駱賓王 : 638~685?)은 초당(618~712)의 시인으로 자는 관광(觀光), 무주(婺州 : 지금의 절강성)사람이다. 7세부터 시부에 능하여 신동이라 불렸다. 장안의 주부벼슬에 있었으나 측천무후가 정치실권을 잡게 되자 반대하다가 임해승(臨海丞)으로 좌천되었다. 서경업(徐敬業)과 더불어 무후를 타도하려다가 실패하여 행방불명되었다. 초당에 이름을 날렸던 네 명의 시인(왕발·양형·노조린·낙빈왕) 중 한 사람이다.

역수에서 벗을 보내며

낙빈왕(駱賓王)이 벼슬하던 때는 측천무후(則天武后 : 623?~705)가 정치실권을 잡고 있었다. 이에 낙빈왕을 비롯한 일부 뜻있는 지사들은 무후를 축출하고 정치를 바로잡으려고 하였다.

이러한 현실에 대한 강한 불만으로 마음이 늘 편치 못하였던 낙빈왕은 아직 때가 오지 않았던 상황 하에서 방황하고 고민하던 중에 역사적 사실을 끄집어내어 역수송별(易水送別)이란 시를 지어 자신의 심정을 토로했다.

위의 '역수송별'은 전국(戰國)시대 말기 연(燕)나라 태자 단(丹)과 자객 형가(荊軻)의 고사를 인용했다. 태자 단은 진시황(秦始皇)에게 맺힌 원한을 풀기위해 자객 형가를 고용하여 진시황을 시해하려고 했다.

역수에서 태자 단과 고점리(高漸離), 송의(宋意) 등이 상복인 흰옷을 입고 형가를 진나라로 떠나보내는데, 고점리가 축(筑 : 거문고 비슷한 악기)을 타자 형가에 이에 맞추어 노래를 불렀다.

"風蕭蕭兮易水寒, 壯士一去兮不復還(바람은 쓸쓸하고 역수의

물 차가운데, 장사는 한번 가면 다시 돌아오지 않으리라)."는 '도역수가(渡易水歌)'를 불렀다.

형가의 노랫소리가 비장하고 격앙되었는데, 옆에서 보는 사람 모두 눈을 부릅뜨니 머리카락이 꼿꼿하게 서 관을 찔렀다고 한다.

낙빈왕은 이 사건을 상기하면서 "이곳 역수에서 연나라 단이 이별할 때, 장사는 비분강개해서 머리카락이 관을 뚫었다"라고 했다. 고인들의 비장한 송별의 장면을 생각하면서 상투적인 이별사를 버리고 마음속 깊은 울분의 심정을 거침없이 토로했다.

"옛날 사람들은 이미 다 죽고 없고, 오늘도 역수의 물은 차다"에서 자객 형가는 진시황을 죽이지 못하고 붙잡혀 죽게 되었고, 연나라도 진나라에게 망하였으며, 진나라 또한 마침내 망하고 말았다. 이처럼 인생은 덧없지만 역수만은 예나 지금이나 차갑게 흐르고 있다고 하였다.

기회를 엿보던 낙빈왕은 마침내 '측천무후 타도' 기치를 내걸고 684년 서경업(徐敬業) 등과 양주(揚州)에서 군사를 일으켰으나 실패하고 행방불명되었다. 이후 측천무후는 690년 황제에 올라 성신황제(聖神皇帝 : 690~705)라 칭하고, 국호를 주(周)나라로 고쳤다.

당시산책(80)

종남망여설(終南望餘雪)

조영(祖詠)

종남산의 눈을 바라보며

終南陰嶺秀
종 남 음 령 수
종남산 북쪽 영마루 수려한데

積雪浮雲端
적 설 부 운 단
소복이 쌓인 눈, 구름 끝에 떠있는 듯하다.

林表明霽色
임 표 명 제 색
수풀 위에는 눈 개인 뒤의 햇빛이 밝게 빛나니

城中增暮寒
성 중 증 모 한
성 가운데 저녁추위 짙어 가더라.

글자풀이

終南 종남(終南山종남산인데, 장안 인근에 있는 산으로 주봉은 장안의 남쪽에 있다), 陰 음(응달/그늘), 嶺 령(고개), 陰嶺 음령(음지의 산마루), 秀 수(빼어나다/아름답다), 積 적(쌓다), 浮 부(뜨다), 端 단(끝/발단), 林表 임표(수풀 위/수풀 끄트머리), 霽 제(날이 개다), 霽色 제색(눈이나 비가 개인 뒤의 햇빛), 增 증(더하다), 暮 모(저물다/저녁), 寒 한(춥다/차다)

> **작자소개**

조영(699~746)은 성당(713~765)의 시인으로 낙양(洛陽)사람이며 724년 진사과에 급제하였으나 벼슬에서 뜻을 이루지 못하고 실의하여 사임하고 여분(汝墳)으로 물러났다. 이곳 여수 물가에서 농사를 지으며 유유자적한 생활을 했다. 성당(盛唐)의 전원 산수파의 한사람으로 왕유와 시우(詩友)였으며, 그의 시풍은 탈속적이고 정적인 것으로 평해진다.

종남산의 눈을 바라보며

이 詩는 조영이 젊어서 장안에 가서 과거시험에 응시하여 지은 작품이다. 당시 시험규정은 여섯 개 운(韻)을 사용하여 12행의 오언배율(五言排律)로 지어야 하는데, 조영은 다만 위 네 구절만 쓰고 답안지를 제출했다.

시험관이 4행만 쓴 그 이유를 묻자 "뜻을 다했다(意盡)"고 대답했다. 시험관은 조영의 詩를 반복해서 읽고서야 가작임을 알아보았다. 시험답안이 격식에 맞지 않았으나 인재를 알아보고 파격적으로 조영을 합격시켰다고 한다.

장안성에서 멀리 종남산을 바라보면 종남산 북쪽의 수려한 경치를 볼 수 있으므로 "종남산 북쪽 영마루가 수려하다"고 했다. 북쪽 응달은 햇빛을 등지고 있어 눈이 거의 녹지 않아 겨울 내내 눈이 남아있다.

그래서 여설(餘雪)이라 했으며. 산봉우리가 높아 구름까지 닿을 듯한데 녹지 않고 소복이 쌓인 눈이 마치 구름 끝에 떠

있는 것 같다고 했다.

　마침 눈이 개고 해가 나오자, 햇빛이 눈에 비치고 이어서 나무숲에 비치는 것이 유달리 밝게 빛난다. 눈이 내린 뒤 통상 기온이 더 내려가고 추워지므로 해질녘 종남산에 쌓여 있는 눈의 차가운 기운이 수 십리 밖 장안성 까지 밀려오는 듯 저녁 추위를 더 한다.

　이 詩는 꼭 써야 할 말만 정련해서 간결하게 표현하고, 뜻이 다 전달되자 멈추었다. 고인들은 이 詩가 부연 설명하는 사족(蛇足)이 없으니 본받을 만하다고 하였고, 눈을 읊은 가작(佳作)이라 평하였다.

　한편, 조영은 과거에 합격하여 벼슬에 나아가 병부(兵部)에 속하여 말(馬)을 관리하는 가부원외랑(駕部員外郞) 벼슬을 하였으나, 뜻이 맞지 않아 벼슬을 버리고 여수(汝水) 물가에 거처를 마련하고 농사를 지으며 유유자적한 생활을 하였다.

　이때 지은 詩가 '여분별업(汝墳別業 : 여분의 별장)'이다. "失路農爲業, 移家到汝墳… 山中無外事, 樵唱有時聞(관리의 길을 잃고 농사를 업으로 삼기위해, 집을 이사하여 여분으로 갔다… 산중생활에는 바깥세상과의 번거로운 일이 없고 , 나무군의 노래 소리만 이따금씩 들려온다)." 조영은 이곳 여분에서 고기 잡고 나무하면서 농부로 여생을 보냈다.

한단동지야사가(邯鄲冬至夜思家)

백거이(白居易)

한단에서 동짓날 밤 집을 그리며

邯鄲驛里逢冬至
한 단 역 리 봉 동 지

한단 역사에서 동짓날 밤을 맞았는데

抱膝燈前影伴身
포 슬 등 전 영 반 신

등 앞에 무릎을 껴안고 그림자를 벗 삼았다.

想得家中夜深坐
상 득 가 중 야 심 좌

이날 밤 집에는 식구들이 깊은 밤까지 모여 앉아

還應說着遠行人
환 응 설 착 원 행 인

응당 멀리 길 떠나 있는 나를 이야기하고 있겠지!

글자풀이

邯鄲 한단(지명 : 지금 하북성 한단시), 驛 역(역말/역참, 옛날 내왕하는 관리들을 위해 숙박·교통 등 편의를 제공하던 곳), 逢 봉(만나다), 抱 포(안다), 膝 슬(무릎), 抱膝 포슬(무릎을 껴안고 있는 모양), 燈 등(등잔/등), 影 영(그림자), 伴 반(짝/따르다), 遠行人 원행인(먼 길을 떠나 있는 사람)

한단 여관에서 동짓날 밤, 집을 그리며

이 詩는 백거이가 한단의 여관에서 명절인 동짓날 밤을 만나 귀향하지 못한 처량한 나그네로서 집을 그리워(思家)하면서 지은 것이다.

한단의 차디찬 여관에서 동지를 보내는데, 등잔불 밑에서 홀로 무릎을 껴안고(抱膝) 앉아 있으니 그림자가 나의 벗이 되고 있다. 딱히 할 일도 없고 우두커니 적막하게 앉아 있는 그 모습이 선연하게 눈에 들어온다.

3·4구절은 집을 그리워(思家)하면서 문득 생각은 고향을 향해 달려간다. 동짓날 밤 고향집에서 일어날 법한 일을 상상 속에서 그려보는 한 폭의 정경이다.

고향에서는 가족들이 등잔불 밑에 모여앉아 잠을 자지 않고 밤을 지새울 것이다. 아마 지금쯤 고향식구들은 멀리 길 떠나 있는(遠行人) 나를 이야기하고 있을 것이라고 하였다.

우리들 평범한 삶속에서도 명절을 맞아 귀향하지 못한 채 객지에서 홀로 보낸 이러한 체험을 누구나 한번쯤 겪었을 것이다. 그래서 이 詩를 거듭 읽고 있노라면 자신도 모르게 숙연하지기도 하고, 나아가 끝없는 상상의 나래를 펴게도 한다.

혹자는 백거이의 이 詩가 너무 직설적이라고 한다. 즉 "家中見月望我歸, 正是道上思家時(집안에서 달을 보고 내가 돌아오기를 기다리는데, 나는 바야흐로 나그네 길에서 집을 그리워하는 때였다.)." 등의 詩에 비해 곡절(曲折)의 맛이 없다고 평가한다.

 그러나 각각의 詩마다 읽는 사람들이 느끼는 좋은 점이 달리 있으니 이러한 논의 자체가 크게 의미가 없으리라고 생각된다.

 이 글을 쓸 무렵이 동지였는데, 동지(冬至)는 일 년 중 낮이 가장 짧고 밤이 가장 길어 음(陰)이 극에 이르지만, 이날을 기점으로 다시 낮이 차츰 길어지기 시작한다. 양(陽)의 기운이 이날 한 밤중에 처음 싹튼다고 하여 역경(易經)에서는 복괘(復卦 : 地雷復지뢰복)로 보고 11월에 배치했는데, 옛날 주(周)나라에서는 11월을 정월로 삼아 동지를 설로 삼기도 했다.

 즉 태양이 죽음으로부터 다시 부활하는 날로 '작은 설'이라 하여 경사스런 명절로 여겼다. 옛날에는 이날 멀리 집을 떠나있던 사람들도 귀가하여 가족이 한자리에 앉아 동지를 보냈다. 우리 풍속에는 '동지 팥죽을 먹어야 한 살을 먹는다'라는 말도 있다.

당시산책(82)

야상수항성문적(夜上受降城聞笛)

이익(李益)

밤에 수항성에 올라 피리소리 들으며

回樂峰前沙似雪 회 락 봉 전 사 사 설	회락봉 앞 사막모래는 눈처럼 희고
受降城外月如霜 수 항 성 외 월 여 상	수항성 밖 달빛은 찬 서리 내린 듯하다.
不知何處吹蘆管 부 지 하 처 취 로 관	어디선가 갈잎 피리소리 들려오는데
一夜征人盡望鄕 일 야 정 인 진 망 향	병사들 고향생가에 온 밤 지새운다.

글자풀이

受降城 수항성(황하 이북 내몽고 자치구에 있는 성으로 突厥돌궐의 노략질을 막기 위해 쌓은 성), 降 항(항복하다), 聞 문(듣다), 笛 적(피리), 回樂峰 회락봉(감숙성 靈武縣영무현 서남쪽에 있는 산봉우리), 沙 사(모래/사막), 似 사(같다), 霜 상(서리), 吹 취(불다), 蘆 로(갈대), 管 관(대롱/피리), 蘆管 로관(胡人호인들이 갈대 잎으로 만든 피리), 征 정(가다/치다),

征人 정인(멀리가거나 출정하는 사람/변방을 지키는 병사), 盡 진(다하다), 望 망(바라다/그리워하다), 鄕 향(시골/고향)

작자소개

이익(李益 : 748~827)은 중당(766~835)의 시인으로 자는 군우(君虞)이며 감숙성 농서(隴西) 사람이며 769년 진사에 급제한 후 여러 벼슬을 지냈다. 헌종의 부름을 받아 중서사인(中書舍人), 집현학사 등을 역임했다. 대력십재자(大歷十才子) 가운데 한 사람이다.

전선에 들려오는 구슬픈 피리소리

전선(戰線)을 지키는 병사들에게 가장 힘 드는 것이 바로 계속되는 긴장과 가족에 대한 그리움이다. 우리 가요 중 "가랑잎이 휘날리는 전선의 달밤…"하면서 이어지는 '전선야곡'이란 노래가 있는데, 고달픈 병역의 의무를 마친 사람들은 물론 누구나 즐겨 부르는 국민가요가 되었다. 당(唐)나라 때에도 변방은 돌궐·고구려·발해·토번 등과 전쟁이 끊이지 않는 등 국경이 늘 소란스러웠다. 이때 변방의 모습을 담은 詩들이 등장하였는데, 이들을 변새시(邊塞詩)라고 한다. 시인 이익이 변방을 여행하면서 보고 느낀 것을 詩로 남겼는데, 천고의 절창이 되었다.

이 詩는 변방을 지키는 병사들이 호인(胡人)들의 풀피리 소리를 듣고, 고향을 그리워하는 마음을 묘사한 것이다.

詩의 제1·2구절은 밤에 수항성 위에 올라 보게 된 달빛 아래 경색을 그렸다. 멀리 바라보이는 회락봉 앞 수 십리 구릉은 모래사막으로 덮여 있는데, 달빛이 비치니 모래는 눈처럼 하얗다고 하였다.

　가까이 눈을 돌리니 수항성 밖에는 하늘과 땅이 온통 밝고도 처량한 달빛으로 가득하니 하얀 가을서리가 내린 듯하다고 했다. 이 서리와 같은 달빛과 달빛아래 하얀 눈으로 덮인 것 같은 모래사막이 바로 병사들에게 향수를 불러일으키게 하고 있다.

　온갖 소리마저 끊어진 고요한 밤에 갑자기 처량하고 원망하는 듯한 풀잎 피리소리가 바람에 실려 울려 퍼지니 병사들은 온밤 내내 고향이 더욱 그리울 수밖에 없으리다.

　"沙似雪(모래가 눈 같고), 月如霜(달빛이 서리 같다)"이라는 경색(景色)과 "노관(蘆管 : 풀 피리)"의 성음(聲音)이 결합되어 마음속에서 느끼는 것을 마지막 구절에서 종합하여 펼쳐냈는데, 이것이 바로 정(情)이며 곧 고향을 그리워하는 마음(望鄕之情)이다.

　이 詩를 후세인들은 중당(中唐) 7언 절구의 뛰어난 절창이라고 평가하며, 성당의 왕창령이나 이백에 뒤지지 않는다고 극찬하고 있다.

당시산책(83)

자영(自詠)

여동빈(呂洞賓)

스스로 노래하노라

獨上高樓望八都	홀로 높은 누각에 올라 사방 팔방을 바라보니
독 상 고 루 망 팔 도	
墨雲散盡月輪孤	검은 구름 흩어지고 둥근달만 외롭게 떠있다.
묵 운 산 진 월 륜 고	
茫茫宇宙人無數	이 망망한 우주에 사람이 무수히 많건만
망 망 우 주 인 무 수	
幾箇男兒是丈夫	사내대장부라 할 사람이 과연 몇이나 될까?
기 개 남 아 시 장 부	

글자풀이

詠 영(읊다=咏), 賓 빈(손님), 八都 팔도(사방팔방), 都 도(모두/도읍), 墨 묵(먹/흑색), 墨雲 묵운(검은 구름), 散 산(흩다/흩어지다), 輪 륜(바퀴/둥근 것/수레), 月輪 월륜(달이 바퀴와 같이 둥근달/보름달), 孤 고(외롭다), 茫 망(아득하다),茫茫 망망(넓은 모양), 幾箇 기개(몇/몇 사람)

303

작자소개

여동빈(呂洞賓 : 생몰년 미상)은 870년 전후로 활약한 만당(晩唐 : 836~906)의 시인이며 도사이다. 이름은 암(嵒), 자가 동빈(洞賓)이다. 호는 순양자(純陽子) 또는 회도인(回道人)이며, 황소의 난이 일어났을 때 신선 종리권(鍾離權)을 따라 종남산에 들어가 선도를 배워 신선이 되었다고 한다.

망망한 우주에 과연 대장부가 몇이나 될까?

이 詩는 당나라 때 대표적인 도사이며, 민간에서 팔선(八仙)의 하나로 가장 널리 알려진 여동빈의 작품이다. 달 밝은 어느 날 홀로 누각에 올라 무한한 우주를 바라보고 독백하듯이 읊은 詩로 스케일이 커서 읽는 사람으로 하여금 무한한 우주공간까지 이어지게 하고 있다. 도사 여동빈이 활약하던 때는 황소(黃巢)의 난(874)으로 세상이 뒤숭숭한 때였다. 그래서 난리를 평정할 사람하나 없는 현실을 탄식한 것으로 해석하기도 한다.

여동빈은 장안 술집에서 신선 종리권을 만나 함께 종남산으로 들어가 수도하여 득도(得道)하였다. 득도한 후 천하를 두루 편력하여 중원 전역에 미치지 않은 곳이 없었으므로 그의 자취와 일화가 무수히 남아있다. 한번은 신선 여동빈이 기름장사로 변신하여 악양에서 기름을 팔았다. 기름을 사는 사람마다 더 달라고 요구하는데, 어느 노파 한사람이 더 달라고 하지 않았다.

여동빈은 그녀가 신선공부를 할 만하다고 생각하고 그녀

를 제도하기 위해 그녀의 집으로 따라가서 한줌의 쌀을 우물에 던져 넣었다. 그리고 그 노파에게 "당신은 이 우물속의 물을 팔게 되면 부자가 될 것이다."하였다.

여동빈이 떠난 후 그 노파는 우물물이 모두 미주(美酒)로 변한 것을 알고, 우물물을 팔아 부자가 되었다. 일 년 후 여동빈이 다시 그 노파 집을 찾았는데, 마침 노파는 없고 그녀의 아들이 집에 있었다. 여동빈이 "당신들은 지난 일 년 동안 술을 팔아 부자가 되었는데, 그래 느낌이 어떠한가?"하고 물었다. 그 아들은 "좋기는 좋은데. 단지 돼지먹일 술 찌꺼기가 없어서 힘들다"한다.

여동빈은 그 말에 탄식하면서 "인심이 탐욕스러워 부끄러움을 모른다." 하고 손을 들어 우물속의 쌀을 거두어 들였다. 그리고 고개를 가로저으며 떠나갔다. 나중에 노파가 돌아와서야 우물속의 술이 모두 물로 변한 것을 알았다.

사람의 욕심은 정녕 끝이 없는가! 여동빈은 인간들에게 실망하여 천지를 내집삼아 바람처럼 운유(雲遊)하였다. 중생들이 명리색기(名利色氣)에 빠져 허우적거리다 헛되이 죽음으로 가는 것을 경계하면서 다음과 같은 詩를 남겨 후학들을 경계하였다.

人身難得道難明, 趁此人心訪道根. 此身不向今生度, 再等何時度此身.(사람 몸 받기 어렵고 道 밝히기도 어려워라, 이 사람 마음을 따라 道의 뿌리를 찾는다. 이 몸을 이 생애에 제도하지 않으면, 다시 어느 때를 기다려 이 몸을 제도하리오.)

당시산책(84)

화로전좌(火爐前坐)

이군옥(李群玉)

화로 앞에 앉아서

| 孤燈照不寐 | 외로운 등불이 잠 못 들어 하는 |
| 고 등 조 불 매 | 사람을 비추고 있는데 |

| 風雨滿西林 | 바람소리, 비 소리가 서쪽 숲에 |
| 풍 우 만 서 림 | 가득하다. |

| 多少關心事 | 얼마간 걱정거리 마음에 맴돌아 |
| 다 소 관 심 사 | |

| 書灰到夜深 | (화로 앞에 앉아) 재위에 글자 쓰 |
| 서 회 도 야 심 | 다 보니 어느 덧 밤이 깊었다. |

글자풀이

爐 로(화로), 孤 고(외롭다), 燈 등(등잔/등), 照 조(비추다), 寐 매(잠자다), 不寐 불매(밤이 깊었는데 잠들지 못하는 사람을 이름), 滿 만(가득하다), 西林 서림(서쪽의 수풀), 多少 다소(얼마쯤/조금), 心事 심사(걱정거리/시름), 書 서(글/쓰다), 灰 회(재), 書灰 서회(화로에서 나온 재위에 글자를 쓰다), 深 심(깊다)

작자소개

이군옥(李群玉 : 약813~860?)은 만당(晩唐 : 836~906)의 시인이며, 자는 문산(文山)이고, 지금의 호남성 예현(澧縣) 사람이다. 생황을 잘 불었고 서예에 뛰어났다. 젊어서 진사 시험에 응시하였으나 급제하지 못하였다. 나중에 포의로 장안에가 선종(宣宗)에게 시를 바쳐 홍문관교서랑(弘文館校書郞)이 되었으나 곧 사임하고 귀향했다고 한다.

화로 앞에 앉아서 잠 못 들어 하다

겨울철 장작불을 때고 불씨가 남아 있는 숯불을 화로에 담아 방안에 놓아두는데, 이것이 화롯불이다. 방안의 공기를 덥히기도 하고, 밤·고구마 등을 구워 먹기도 한다. 옛날 우리 주변에서 흔히 보았던 정겨운 정경이다.

겨울밤 화롯불을 떠올리면 '향수'라는 詩 "…질 화로에 재가 식어지면, 비인 밭에 밤바람 소리 말을 달리고, 엷은 조름에 겨운 늙으신 아버지가 짚 베개를 돋아 고이시는 곳, 그곳이 차마 꿈엔들 잊힐리야…"하는 한 대목이 떠오른다.

시인 이군옥이 어느 날 밤 화롯가에 앉아 잠 못 이루는 자신의 심정을 詩로 남겼다. 이 詩는 겨울밤 화롯가에 앉아서 작자 자신의 적막한 신세와 내심의 울분을 드러냈는데, 읽을수록 그 내포가 심원(深遠)하다.

제1구 '외로운 등불이 잠 못 들어 하는 사람을 비추고 있다(孤燈照不寐)'에서 방안의 정경을 시각적으로 그렸다. '외로운 등(孤燈)'에서 이미 적막한 분위기를 다 드러냈다. 즉 등불이 사방을 비추고, 잠 못 들어 하는 모습에서 가슴속에 말로 표현할 수 없는 근심이 있음을 은연중에 나타냈다.

제2구에서 실내에서 밖으로 눈을 돌려 귀로 들여오는 청각적 효과를 살렸다. '바람소리, 비 소리가 서쪽 숲에 가득하다 (風雨滿西林)'에서 마치 바람소리·비 소리가 독자들의 귓가에 울려오는 것 같다. 서쪽 숲의 비·바람 소리가 사람에게 수심을 불러와 잠들지 못하게 하는데, 이 비·바람 소리야말로 바로 작자의 마음속의 번민을 상징하고 있다 하겠다.

제3구에서 詩가 새로운 국면으로 전환되는데, '얼마간 걱정거리 마음에 맴돌아(多少關心事)'에서 잠 못 들어 하는 이유를 나타냈다. 걱정거리가 과연 가사(家事)인지 국사(國事)인지에 관해서는 한마디 언급도 없고 그냥 '걱정거리'라고만 하였다.

마지막 구절에서 '재위에 글자를 쓰다 보니 어느 덧 밤이 깊었다(書灰到夜深)'에서 시인 자신의 모습을 그렸다. 이 구절에서 '화로 앞에 앉아서(火爐前坐)'라는 시제목이 의미하는 바가 드러났다.

즉 제1구의 '잠 못 이루다(不寐)'와 '밤이 깊다(夜深)'가 호응을 이루고 있으며, '재위에 글자를 쓰고 있다(書灰)'라는 동작의 묘사에서 점차 그 분위기가 침중하게 변하여 작자의 내면세계를 함축적으로 나타냈다.

말을 다했으나 그 뜻이 다함이 없는 경계까지 갔다. 작자가 남에게 말 못할 그 구체적인 고충을 직접 드러내지 않았으니, 독자들이 추측해 볼 수밖에 없다 하겠다.

송우인(送友人)

이백(李白)

벗을 떠나보내며

青山橫北郭 청 산 횡 북 곽	푸른 산은 북쪽 성곽을 가로 질렀고
白水遶東城 백 수 요 동 성	맑은 물은 동쪽 성을 둘러 흐른다.
此地一爲別 차 지 일 위 별	이곳에서 그대와 한번 이별하게 되면
孤蓬萬里征 고 봉 만 리 정	외로운 나그네 그대는 만리를 가야한다.
浮雲遊子意 부 운 유 자 의	하늘에 뜬 구름은 나그네인 그대의 마음과 같고
落日故人情 낙 일 고 인 정	저 지는 해는 이별을 아쉬워하는 친구의 정이리라.

揮手自茲去
휘 수 자 자 거

손을 흔들어 여기서 헤어지려 하는데

蕭蕭班馬鳴
소 소 반 마 명

떠나가는 말도 이별을 아쉬워하는 듯 구슬피 운다.

> **글자풀이**
>
> 橫 횡(가로/가로놓다), 郭 곽(성곽/성벽), 白水 백수(맑은 강/햇빛으로 희게 빛나는 강), 遶 요(두르다), 孤 고(외롭다), 蓬 봉(쑥/떠돌다), 孤蓬 고봉(바람에 흩날리는 마른 쑥/방랑의 나그네), 征 정(가다), 浮 부(뜨다), 遊 유(놀다), 遊子 유자(나그네/떠나가는 벗), 落日 낙일(지는 해), 揮 휘(휘두르다), 玆 자(이/이곳), 自玆去 자자거(여기서 떠나가다), 蕭蕭 소소(쓸쓸하다/쓸쓸한 말 울음소리), 班 반(나누다/헤어지다), 班馬 반마(떠나가는 말)

정든 벗을 떠나보내며

위 詩는 시적인 정취를 그림을 그리듯이 읊조린 송별시(送別詩)이며, 작자와 벗이 말을 채찍질하며 작별 인사를 하고 있는데, 그 아쉬운 석별의 정이 면면히 전해져 읽은 사람의 폐부(肺腑)를 찌르고 있다.

수련(首聯 : 제1·2구)에서 이별하는 장소를 나타냈다. 벗을 보내기 위해 성 밖으로 나와, 두 사람이 어깨를 나란히 하고 말고삐를 늦추고 있는데, 저 멀리 푸른 산(靑山)이 북쪽 성곽을 비켜 가로 지르고 있고, 반짝반짝 빛나는 강물(白水)이 동쪽 성을 에둘러 흐르고 있다.

'靑山'과 '白水', '北郭'과 '東城'이 짝을 이루고 있는데, 푸르고(靑)과 흰(白) 것이 대비되어 색채감이 선명하고, 동시에 산과 강을 직선과 곡선으로 입체적으로 구성, 배치하여 한 폭의 그림으로 다가온다.

중간의 3~6구는 벗과의 이별을 아쉬워하는 깊은 심정을 그렸다. 함련(頷聯: 제3·4구)은 이곳에서 한번 이별하면, 떠나는 그대는 마른 쑥(孤蓬)이 바람에 따라 이리저리 흩날리듯이 정처 없이 만 리를 떠돈다고 했다.

경련(頸聯: 제5·6구)에서 한조각 뜬구름(浮雲)이 바람에 따라 떠다니듯이 그대 벗의 행선지도 정해지지 않았으며, 이어서 저 멀리 서쪽으로 서서히 떨어지는 붉은 태양(落日)을 붙잡을 수 없는 것처럼 벗과 이별할 수밖에 없는 안타까운 심정을 비유했다.

'浮雲'과 '落日', '遊子意'와 '故人情'이 정연하게 짝을 이루고 있다. 뜬 구름(浮雲)과 지는 해(落日)라는 경치를 동원하여 보내는 이백과 떠나는 친구의 심정이 짧은 한마디 말 속에 잘 압축되어 있어 독자의 심금을 울려준다.

미련(尾聯: 제7·8구)에서 이별의 정이 더욱 간절하다. 손을 흔들어 이별(揮手一別)하는 장면에서 비록 떠나는 사람의 눈물을 말하지 않았으나 도리어 무리를 떠나가는 말의 구슬픈 울음을 말하여 아쉬운 석별의 깊은 정을 드러냈다.

짐승인 말조차도 이렇게 구슬피 우는데, 사람이 어떻게 이를 견뎌낼 수 있을까! 벗과의 석별을 아쉬워하는 그 정경은 읽을수록 무한한 여운이 감돈다.

당시산책(86)

출새(出塞)

왕창령(王昌齡)

변방으로 나가다

秦時明月漢時關
진 시 명 월 한 시 관

진나라 때 비치던 밝은 달이 지금도 비치고 있고, 한나라 때 만들어진 관문이 지금도 그대로 있건만

萬里長征人未還
만 리 장 정 인 미 환

만 리 먼 곳으로 원정 나간 사람은 아직 돌아오지 않았다.

但使龍城飛將在
단 사 용 성 비 장 재

다만 용성의 비장군 같은 그런 명장이 계시다면

不敎胡馬度陰山
불 교 호 마 도 음 산

오랑캐 군사가 음산 산맥을 넘지 못하게 할 텐데!

글자풀이

塞 새(변방), 出塞 출새(樂府絶악부절)이며, 出塞曲출새곡은 옛날 군중에

서 사용하던 樂歌악가이다), 關 관(빗장/관문), 長征 장정(원정하다/장정), 還 환(돌아오다), 但使 단사(다만…이기만 하다면=只須), 龍城 용성(흉노가 구축한 근거지), 飛將 비장(전한의 명장 李廣, 흉노는 그를 두려워하여 나는 듯 기민한 장군이라는 의미로 '飛'장군이라 불렀다), 不敎 불교(…시키지 않는다), 胡馬 호마(오랑캐의 말/늘 변방을 어지럽히던 흉노의 기병), 度 도(법도/지나다), 陰山 음산(내몽고 남부에 있는 음산산맥)

전쟁에 나간 사람은 아직 돌아오지 않았다

이 詩는 국경지역을 노래한 변새시(邊塞詩)로 당나라 칠언절구(七言絶句)중 압권(壓卷)으로 알려진 최고의 명편이다. 한 편의 詩에서 진한(秦漢) 이래 일천여년 동안 변방지역의 우환이 아직 그치지 않았고, 전쟁에 나간 사람들조차도 여전히 돌아오지 못하였다는 역사적 사실을 적시하였다.

나아가 국경을 지키는 병사들에 대한 깊은 동정을 나타내는 한편 수많은 백성들이 변방의 안녕을 바라고 있다는 강렬한 희망을 대변했다. 詩의 첫머리에서 '진나라·한나라(秦漢)'를 언급하여 천여 년이라는 아득한 시간의 흐름과 '만 리' 밖이라는 멀고도 아득한 공간을 배치하여 웅혼한 느낌을 주고 있다.

그러나 "진나라 때 비치던 그 달이 지금도 비치고 있고, 한나라 때 만들어진 관문이 지금도 여전히 그대로 있건만, 만리 원정 나간 사람은 아직 돌아오지 못하고 있다"는 비극이 옛날이나 지금이나 여전히 반복되고 있다. 이러한 전쟁으로 인한 피해는 당나라 사람만의 불행이 아니라 진·한 이래 대대로 그 땅에 살았던 사람들의 공통된 비극임을 나타냈다.

마지막으로 "용성(龍城)의 비장군(飛將軍)같은 명장이 있어, 오랑캐가 음산을 넘지 못하게 하였으면" 하는 희망을 드러내어 이것이 역사 이래 평화를 갈망하는 모든 사람들의 염원임을 나타냈다.

위의 용성비장(龍城飛將)은 중국 전한의 장군 이광(李廣)을 말한다. 한 문제·경제·무제 등 삼대를 섬겼고, 무용이 뛰어나 평생을 흉노와 싸웠지만 번번이 전공을 인정받지 못하고 분사했다. 일생동안 흉노와 크고 작은 전투 70여회를 치렀다. 당시 흉노들에게 '비장군'(飛將軍)으로 불렸으며 두려움의 대상이었다고 한다.

위 詩에서 제1구 '秦時明月漢時關'진시명월한시관이야말로 절창(絶唱)으로 거듭 읽을수록 그 맛이 있는데, 이것이 바로 '말은 다함이 있으나 그 뜻은 끝이 없다(言有盡而意無窮)'라는 의미를 일게 해준다.

당시산책(87)

심육홍점불우(尋陸鴻漸不遇)

석교연(釋皎然)

육홍점을 찾았으나 만나지 못하다

移家雖帶郭　　이사한 집이 비록 성곽으로부터 멀
이 가 수 대 곽　　지 않으나

野徑入桑麻　　들길을 걸어 뽕밭과 삼밭을 지나간
야 경 입 상 마　　다.

近種籬邊菊　　근래 심은 울타리 가의 국화는
근 종 이 변 국

秋來未著花　　가을이 왔으나 아직 꽃이 피지 않았
추 래 미 착 화　　다.

扣門無犬吠　　문을 두드려도 개조차 짖지 않아
구 문 무 견 폐

欲去問西家　　돌아가려다 서쪽 이웃집에 물었다.
욕 거 문 서 가

317

報道山中去 대답하는 말 '산속으로 갔는데
보 도 산 중 거

歸來每日斜 돌아올 땐 매양 해가 저문다'고 한다.
귀 래 매 일 사

글자풀이

尋 심(찾다), 陸 육(육지/성씨), 鴻 홍(큰 기러기), 漸 점(점차/적시다), 遇 우(만나다), 移 이(옮기다), 移家 이가(이사하다), 雖 수(비록), 郭 곽(성곽/外城외성을 말함), 帶郭 대곽(성곽을 잇다/성으로부터 멀지않음), 野徑 야경(들길), 桑 상(뽕나무), 麻 마(삼), 桑麻 상마(뽕나무와 삼/보통 농작물을 가리킴), 近 근(가까이/近來근래), 籬 리(울타리), 籬邊菊 이변국(담장가에 심은 국화), 未著花 미착화(꽃이 피지 않다), 著花 착화(開花개화하다/著착 : 붙일 착), 扣 구(두드리다), 吠 폐(짖다), 西家 서가(서쪽 이웃집), 報道 보도(대답하다/道 : 말할 도), 歸 귀(돌아오다), 每 매(매양/늘), 斜 사(기울다/비끼다), 日斜 일사(해가 기울다/저녁)

작자소개

교연(皎然 : 720?~미상)은 승려로 성당(盛唐) 시기의 시승(詩僧)이며, 속세의 성은 사(謝)씨이며, 자는 청주(淸晝)이고, 오흥(吳興)사람이다. 헌종 때 과거에 낙방한 후 출가하여 전국을 유람하였으며, 다양한 사람들과 교유하였다. 승려 가운데 문명(文名)이 높았으며, 시론(詩論)집으로 '시식'(詩式)이 세상에 전한다.

벗을 찾아 갔으나 만나지 못하다

작자가 친구를 찾아 갔다가 만나지 못하고, 벗이 은거하고 있는 그곳의 환경을 묘사한 것으로 아주 평범하면서도 담백한 맛이 나는 詩이다. 한마디로 세상을 피해 숨어 사는 한일(閑逸)의 분위기가 충만하다.

친구 육홍점이 이사 간 곳은 성에서 멀지 않으나 매우 그윽하고 조용하다. 작은 들길을 따라서 뽕나무와 삼밭을 지나니 눈앞에 나타났다. 은사(隱士)가 살만한 분위기임을 나타냈다.

집 울타리의 국화는 이사 온 뒤 심은 듯 가을인데도 아직 피지 않았으니, 작자가 방문한 시기가 쾌청한 가을날임을 암시했다.

대문을 두드렸으나 개 짖는 소리조차 없어 실망하여 돌아갈까 하다가 몸을 돌려 서쪽 이웃집에 물어보았다. 이웃집 사람이 "집주인은 산중에 갔는데, 그는 매양 해가 져야 돌아온다."고 대답했다.

이 구절은 마치 가도(賈島)의 심은자불우(尋隱者不遇)의 "松下問童子, 言師採藥去, 只在此山中, 雲深不知處(소나무 아래서 동자에게 물었더니, 스승은 약초 캐러갔다고 한다. 다만 이 산중에 있으나, 구름이 깊어 계신 곳을 모르겠다)."를 떠올리게 한다.

위 詩에 등장하는 육홍점(陸鴻漸)은 시우(詩友)인 육우(陸

羽)를 말한다. 이름이 우(羽)이고, 자가 홍점(鴻漸)이며, 복주(復州) 경릉(竟陵) 사람이다.

당 현종 때 화문산(火門山)에 띠 집을 지어 살았고, 760년경 초계(苕溪)에 은거하였다. 자칭 '상저옹(桑苧翁)'이라 하였고, 문을 닫아걸고 글을 짓거나 홀로 산과 들판을 노닐었다.

정원(貞元) 말 805년경 죽었다. 차(茶)를 즐겨 '다경(茶經)' 3편을 지었으며, 차 품평의 대가로 후인들에게 '다성(茶聖)'·'다신(茶神)'으로 추앙받고 있다.

제8부
그리움이 사무치는 봄날

당시산책(88)

춘망사(春望詞)

설도(薛濤)

봄날의 소망

花開不同賞 화 개 부 동 상	꽃이 피어도 함께 감상할 수 없고
花落不同悲 화 락 부 동 비	꽃이 져도 함께 슬퍼할 수 없네.
欲問相思處 욕 문 상 사 처	그리운 당신에게 물어 보고파
花開花落時 화 개 화 락 시	꽃이 피고 꽃이 질 때 어떠하였는지요?
攬草結同心 남 초 결 동 심	풀을 뜯어 한마음으로 매듭(동심결)을 지어
將以遺知音 장 이 유 지 음	내 마음 알고 있는 임에게 보내려 하였네.

春愁正斷絶 춘 수 정 단 절	봄날의 시름을 그렇게 끊어 버렸건만
春鳥復哀吟 춘 조 부 애 음	봄새가 다시와 구슬피 운다.
風花日將老 풍 화 일 장 로	바람에 꽃잎은 날로 시들고
佳期猶渺渺 가 기 유 묘 묘	그대와 아름다운 기약은 아직 아득한데
不結同心人 부 결 동 심 인	한마음으로 그대와 (동심결을) 맺지 못하고
空結同心草 공 결 동 심 초	부질없이 동심초만 맺고 있다네.
那堪花滿枝 나 감 화 만 지	어찌 견딜 수 있으랴! 가지마다 가득 피어난 꽃
翻作兩相思 번 작 양 상 사	이리저리 뒤척여도 서로 그리운 생각뿐
玉簪垂朝鏡 옥 잠 수 조 경	눈물이 주르르 아침 거울에 떨어지는데
春風知不知 춘 풍 지 부 지	봄바람아! (너는 나의 이 마음을) 아느냐 모르느냐?

글자풀이

薛 설(쑥/성씨), 濤 도(물결), 賞 상(칭찬하다/감상하다), 相思 상사(서로

그리워하다), 相思處 상사처(그리운 사람이 계시는 곳), 攬 람(잡다/따다), 遺 유(남기다/보내다), 知音 지음(서로 마음이 통하는 친한 벗), 哀 애(슬프다), 吟 음(읊다/노래), 佳 가(아름답다),佳期 가기(아름다운 기약), 猶 유(오히려), 渺 묘(아득하다), 空 공(비다/부질없이),那 나(어찌), 堪 감(견디다), 滿 만(가득 차다), 枝 지(가지), 翻 번(뒤집다), 翻作 번작(몸을 뒤척이며 잠 못 들어 하는 것 등을 형용), 玉簪 옥잠(옥비녀/여기에서는 옥 같은 눈물을 비유), 簪 잠(비녀), 垂 수(드리우다), 朝 조(아침), 鏡 경(거울)

작자소개

설도(薛濤 : 758?~834?)는 중당(中唐 : 766~835)시기의 시인으로 자는 홍도(洪度)이며 장안(長安) 사람이다. 본래 양가집 규수였으나 부친이 별세하자 기녀가 되었다. 詩를 잘 지어 세칭 '여교서(女校書)'라 불렸으며, 사천성 성도 완화계(浣花溪)에 머물며 당시의 일류시인인 원진·백거이 등과 교유하며 詩로 명성을 떨쳤다.

동심초, 부질없이 풀잎으로 동심결을 맺는다

이 詩는 봄에 느끼는 사모하는 님에 대한 절절한 그리움을 노래한 것이다. 우리가 즐겨 부르는 '동심초(同心草 : 김억 작사, 김성태 작곡)'라는 노래로 널리 알려져 있는데, 4수로 되어있는 연작시 가운데 제3연을 시인 김억이 "꽃잎은 하염없이 바람에 지고, 만날 날은 아득타 기약이 없네. 무어라 맘과 맘을 맺지 못하고, 한갓되어 풀잎만 맺으려는고."라고 번역한 것이다.

한 마음 그대와 맺지 못하고(不結同心人)에 나오는 '동심결

(同心結)'은 '두 고를 내고 마주 죄어서 매는 매듭'을 말하는데, 굳은 약속을 의미하기도 한다. 흔히 연인들이 헤어지지 말자고 굳게 약속하며 청실·홍실을 사용하여 동심결(同心結)을 맺는다고 한다.

설도는 떠난 님을 잊지 못해 혼자 풀밭에서 헛된 것인 줄을 알면서도 풀로 매듭을 짓는 심정을 '부질없이 동심초로 동심결을 맺는다(空結同心草)'라고 하였다. 동심초는 꽃말이 '온순'이라고 하는데, 실제로 식물 중에는 없다고 한다.

이 詩는 설도가 한때 부부의 연을 맺을까 생각했던 시인 원진(元稹 : 779~831)을 그리며 지었다는 설이 있는데, 10여 세 이상 연하인 원진에게 연정을 느꼈으나 둘 사이는 오래가지 못했던 것으로 전해진다. 그리움의 대상이 누구인지 분명치 않으나 詩 전편에는 꽃이 피는 화려한 봄날을 맞아 떠난 임에 대한 사무친 그리움이 간절히 배어있다.

한편, 설도는 8~9세 때 이미 詩의 운율을 알았는데, 그녀의 아버지가 하루는 설도의 제주를 시험해 보려고 우물가의 오동나무를 가르치며 "정원의 오래된 오동나무 한그루(庭除一古桐), 나무줄기 높이 솟구쳐 구름 가운데로 들어간다(聳幹入雲中)." 하였다.

설도가 이에 화답하여 "가지는 남북으로 가는 새를 맞이하고(枝迎南北鳥), 잎은 왕래하는 바람을 보낸다(葉送往來風)"라고 했다. 그녀의 아버지가 정색을 하면서 한참동안 그녀의 시구(詩句)를 바라보았다고 하는데, 아마 장래 설도의 순탄치 않은 기녀(妓女)로서의 운명을 미리 내다 보았다고나 할까?

　설도는 詩도 잘 썼으나 행서 글씨에 뛰어나 오묘한 경지까지 갔는데, 그녀의 친필 詩 한 수를 얻어 소장하는 것이 그 당시 지식인들의 자랑거리였다고 한다. 또 설도는 손수 붉게 물들인 종이를 만들어 詩쓰기를 즐겼는데, 이것이 '설도전(薛濤箋)'이며 당시 사람들이 갖고 싶어 하는 명물이 되었다고 한다.

　중국 사천성성도(成都)에는 설도를 기념하기 위해 건립된 '망강루 공원(望江樓公園)'이 있다. 이곳에는 설도가 '설도전(薛濤箋)'을 만들 때 물을 길었다는 설도정(薛濤井)과 설도전을 만들었던 현장인 완전정(浣箋亭), 누각에 기대어 詩를 지어 설도전에 옮겼다는 음시루(吟詩樓), 그녀의 詩에 자주 등장하는 대나무 숲 등이 망강루 공원 안에 잘 보존되어 있다고 한다.

당시산책(89)

춘녀원(春女怨)

설유한(薛維翰)

봄 여인의 원망

白玉堂前一樹梅 백옥당전일수매	백옥당 앞에 한그루 매화나무
今朝忽見數花開 금조홀견수화개	오늘 아침 문득 바라보니 듬성듬성 피었다.
兒家門戶重重閉 아가문호중중폐	우리 집 대문과 창을 꼭꼭 닫아 놓았는데
春色因何入得來 춘색인하입득래	봄빛은 그 어디로 들어왔을까!

글자풀이

怨 원(원망하다), 薛 설(맑은 대쑥/나라이름), 維 유(밧줄/매다), 翰 한(날개/글), 白玉堂 백옥당(백옥당이라는 이름의 당호/흔히 대청을 아름답게 이르는 말), 樹 수(나무), 梅 매(매화나무), 今朝 금조(오늘아침), 忽 홀(갑자기/소홀히 하다), 忽見 홀견(문득 바라보다), 兒家 아가(옛날 여자들이 자신의 집을 말할 때 쓰던 말), 戶 호(지게/외짝 문), 重重 중중(겹겹이 둘

러싸다), 閉 폐(닫다/잠그다), 因 인(인하다/말미암다/연유), 何하(어찌/무엇)

작자소개

설유한(薛維翰 : 생몰년 미상)은 성당(盛唐 : 713~765)시기의 시인으로 당 현종 때 진사과에 급제하였다고 하나 생애에 관한 자세한 기록은 알려져 있지 않다. 현재 詩 5수가 전해지고 있다.

백옥당 앞에 핀 매화

입춘(立春, 2.4일)이 지났으나 냉랭한 추위는 아직도 여전하다. 하지만 대기 중에 공기와 햇빛에서 퍼져 나오는 기운이 서서히 바뀌고 있어 계절의 변화가 조금씩 감지되고 있다. 이때 봄을 가장 먼저 알리는 매화라도 빨리 피었으면 하는 바람은 아마 우리 모두의 소망일 것이다.

이 詩는 입춘이 지나고 추위가 여전한 어느 날 대청 앞에 늙은 매화나무를 문득 바라보니 듬성듬성 매화꽃이 피었다. 춥다고 대문도 창문도 꼭꼭 닫아걸었는데, 봄기운이 어디로 몰래 들어와 매화를 피게 하였을까 하는 반가움과 기다림이 들어있다.

한마디로 '몇 송이 매화가 피니 천지가 봄이다(數點梅花天地春)'라고 하는 그 심정을 알만하다.

매화는 매란국죽(梅蘭菊竹) 사군자의 으뜸이고, 그 꽃말이

329

'고결·결백·깨끗한 마음·인내' 등 순결의 의미에 부합되게 절개 높은 선비나 단아하고 정숙한 여인의 자태로 묘사되고 있어 수많은 사람들의 사랑을 받아왔다.

이름난 선비들이 유독 매화를 사랑하였는데, 여기에 매화와 관련된 詩 두 편을 소개할까한다.

宋송나라의 개혁파 정치인 왕안석(王安石)은 매화를 통해 자신의 굴하지 않는 선비의 절개를 나타냈다. "牆角數枝梅(장각수지매), 凌寒獨自開(능한독자개)."라 하였으니, 해석하면 "담 모퉁이의 매화 몇 가지, 추위를 이기고 홀로 피었구나!"이다. 엄동설한을 견디고 가장 먼저 은은한 향기를 뿜어내며 자신의 존재를 알리는 매화를 통해 자신의 고고함을 드러냈다.

조선의 고결한 선비인 퇴계(退溪) 이황(李滉) 선생도 일평생 매화를 끔찍이 사랑하여 백편 이상의 매화詩를 남겼다. 매화를 감상하기 위해 특별히 만든 의자에 앉아 매화를 감상하였는데, 달이 밝고 매화가 핀 어느 날 밤, 의자에 앉아 매화를 감상하고 있었다.

"…夜深坐久渾忘起(야심좌구혼망기), 香滿衣巾影滿身(향만의건영만신)" "밤 깊도록 오래 앉아 일어나기를 잊었는데, 향기는 옷에 매화 그림자는 몸에 가득하더라"하였으니 매화사랑을 가히 알만하다.

고인들의 매화사랑을 짧은 지면에 모두 언급할 수 없을

것 같고, 금년 봄에는 직접 매화를 쫓아 여행하는 이른 봄 탐매(探梅)여행이라도 한번 가보는 것이 어떨까?

  섬진강 주변이나 해남 지방은 3월 초순이면 매화꽃이 피기 시작하는데, 눈꽃처럼 하얗게 피어 바람에 날리는 매화꽃이 눈앞에 그려진다.

당시산책(90)

궐제(闕題)

유신허(劉愼虛)

궐제

道由白雲盡 도 유 백 운 진	산길은 흰 구름이 다하는 곳부터 시작되고
春與淸溪長 춘 여 청 계 장	봄 경치는 푸른 시내와 함께 유장하다
時有落花至 시 유 낙 화 지	때때로 떨어진 꽃이 시냇물 따라 다가 오는데
遠隨流水香 원 수 유 수 향	멀리 흐르는 물 따라 내려오며 향기를 뿜는다.
閑門向山路 한 문 향 산 로	한가한 산장의 문은 산길을 향해 열려져 있고
深柳讀書堂 심 류 독 서 당	짙푸른 버들 숲 속에 글 읽는 서당이 있다.

幽映每白日　나뭇잎 사이로 비치는 그윽한 햇빛
유 영 매 백 일　은 항상 맑은 날씨이고

淸輝照衣裳　나무 사이로 스며드는 맑은 햇살이
청 휘 조 의 상　옷을 비춘다.

글자풀이

闕 궐(대궐/빠지다=缺결), 闕題 궐제(제목을 잃었다는 失題실제라는 의미임), 道 도(길 : 路徑로경), 由 유(말미암다/원인), 至 지(이르다), 隨 수(따르다), 香 향(향기), 閑 한(한가하다), 閑門 한문(고요한 대문), 向山路 향산로(산을 향한 작은 길), 幽 유(그윽하다), 幽映 유영(무성한 푸른 잎사귀를 통해 비쳐드는 희미한 햇빛의 반사), 輝 휘(빛나다), 淸輝 청휘(맑게 빛나는 햇빛), 照 조(비추다), 裳 상(치마)

작자소개

유신허(劉愼虛 : 생몰년 미상)는 성당(盛唐 : 713~765)의 시인이며, 자는 전을(全乙)이며, 723년 개원(開元) 진사과에 급제하였다. 교서랑(校書郞)을 지냈으며, 그 당시의 문인 하지장·포융·장욱과 함께 오중사우(吳中四友)라 불리었다. 명리를 탐하기보다는 유유자적한 생활을 즐겼다.

깊은 산속, 버드나무 숲에 둘러싸인 독서당

이 詩는 원래 제목이 있었으나 나중에 제목이 없어져 '궐제'(闕題)라고 이름 하였다. 詩 구절마다 은거하고 있는 독서당의 경치를 썼으나, 그림을 그리듯 시정(詩情)을 읊었는데, 아름다운 구절이 전편에 가득하다. 깊은 산중에 위치한 독서당과 그곳의 그윽하고 아름다운 환경을 묘사했다.

첫머리에서 '道由白雲盡'(도유백운진)이라 하여 깊은 산속 별장(독서당)으로 들어가는 길이 흰 구름이 다하는 곳부터 시작된다고 하였는데, 위치한 산세가 상당히 높고 험하다는 것을 나타냈다.

이 산길을 따라 한 줄기 푸른 시내가 흐르고 있는데, 시절이 바야흐로 꽃이 피는 따뜻한 봄날이었다. 산길도 유장(悠長)하고, 시냇물도 유장하고, 봄 기운도 흐르는 시냇물과 같이 유장할 뿐이다.

제3·4구절에서는 푸른 시냇물 위에 떨어진 꽃잎이 물위에 떠서 내려오는데, 물길 따라 아득히 떠내려 오면서 향기를 품어낸다. 내 앞까지 다가온 향기를 품은 꽃잎이 또 흐르는 물길 따라 저 멀리로 사라져 간다.

제5·6구절에서는 산길을 걸어가면서 한편으로 봄을 감상하고 있는데, 마침내 독서당이 눈앞에 나타났다. 고개를 들어보니 한가로운 문(閑門)이 있기는 한데, 주인이 관산(觀山)을 좋아해서인지 산길을 향해 설치되어있다. 대문에 들어서니 집 주위에는 버들이 심어져 있는데, 긴 버들가지가 휘늘어져 독서당을 가리고 있었다.

　마지막 구절에서 독서당의 경관을 그렸는데, 산이 깊고 버들이 우거져 비록 밝은 한낮이지만 나무 가지 사이로 비쳐드는 햇살이 이따금씩 옷 위에 떨어지고 있다.

　전체 詩가 경치를 읊은 말(白雲·靑溪·落花·流水·閑門·山路·深柳·幽映·白日·淸輝)로 되어있고, 서정(抒情)을 직접적으로 언급한 사실은 없으나 읽을수록 정운(情韻)이 가득하여 의경(意境)은 더욱 그윽하고 아름답다.

　그래서 고인들이 "일체 경어(景語)가 모두 정어(情語)이다(一切景語, 皆情語也)."라고 한 것이다. 詩를 통해 독서당 안에서 학업에 전념하고 있는 주인공의 성격·신분·감정·심리상태 등을 엿볼 수 있다하겠다.

당시산책(91)

춘사(春思)

가지(賈至)

봄날의 생각

草色靑靑柳色黃 초색청청유색황	풀빛은 푸르고 버들 빛은 누런데
桃花歷亂李花香 도화역란이화향	복숭아꽃 흐드러졌고, 오얏꽃은 향기롭다.
東風不爲吹愁去 동풍불위취수거	봄바람조차 내 시름을 달래주지 못하고
春日偏能惹恨長 춘일편능야한장	봄날은 기이고 마음의 한(恨)을 더 불러일으킨다.

글자풀이

賈 가(값/장사 고), 春思 춘사(樂府악부의 제목으로 봄에 일어나는 감상을 쓴 것이다), 柳 류(버들), 黃 황(누르다/누런빛), 桃 도(복숭아), 歷 역(지내다), 亂 란(어지럽다), 歷亂 역란(꽃이 어지럽게 피어 있는 모습), 李 리(오얏=자두나무), 吹 취(불다), 愁 수(시름/근심), 偏 편(치우치다/기어코=偏偏), 惹 야(이끌다/불러오게 하다), 惹恨 야한(근심을 불러일으키다)

작자소개

가지(賈至 : 718~772)는 성당(盛唐 : 713~765)시기의 시인으로 자는 유린(幼鄰)이며 낙양사람이다. 현종 때 기거사인(起居舍人)·지제고(知制誥)를 거쳐 중서사인(中書舍人)이 되었다. 현종과 숙종을 모셨고 사후에 예부상서로 추증되었으며 시문집 20권이 전해진다.

봄날은 시름만 더 한다

　가지(賈至)는 당(唐) 숙종(肅宗 : 756~762)때 좌천되어 악주사마(岳州司馬)가 되었다. 이 詩는 좌천된 그 기간에 쓴 것으로 詩 가운데 표현된 근심과 한은 그 당시 자신이 처한 유배자의 근심과 나그네의 한이라고 하겠다.

　봄풀이 무리지어 푸르디푸르고, 누런빛의 버들가지가 바람에 휘날리는 생기발랄한 그 모습은 맑고 아름다운 한 폭의 그림을 이루었다.
　붉은 복숭아꽃은 여기저기 흐드러지게 피어있는데, 하얀 오얏(자두)꽃은 향기를 뿌리고 있다. 화폭위에다 붉은 색과 흰색을 더하여 봄빛(春光)을 더욱 아름답게 하고, 춘의(春意)를 요란하고 떠들썩하게 하였다.
　백화(百花)가 만발하고 화풍난양(和風暖陽)한 이런 계절을 맞아 내 마음속의 근심이 깊어 털어내기가 어렵다고 말하지 않고, 불어오는 봄바람(東風)이 냉막하고 무정하여 근심을 불어서 깨끗이 다 씻어가지 못함을 원망하고 있다.

337

이어서 이 따뜻한 봄날 내 마음속에 깊이 자리 잡은 한이 더욱 자랄 뿐이니, 이 봄날이 어찌된 셈인지 나에게는 몹시 한스러울 수밖에 없다 하였다. 결국 시인에게 일어나는 근심과 한은 그것이 일어나는 근원적 이유와는 조금도 상관없는 봄바람(東風)과 봄날(春日)때문이라고 책망하고 있다.

작자가 이때 악주에 좌천되어 힘든 시간을 보내는 동안 지은 詩가운데 위 춘사(春思)와 유사한 '서정춘망'(西亭春望)이 있어 소개한다.

　　日長風暖柳靑靑(일장풍난유청청)
　　北雁歸飛入窅冥(북안귀비입요명)
　　岳陽樓上聞吹笛(악양누상문취적)
　　能使春心滿洞庭(능사춘심만동정)

해는 길어지고 바람이 따뜻하여 버들은 푸르디푸른데, 북쪽으로 돌아가는 기러기가 하늘 높이 사라지는 것을 바라본다. 악양루 위에 앉아 피리 부는 소리를 듣고 있자니, 춘심(春心)이 농성호에 가득하다!

당시산책(92)

대성(臺城)

위장(韋莊)

대성의 버드나무

江雨霏霏江草齊 강 우 비 비 강 초 제	강 위에 가랑비 부슬부슬 흩날리고, 강가의 풀은 가지런히 우거져 있는데
六朝如夢鳥空啼 육 조 여 몽 조 공 제	육조의 영화는 꿈 이런 듯 새들만 부질없이 운다.
無情最是臺城柳 무 정 최 시 대 성 류	가장 무정(無情)하기는 대성(臺城)의 버드나무이니
依舊煙籠十里堤 의 구 연 롱 십 리 제	옛날 그대로 버들이 안개처럼 십리 언덕을 감싸고 있다.

글자풀이

臺城 대성(苑城원성이라고 하였고, 남경 북쪽 玄武湖현무호변에 있으며 六朝육조시대에 이곳에 궁궐이 있었음), 霏 비(눈이 펄펄 내리다/조용히 오는 비), 霏霏 비비(비나 눈이 가늘게 내리는 모양), 齊 제(가지런하다),

六朝 육조(남경에 도읍을 한 東吳·東晉·宋·齊·梁·陳 등 여섯 왕조(222~589)를 말하며 화려한 문화를 꽃피웠음), 夢 몽(꿈/꿈꾸다), 空 공(비다/부질없이/헛되이), 最 최(가장), 柳 류(버들), 依 의(의지하다), 依舊 의구(옛날 그대로), 煙 연(연기/안개같이 짙은 버들의 모양을 비유), 籠 롱(대그릇/덮어씌우다/자욱하다), 堤 제(뚝/제방)

작자소개

위장(韋莊 : 836~910)는 만당(晩唐 : 836~907)의 시인으로 자는 단기(端己)이며, 섬서성 두릉(杜陵)사람이다. 894년 진사에 급제하고 교서랑(校書郎)을 지냈다. 황소의 난(875)때 장안이 파괴되는 정경을 그린 장편서사시 '진부음'(秦婦吟)으로 유명하며, 이 혼란기에 왕건(王建)을 도와 전촉(前蜀)을 세우고 재상이 되었다.

안개비에 싸인 듯한 십리 버들 언덕

詩 제목을 일명 '금릉도(金陵圖)'라고도 한다. '금릉성(金陵城 : 현 남경시)' 부근에 있었던 육조(六朝)의 역사적 사실을 그린 그림을 보고 마음에 느낀 것을 노래한 詩로서 회고(懷古)의 성소가 농후하다.

222년 남경에 도읍한 동오(東吳)부터 시작하여 5개 나라(東晉·宋·齊·梁)가 흥망성쇠를 거듭하다가 589년 진(陳)나라가 망하기까지 약 360년간 지속된 육조(六朝)시대와 그 화려했던 문화에 대한 회고가 들어있다.

서두에서 금릉성 부근 장강의 봄 경치를 노래하고 있는데, 흐릿한 가운데 부슬부슬 차분하게 내리는 가랑비와 봄비에 촉촉이 젖어 무성하게 자란 풀에서 과거를 회고하게 하고 서글픈 분위기를 한껏 만들어냈다. 이 땅에서 여섯 개의 왕조가 차례대로 일어났다가 망했다. 지금 이 순간에도 아무도 듣는 사람 없는데, 새들만 부질없이 울고 있다.

 육조가 망한지 어느덧 300여년, 대성 강변의 수많은 버드나무가 그때나 지금이나 봄바람 속에서 휘날리면서 안개처럼 십리 언덕을 감싸고 있다.

 버들은 자연의 순환에 따라 봄이 오면 인간사의 흥망을 아는지 모르는지 옛날 그대로 휘늘어져 있는데, 이를 보고 버들을 무정(無情)하다고 하였다. 아마 '무정'하다는 말은 사실 사람이 '유정(有情)'하기 때문에 그렇게 느껴지는 것일 것이다.

 작자가 활약하던 시기는 당 왕조의 말기로 마침 황소의 반란(875년)으로 세상이 한창 소란스러울 때였으므로 금릉의 봄 경치를 통해 육조의 흥망을 음미해 보고 곧 숨이 끊어질 것 같이 망조가 든 당 왕조의 마지막 운명을 암시하고 있는 듯 하며, 그 이면에는 말세의 애수(哀愁)가 짙게 깔려있다.

 십리 언덕을 안개처럼 감싸 안은 버들에서 전해져 오는 처량한 애수가 소리 없이 독자를 둘러싸고 도는데, 한참동안 흩어지지 않고 맴돌고 있는 것 같다.

당시산책(93)

송원이사안서(送元二使安西)

왕유(王維)

원이를 안서 사자로 보내면서

渭城朝雨浥輕塵	위성에 내리는 아침 비 촉촉이 먼지 적시니
위 성 조 우 읍 경 진	
客舍靑靑柳色新	여관집 버드나무는 비온 뒤 푸르러 싱그럽다.
객 사 청 청 유 색 신	
勸君更盡一杯酒	그대에게 송별의 술 한 잔 다시 권하노니
권 군 갱 진 일 배 주	
西出陽關無故人	서쪽 양관을 나시면 친한 벗도 없으리라
서 출 양 관 무 고 인	

글자풀이

送 송(보내다), 元二 원이(元원은 성씨, '二'이는 排行배항으로 두 번째의 뜻/누군지 알려져 있지 않음), 使 사(파견하다), 安西 안서(지금의 신강으로 안서도호부를 두어 국경을 수비), 渭城 위성(장안 서북쪽에 있으며, 왕유가 원이를 송별한 곳), 浥 읍(적시다), 塵 진(티끌), 客舍 객사(여관), 柳色新 유색신(버들잎이 비에 젖어 더욱 싱싱한 모습), 勸 권(권하다), 杯

배(잔), 陽關 양관(감숙성 돈황현 서남에 있으며 옥문관과 더불어 서역으로 통하는 교통의 요지로 옥문관 남면에 있어 양관이라 호칭), 故人 고인(친한 벗)

떠나는 벗에게 술 한 잔 다시 권한다

　제목을 '위성곡(渭城曲)' 또는 '양관삼첩(陽關三疊)'이라고도 한다. 이 詩는 벗을 서북 변방으로 떠나보내면서 지은 '송별시(送別詩)'로서 벗과의 이별을 아쉬워하는 두터운 정과 깊은 뜻이 유감없이 드러나 있다.

　이 詩가 세상에 한번 나온 후 벗과 이별을 할 때 부르는 대표적인 송별가(送別歌)가 되었는데, 나중에 악부(樂府)에 편입되어 가장 유행하고, 가장 오래 불려 지게 된 가곡(歌曲)이 되었다.

　벗 '원이(元二)'를 보내기 위해 위성(渭城)에 왔다. 마침 이곳에 한바탕 아침비가 가볍게 내려 땅과 먼지를 적시고 멈추었다. 여관 주위의 버들은 비가 온 뒤 더욱 푸르러 싱그럽기조차 하다.

　두 사람이 마주하고 이별주를 주거니 받거니 이미 적지 않게 마셨지만, 곧 이별해야할 때가 되어 그대에게 다시 이 술 한잔을 권한다. 그대가 이곳 양관을 떠나 서쪽으로 가세 되면 술을 권할 친구도 없을 것이다. 그대 친구여, 이 술잔을 마저 들고 가게나! 하면서 마지막 술잔을 간절히 권하고 있다.

　벗과 헤어지기 서운해 하는 석별의 장면이 버들 빛 청신(淸新)한 주변 경관과 어울려 우리에게 한 폭의 그림으로 다가온다.

한편, 당나라 사람들이 벗을 송별할 때 이 노래를 부르는 '양관삼첩(陽關三疊)'의 창법(唱法)이 있었다고 하는데, 세 번 되풀이(三疊)하여 부르는 방법에 관해 의견이 분분하다. 필자는 시의(詩意)의 중점이 마지막 구절에 있고, 또 '양관(陽關)' 두 글자가 있으므로 이 마지막 구절(西出陽關無故人)을 세 번 거듭 되풀이 하는 것이 바로 '양관삼첩'이라는 주장에 동의한다.

당시산책(94)

산방춘사(山房春事)

잠참(岑參)

산방의 봄 경치

梁園日暮亂飛鴉 양원일모난비아	양원에 해 저물고 까마귀 어지러이 나는데
極目蕭條三兩家 극목소조삼량가	눈에 보이는 두세 집은 쓸쓸하다
庭樹不知人去盡 정수부지인거진	정원의 나무는 옛사람이 다 가고 없음을 모르는 듯
春來還發舊時花 춘래환발구시화	봄이 오면 옛 가지에 다시 꽃을 피우고 있다.

글자풀이

山房 산방(산속에 있는 집 또는 방/일부 명사 앞에 쓰여 '書齋'서재를 일컫는 말), 春事춘사(봄의 일/春景춘경), 岑 잠(봉우리), 梁園 양원(별장 이름으로 일명 兎園토원이라 불리고, 한나라 때 梁양 孝王효왕이 세웠음), 暮 모(저물다), 亂 란(어지럽다), 鴉 아(갈 까마귀), 極 극(다하다), 極目 극목(눈에 보이는 끝까지), 蕭 소(쓸쓸하다), 蕭條 소조(적막하다/쓸쓸한

모습), 庭樹 정수(정원의 나무), 還 환(아직도/여전히/다시), 發 발(꽃이 피다/출발하다), 舊 구(옛/오래다)

산방에서 맞는 봄 경치

이 詩는 인간사의 무상한 영고성쇠와 자연의 영원함을 대비시켜 그 감개(感慨)를 노래하고 있다.

양원(梁園)은 토원(兎園)이라고도 하는데, 한(漢)나라 때 양(梁) 효왕(孝王) 유무(劉武)가 건립했다. 지금의 하남성 상구현(商丘縣) 동쪽에 있으며 둘레가 300여리나 되었다. 이 양원 안에는 백령산(百靈山)·낙원암(落猿巖)·안지(雁池)·학주(鶴洲) 등이 있었으며, 궁전과 누대가 즐비하여 서로 이어져 있었다고 한다.

동산에는 기이한 과일나무와 아름다운 나무가 뒤섞여 있었고, 진기한 새와 괴상한 짐승들이 그 가운데서 출몰했다고 한다. 양 효왕이 이곳에서 잔치를 베풀 때 그 당시 당대의 재주꾼인 매승(枚乘)·사마상여(司馬相如) 등이 참석하였다고 한다.

봄이 오면 더욱 흥성하였는데, 나무에는 온갖 새가 지저귀고, 가지마다 꽃이 무성하였으며, 왕래하는 수레가 꼬리를 물었고, 선비와 기녀들이 구름처럼 모여들었다고 한다.

그러나 지금 이곳 양원에는 화려하던 궁전과 누대는 이미 모두 보이지 않고, 해가 저무는 석양 무렵에 까마귀가 어지러이 나는 모습을 보게 되자 더 이상 말하지 않아도 구슬픈 생각이 일어날 수밖에 없다 하겠다.

한때 영화를 누리어 번성했던 이곳은 폐허가 되었고, 두서너 채 집만이 쓸쓸한 모습으로 눈앞에 서있으니, 인간사의 변화무쌍함을 무어라 말할 수 있으랴!

뜰에 우뚝 서 있는 나무들은 인간들의 영고성쇠(榮枯盛衰)를 모르는 듯이 봄이 돌아오니 옛날 그 때처럼 아름다운 꽃을 무성히 피우고 있다.

회고(懷古)의 詩로 널리 읽혀졌고, 나중에 이를 모방하여 시작(詩作)을 한 사람들이 많았다고 한다.

당시산책(95)

기손산인(寄孫山人)

저광희(儲光羲)

손 산인에게 부친다

新林二月孤舟還 신림이월고주환	봄날 이월, 신림 땅에 외로운 배 저어 돌아와 보니
水滿淸江花滿山 수만청강화만산	물은 맑은 강에 가득 차있고, 꽃은 산에 만발해 있다.
借問故園隱君子 차문고원은군자	묻노니, 내 고향의 숨은 선비 손 선생이여!
時時來往住人間 시시내왕주인간	때때로 속세도 내왕하면서 살지 않겠는가?

글자풀이

寄 기(부치다), 孫山人손산인(작자와 동향인 山東산동 사람으로 성이 孫 손씨이고 기타 상세하지 않음), 儲 저(쌓다), 義 희(숨/사람이름), 新林 신림(포구의 이름으로 應天府응천부 서남 20리에 있음/새싹이 돋은 숲), 孤 舟 고주(외로운 배/조각배), 還 환(돌아오다), 滿 만(차다), 淸 청(맑다), 借 차(빌다), 借問 차문(시험 삼아 묻다/묻는다), 故園 고원(고향), 園 원

(동산), 隱 은(숨다), 隱君子 은군자(세상을 피해 숨어사는 군자로 손 산인을 말함), 住 주(살다), 人間 인간(인간세상/속세)

작자소개

저광희(儲光義 : 706?~762)은 성당(盛唐 : 713~765)시기의 시인으로 강소성 윤주(潤州) 사람이며, 726년에 진사에 급제하였다. 감찰어사(監察御使) 등을 지냈으나 안사의 난 때 안록산에게 관직을 받은 죄로 옥사했다. 도연명의 영향을 받아 전원생활을 노래했으며, 소박한 가운데 아름다움이 있다.

산중에 숨어사는 친구에게

이 詩는 세상을 피해 숨어 사는 친구인 손산인(孫山人)을 찾아가 속세와 내왕하면서 서로 인연을 맺고 살아 달라는 것을 쓴 것이다.

추위가 풀린 따뜻한 음력 이월의 어느 날, 홀로 배를 저어 신림(新林)의 포구로 와 그대가 있는 이곳을 찾아왔다.

마침 봄철이리 봄물은 사방 못에 가득하다는 말처럼(春水滿四澤) 물이 맑은 강에 넘쳐 흘러가고, 꽃은 온 산에 만발하여 이곳이야말로 바로선경(仙景)이 아니던가? 친구 손산인(孫山人)이 살고 있는 곳의 아름다운 봄 경치가 눈앞에 전개되고 있다.

무릉도원(武陵桃源)과 같은 이곳에서 진세(塵世)의 번거로움을 피해서 자신을 수양하면서 조용히 살고 있는 그대가 부

럽기조차 하다.

 그러나 깊은 산중에 숨어사는 은군자(隱君子)인 그대에게 한 가지 묻고 싶은데, 인간으로 태어나서 속세를 완전히 등지고는 살 수 없는 것이 아니던가?

 그러니 그대 친구도 때때로 인간세상과 교류하면서 세상 돌아가는 것을 알고 지내는 것도 괜찮으리라 생각된다. 은연중에 친구 손 산인에게 가끔 산에서 내려와 나에게 와서 며칠씩 묵어가라고 청하는 은근하면서도 깊은 우정이 배어 있다.

 사실 속세를 떠나 숨어사는 은사(隱士)들은 한번 속세를 떠나면 다시 세상과 내왕하기보다는 선경에 살면서 속세나 외부와 철저히 단절한 채 살아가는 경우가 많은데, 이런 모습을 그린 당나라 때 시인 유장경(劉長卿)의 詩가 있어 한 구절 소개한다.

 桃花芳草無尋處(도화방초무심처) 복숭아꽃·향긋한 풀을 찾을 곳 없고, 萬壑千峰獨閉門(만학천봉독폐문) 수많은 산골짜기와 산봉우리 속에 홀로 문을 닫아 버렸다.

당시산책(96)

우과산촌(雨過山村)

왕건(王建)

비 내리는 산골마을

雨裏鷄鳴一兩家
우 리 계 명 일 량 가

비 내리는 산골 마을 한두 집에서 닭이 울어대고

竹溪村路板橋斜
죽 계 촌 로 판 교 사

대나무 개울가 시골길에 나무다리 비껴있다.

婦姑相喚浴蠶去
부 고 상 환 욕 잠 거

시어머니와 며느리가 서로 부르며 누에씨를 고르기 위해 가는데

閑着中庭梔子花
한 착 중 정 치 자 화

뜰 가운데 차시 꽃만 한가롭게 피어있다.

글자풀이

裏 리(속/안), 鷄 계(닭), 鳴 명(울다), 竹溪 죽계(대나무 숲으로 이어진 작은 시내), 板 판(널빤지), 橋 교(다리), 板橋 판교(판자로 만들어진 다리), 斜 사(비끼다), 婦 부(며느리), 姑 고(시어미), 喚 환(부르다), 浴 욕

(목욕하다), 蠶 잠(누에), 浴蠶 욕잠(옛날 소금물을 이용해서 누에씨(蠶種)를 고르는 것을 말함), 閑 한(한가하다), 着 착(붙다/어조사 : …한 채로 있다), 梔 치(치자나무)

작자소개

왕건(王建 : 생몰년 미상)은 중당(中唐 : 766~835)시기의 시인으로 자는 중초(仲初)이고 영천(潁川 : 지금의 하남성) 사람이다. 벼슬은 협주(陜州) 사마에 이르렀고, 악부시(樂府詩)에 뛰어나 장적과 함께 '장왕악부(張王樂府)'라 칭송되었다.

비 내리는 산골마을

이 詩는 산수전원시(山水田園詩)로서 산촌의 농가 풍경을 한 폭의 그림처럼 노래한 시정화의(詩情畫意)가 농후한 작품이다.

詩의 첫머리에서 "비가 차분히 내리는 가운데 닭 울음소리가 한두 집에서 들린다(雨裏鷄鳴一兩家)"고 하여, 여기저기 집들이 뜨문뜨문 흩어져 마을이 구성된 산촌의 특색을 나타냈다.

대나무가 우거진 개울가 시골길에서 산촌의 그윽함(幽玄)이 드러났는데, 마치 詩를 따라 부슬부슬 내리는 비속에서 구불구불 이어진 작은 시골길을 따라 걷고 있노라면 바람에 대나무 잎이 나부끼는 소리가 들려오는 것 같고, 길옆으로 시냇물은 졸졸 소리를 내며 흐르는 듯하다.

대나무 우거긴 시골길(竹溪村路)을 걷고 있는데, 문득 눈앞에 시내를 가로지르는 작은 나무다리(板橋)가 나타났다. 이것으로 비 내리는 산촌 경치가 모두 드러났다.

　이러한 고요한 산촌의 분위기속에서 정적을 깨듯이 갑자기 고부(姑婦)간에 서로 부르는 소리가 들리면서 누에씨(蠶種)를 고르기 위해 가자고 한다. 시어머니와 며느리가 서로 부르며 일하러 가는 다정한 모습에서 고부간의 갈등은 찾아볼 수 없고, 그냥 화목하고 아름다운 정경이다.

　욕잠(浴蠶)은 소금물로 누에씨를 씻고 고른다는 의미이고, 『잠서(蠶書)』에 "누에는 용의 정령이며(蠶爲龍精), 음력 이월이 되면 그 누에 종자를 씻는다(月値大火(二月)則浴其種)" 하였다. 농번기가 다가와 비가 오는 것을 무릅쓰고 여인들조차 '욕잠(浴蠶)' 하러 나가는 모습에서 농가의 바쁜 분위기를 간접적으로 느낄 수 있다. 산촌의 그 누구도 한가한 틈이 없는데, 다만 정원에 서있는 치자나무만 꽃이 만발하여 한가롭다. 보고 즐기는 사람 아무도 없는데, 비에 젖은 치자 꽃과 은은히 퍼져 나가는 치자향기에서 산촌풍경이 돋보인다.

　한편, 치자화(梔子花)는 일명 '동심화(同心花)'라고 하는데, 종래 '애정의 상징'으로 비유되어, 젊은 처녀들이 하얀 치자 꽃을 즐겨 땄다고 한다. 치자 꽃이 만발하였으나 바쁜 농촌에서 한가로이 치자 꽃을 따고 있는 처녀 하나 찾아볼 수 없는데, 더구나 애정이나 논하고 있을 한가한 틈은 없지 않을까!

당시산책(97)

강남춘(江南春)

두목(杜牧)

강남의 봄

千里鶯啼綠映紅
천 리 앵 제 녹 영 홍

천리 넓은 들에 꾀꼬리 울고, 푸른 잎이 붉은 꽃에 비치는데

水村山郭酒旗風
수 촌 산 곽 주 기 풍

강마을과 산동네에 술집 깃발이 바람에 나부낀다.

南朝四百八十寺
남 조 사 백 팔 십 사

남조 시절 세워진 사백 팔십 개의 절

多少樓臺煙雨中
다 소 누 대 연 우 중

그 많은 누대가 자욱한 안개비 속에 묻혀있다.

글자풀이

牧 목(치다), 鶯 앵(꾀꼬리), 啼 제(울다), 綠 록(초록빛), 映 영(비치다), 紅 홍(붉다), 綠映紅 녹영홍(나무의 초록색이 꽃의 붉은색에 비치다), 水村 수촌(강가의 마을), 山郭 산곽(산동네/산에 의지한 성곽), 郭 곽(성곽), 旗

기(기/표지), 酒旗 주기(술집 간판으로 세우는 깃발), 南朝 남조(남경을 수도로 정했던 宋송·齊제·梁양·陳진등 四朝사조를 말함), 四百八十寺 사백팔십사(남조의 제왕과 귀족들은 불교를 신봉하여 전국에 걸쳐 불사를 했는데, 남경일대만 500여개였다 함), 多少 다소(많다/어느 정도의 뜻), 臺 대(돈대/대), 煙 연(연기), 煙雨 연우(안개비)

강남의 봄 경치

이 詩는 강남의 밝은 봄 풍경과 회고(懷古)의 정이 혼연일체가 되어 강남지방의 봄날의 정경을 묘사한 한 폭의 그림과 같은 작품이다. 두목의 대표작 중 하나이며 詩가 발표된 후 일천년래 명성을 떨쳐왔다.

예로부터 강남의 봄 풍경은 아름다워 '正是江南好風景(지금이야말로 강남의 멋진 풍경이다)'이라고 하였다. 이 詩는 단지 28자 시구 안에서 강남 봄 풍경의 풍부다채(豊富多彩)한 정경을 한 폭의 그림으로 축소시켜 그려내었는데, 바로 천리 강남의 넓은 대지위에 무르녹는 신록과 반발한 꽃이 가득한 성춘(盛春)의 형상이다.

넓은 천리 강남에 꾀꼬리 노래하고 무성한 푸른 잎이 붉은 꽃에 비치는데, 강마을과 산동네에는 술집 깃발이 바람에 나부낀다. 붉은 색과 녹색, 산과 물, 마을과 성곽, 정(靜)과 동(動), 색(色)과 성(聲 : 소리)의 대비가 선명하다.

그러다가 갑자기 풍경이 돌변하여 뽀오얀 봄비 속에 잠겨 있는 수많은 사찰의 누대(樓臺)가 등장한다. 강남 천리 넓은 범위 내에는 하루 같은 시각에도 맑음과 흐림이 교차한다는 것을 생각하면 이해가 갈 것이다.

'남조시절 세워진 사백팔십 개의 절(南朝四百八十寺)'에서 남조(南朝) 두 자가 강남춘이라는 화폭에 아득한 역사적 색체인 회고(懷古)의 정을 불어 넣고 있다.

전체적으로 강남 봄 풍경에 대한 시인의 찬미와 동경을 표현했는데, 가만히 읽고 있노라면 독자로 하여금 강남의 아름다운 봄 경치 속으로 빨려 들어가게 하고 있다.

당시산책(98)

산중문답(山中問答)

이백(李白)

산중문답

問余何意捿碧山 문 여 하 의 서 벽 산	나에게 왜 푸른 산에 사느냐고 물으면
笑而不答心自閑 소 이 부 답 심 자 한	웃고 대답하지 않으니 마음은 절로 한가롭다.
桃花流水杳然去 도 화 유 수 묘 연 거	복숭아 꽃 물 따라 아득히 흘러가노니
別有天地非人間 별 유 천 지 비 인 간	인간 세상이 아닌 다른 별천지가 있다오!

글자풀이

答 답(대답하다/팥), 余 여(나), 何意 하의(무슨 뜻/ 何事하사로 된 곳도 있음), 捿 서(살다/깃들이다), 碧 벽(푸르다/푸른 옥돌), 笑 소(웃다), 不答 부답(대답하지 않다), 閑 한(한가하다/막다), 桃 도(복숭아), 桃花 도화(복숭아꽃), 杳 묘(멀다/어둡다), 杳然 묘연(아득하고 먼 모양), 別 별(나누다/다르다), 非 비(아니다)

푸른 산에 왜 사느냐고 묻는다면

　이 詩는 詩의 뜻이 담백하고 고원(高遠)하며, 탈속(脫俗)의 경지를 표현한 것으로 읽는 사람으로 하여금 황홀한 지경으로 이끄는 매력이 있다.

　처음부터 물음에서 시작한 독특한 형식인데, 詩의 제목을 일명 '산중답속인(山中答俗人)'이라고도 한다. 물음(問)의 주인공은 속인이고, 대답하는 나(余)는 이백 자신이다.
　왜 푸른 산에 사느냐?(問余何意棲碧山)며 독자의 주의를 불러 일으켜 놓고는 갑자기 붓을 휘둘러 '웃고 대답하지 않으니 마음은 스스로 한가하다(笑而不答心自閑)'라고 하였다.
　웃는다(笑)에서 시인이 무언가의 기쁨과 긍지의 마음을 표현했고, 가볍고도 유쾌한 기분을 조성했는데, '웃고 대답 않는다(笑而不答)'에서는 다소 신비한 색채마저 감돌며 궁금증을 일으켜 그 이유가 무엇일까 하는 흥미를 유발하고 있다.
　'마음이 한가하다(心自閑)'는 의미야말로 바로 푸른 산(碧山)에 살고 있는 이유라고 하겠다. 단지 마음은 유연(悠然)하고 자연스러워 이곳 푸른 산에 거처하는 오묘한 점을 그대에게 말로 표현할 수 없다는 의미일 것이다.
　이어서 복숭아꽃이 물 따라 아득히 떠내려가는(桃花流水杳然去) 모습이야말로 내가 사는 푸른 산의 경치이고, 이곳이야말로 인간세상과는 다른 세계라고 하였다.
　복숭아꽃이 시냇물 따라 흘러 아득히 멀어지는 경치에서

'떨어진 꽃이 물결 따라 흘러가고 봄도 갔다(流水落花春去)'는 형태의 의기소침한 정조(情調)는 찾아볼 수 없고, 반대로 이것이 사람들로 하여금 그 경지(境地)를 동경하게 하고 찬탄하게 한다.

고인들은 "詩는 뜻을 귀히 여기고(詩貴意), 뜻은 고원한 것을 귀하게, 가까운 것을 귀히 여기지 않는다.(意貴遠, 不貴近), 담백을 귀하게, 농후한 것을 귀히 여기지 않는다.(貴淡不貴濃)."고 하였다.

이백의 詩 '산중문답(山中問答)'은 "모두 담백하나 더욱 농후하며, 얕으면서 더욱 고원한데, 가히 지자(知者)와 더불어 논할 수 있으나, 속인과 함께 말하기 어렵다(皆淡而愈濃, 近而愈遠, 可與知者道, 難與俗人言)."고 하였다.

이 詩가 격률(格律)에 맞지 않는 고절(古絶) 형식을 취하고 있음에도 오히려 이것이 소박하여 자연스러우며, 유유자적한 맛을 주어 詩를 감싸고도는 정조(情調)와 여운이 메아리쳐 다가온다.

당시산책(99)

춘원(春怨)

유방평(劉方平)

봄날의 원망

紗窓日落漸黃昏 비단 창에 해지고 황혼이 점
사 창 일 락 점 황 혼 차 다가오는데

金屋無人見淚痕 규방에는 찾아오는 사람은
금 옥 무 인 견 루 흔 없고 눈물흔적만 보인다.

寂寞空庭春欲晚 적막한 빈 뜰에는 봄이 저물
적 막 공 정 춘 욕 만 려고 하는데

梨花滿地不開門 배꽃이 떨어서 땅에 가득해
이 화 만 지 불 개 문 도 문은 열리지 않는다.

글자풀이

怨 원(원망하다), 紗 사(깁 : 엷은 견직물의 하나/외올 실), 窓 창(창문), 落 락(떨어지다), 漸 점(점점/차츰), 金屋 금옥(부녀들이 거처하는 화려한 집/궁궐), 淚 루(눈물), 痕 흔(흔적/흉터), 寂寞 적막(쓸쓸하고 고요함), 庭 정(뜰), 晚 만(저물다/늦다), 梨 리(배나무/배), 滿 만(차다)

> **작자소개**
>
> 유방평(劉方平 : 생몰년 미상)은 중당(中唐 : 766~835)시기의 시인으로 당 현종 연간에 살았으며 하남성 낙양(洛陽) 사람이다. 일생동안 벼슬에 나가지 않고 은거생활을 했다. 詩와 그림에 뛰어났고 원결(元結)·소영사(蕭穎士) 등과 교유하였다.

봄날의 원망

이 詩는 봄날 규방(閨房)이나 궁궐에 거처하는 여인의 애절하고 처량한 원망(怨望)을 쓴 것으로 처연(凄然)한 아름다움을 느끼게 한다.

이 詩에 등장하는 금옥(金屋)은 '금옥장아교(金屋藏阿嬌)'의 고사를 말한다. 한무제(漢武帝)가 어려서 아교(阿嬌 : 진황후(陳皇后)의 어릴 때 이름)를 황금으로 만든 금옥(金屋)에 모셔두겠다는 고사를 사용했는데, 금옥무인(金屋無人)이라 하여 궁녀가 옛날에 총애를 받았으나 이제 총애를 잃고 영락(零落)하여 적막하고 고독한 처지에 놓여 있음을 나타냈다.

비단 창가에 해가 지고 황혼이 다가오는데, 찾아오는 사람 하나 없는 화려한 저택인 금옥은 을씨년스러워 더욱 스산하다. 실내를 둘러보아도 사람하나 없고, 바깥의 빈 뜰도 적막에 묻혀 있는데, 봄도 이제 절정을 지나 저물려고 한다는 것에서 고적한 느낌을 더하고 있다.

이어서 늦은 봄을 설명하기 위해 배꽃이 떨어져 땅위에 가득 뒹굴어도 찾는 사람이 없어 기어이 대문은 열리지 않는다고 했다.

"해는 지고(日落), 황혼(黃昏)이 다가오고, 봄도 저물고(春欲晚), 배꽃이 떨어져 땅에 뒹굴어도(梨花滿地), 문이 열리지 않는다(不開門)."는 것을 순차적으로 언급하여 의지하거나 짝할 사람 하나 없는 세상과 단절된 비참한 처지에 놓인 깊은 규중(閨中) 여인의 신세를 가히 상상할 수 있다.

명(明)나라 당여순(唐汝詢)은 이와 관련하여 "하루의 근심은 황혼에 간절하고, 한 해의 원망(怨望)은 늦은 봄에 많다. 이때의 경치가 규방의 여인에게 가장 적막한 것이니, 배꽃이 떨어짐을 차마 보지 못하여 문을 닫은 것이다."라고 하였다.

당시산책(100)

곡강(曲江) 2

두보(杜甫)

곡강에서

朝回日日典春衣 조회일일전춘의	조회를 마치고 돌아올 땐 날마다 봄옷을 저당 잡히고
每日江頭盡醉歸 매일강두진취귀	매일 곡강 가에서 진탕 취해서 돌아온다.
酒債尋常行處有 주채심상행처유	외상 술값은 항상 가는 곳마다 있기 마련이고
人生七十古來稀 인생칠십고래희	인생에서 일흔 살은 예로부터 드물다.
穿花蛺蝶深深見 천화협접심심현	꽃 사이를 나는 나비는 깊이 숨었다 들어났다 하는데
點水蜻蜓款款飛 점수청정관관비	수면을 스치는 잠자리는 느릿느릿 날고 있다.

| **傳語風光共流轉** | 아름다운 풍광에게 말 전하 |
| 전 어 풍 광 공 유 전 | 니, 나와 함께 흘러가자고 |

| **暫時相賞莫相違** | 잠시 풍광을 서로 즐기어 어 |
| 잠 시 상 상 막 상 위 | 긋나지 않기를 바란다. |

글자풀이

曲江 곡강(曲江池곡강지라고 하며 장안성 남쪽 교외에 있음), 朝回 조회(조정에서 퇴청하다), 典 전(법/전당잡다), 江頭 강두(곡강가), 醉 취(취하다), 歸 귀(돌아오다), 債 채(빚), 尋 심(찾다), 尋常 심상(평상/보통), 行處 행처(가는 곳), 稀 희(드물다), 穿 천(뚫다), 穿花 천화(꽃 사이를 뚫고 들어가다), 蛺蝶 협접(호랑나비=胡蝶호접), 深深見 심심현(숨었다가 들어났다가 하는 모양/見 나타날 현), 點水 점수(물에 살짝 닿다/스치다), 蜻蜓 청정(잠자리), 款 관(정성), 款款 관관(느릿느릿/천천히), 傳 전(전하다), 共流轉 공유전(함께 떠돌아다니다), 暫 잠(잠시), 賞 상(상/즐기다), 違 위(어기다), 相違 상위(서로 어긋나다/사이가 벌어지다)

외상 술 값은 가는 곳마다 있다

  이 詩는 마음속에 큰 뜻을 품었으나 기회가 오지 않아 그 뜻을 펼쳐 보지도 못하고, 매일 술이나 취하도록 마시고 꽃 구경이나 하면서 세월을 허송하는 자신의 울적한 심사를 표현한 것이다.
  곡강(曲江)은 일명 곡강지(曲江池)라고 하며 서안(西安) 남쪽 5킬로미터 쯤 있는데, 원래 한무제(漢武帝)때 만든 것이다. 당 현종 개원(開元) 년간에 대대적으로 보수를 해서 연못 물이 맑고 꽃이 연못을 둘렀다. 남쪽에는 자운루(紫雲樓)와 부용원(芙蓉苑)이 있고, 서쪽에 행원사(杏園寺)와 자은사(慈恩寺)가 있어 그 당시 이름난 명승지였다.

이 詩는 두보가 758년(47세) 늦은 봄 좌습유(左拾遺 : 종8품의 간관(諫官)) 벼슬을 할 때 쓴 것이다. 이때 젊어서부터 알았던 재상 방관(房琯)이 죄를 지어 파면되는 사건이 발생하자 두보가 "방관은 재능이 있어 재상감이며, 대신을 물리쳐서는 안 된다."는 두둔하는 상소를 올려 숙종(肅宗)의 노여움을 샀다.

이해 봄이 가고 음력 6월이 오자 두보는 처벌을 받고 화주(華州) 사공참군(司功參軍)으로 좌천되었는데, 바로 좌천되기 전 봄과 여름 사이에 쓴 것이라는 그 배경을 알고 나면 비교적 이해하기가 쉬울 것이다. 뜻을 얻지 못한 벼슬살이, 궁색하여 술 한 잔 마실 돈이 없어 이미 겨울옷은 모두 전당잡혀 술을 마셨고, 아직 입어야할 봄옷마저 전당잡힐 수밖에 없었다.

매일같이 술에 취해서 돌아오는데, 가는 곳마다 술빚은 쌓여간다. 그러나 인생에서 일흔 살은 예로부터 드물었는데 아니 취하고 어찌하랴! 이러한 실의한 나날들 속에도 봄은 어김없이 찾아와 흐드러졌는데, 꽃 사이를 날아다니는 나비와 물위를 여유롭게 날고 있는 잠자리는 얼마나 자유롭고 아름다운 광경이던가?

　아름다운 봄빛이여! 흘러가는 시간이여! 멎어다오. 나와 함께 잠시라도 함께 즐겨보자고 하였다.

　두보는 벼슬살이가 여의치 않자 759년 사공참군 벼슬을 사직하고 사천성 성도로 가서 검남절도사 엄무(嚴武)의 후원으로 초당(草堂)을 지었다. 이후 약 5년간은 두보의 일생중 비교적 평온한 시간이었다.

　이 詩에서 그 유명한 '고희(古稀 : 70살)'라는 말이 나왔으나 두보는 54세 때 자신을 후원하던 절도사 엄무가 죽자 평온하던 성도생활을 접고 다시 방랑의 길에 올랐다. 고희가 되기 훨씬 전인 59세 때 객지에서 그 생애를 마감했다.

　이 詩를 두고 고인들은 "벼슬살이에서 뜻을 얻지 못하고, 늦은 봄에 느낀 것이 있어 지은 것이다(以仕不得, 有感于暮春而作)."라고 했다.

당시산책 작가별 색인

2수이상 실린 경우를 먼저 싣고, 1수씩 있는 경우는 작가명 순으로 정리하였습니다.

두목
- 07 증별　　　　　두목 …36
- 20 산행　　　　　두목 …82
- 23 박진회　　　　두목 …92
- 43 청명　　　　　두목 …162
- 67 추석　　　　　두목 …247
- 97 강남춘　　　　두목 …355

두보
- 02 여야서회　　　두보 …20
- 09 등악양루　　　두보 …42
- 39 춘야희우　　　두보 …148
- 60 강촌　　　　　두보 …219
- 77 객지　　　　　두보 …282
- 100 곡강 2　　　　두보 …365

대숙륜
- 53 제치천산수　　대숙륜 …195
- 70 증은량　　　　대숙륜 …258

맹호연
- 25 숙건덕강　　　맹호연 …100
- 41 춘효　　　　　맹호연 …156

백거이
- 33 모강음　　　　백거이 …128
- 52 대주　　　　　백거이 …192
- 81 한단동지야사가　백거이 …296

왕유
- 03 죽리관　　　　왕유 …23
- 14 구월구일억산동형제　왕유 …61
- 65 녹채　　　　　왕유 …238
- 76 종남별업　　　왕유 …278
- 93 송원이사안서　왕유 …342

왕지환
- 04 등관작루　　　왕지환 …27
- 34 양주사　　　　왕지환 …131

왕창령
- 22 부용루신점　　왕창령 …89
- 86 출새　　　　　왕창령 …314

유우석
- 15 추풍인　　　　유우석 …64
- 69 추사 1　　　　유우석 …254

유장경
- 72 수이목견기　　유장경 …264
- 32 봉설숙부용산주인　유장경 …124

유종원
- 24 강설　　　　　유종원 …96
- 51 어옹　　　　　유종원 …189

위응물
- 44 서주서간　　　위응물 …165
- 68 추야기구원외　위응물 …251

이백
- 01 조발백제성　　이백 …16
- 11 산중여유인대작　이백 …50
- 12 정야사　　　　이백 …54
- 35 우인회숙　　　이백 …135
- 46 청평조사 1　　이백 …173
- 55 황학루송맹호연지광릉　이백 …202
- 59 망여산폭포　　이백 …216
- 66 아미산월가　　이백 …242
- 85 송우인　　　　이백 …310
- 98 산중문답　　　이백 …358